本书出版得到国家自然科学基金面上项目（项目编号：72374103、71974095）资助。

数智赋能下技术挖掘的新理论与新方法研究

SHUZHI FUNENG XIA JISHU WAJUE DE XINLILUN YU XINFANGFA YANJIU

—— 张金柱　著 ——

科学技术文献出版社
SCIENTIFIC AND TECHNICAL DOCUMENTATION PRESS
·北京·

图书在版编目（CIP）数据

数智赋能下技术挖掘的新理论与新方法研究 / 张金柱著. —北京：科学技术文献出版社，2023. 11

ISBN 978-7-5235-1008-7

Ⅰ. ①数…　Ⅱ. ①张…　Ⅲ. ①科学技术—信息管理　Ⅳ. ① G203

中国国家版本馆 CIP 数据核字（2023）第 227609 号

数智赋能下技术挖掘的新理论与新方法研究

策划编辑：梅　玲　崔　静　责任编辑：王　培　责任校对：张永霞　责任出版：张志平

出 版 者	科学技术文献出版社
地　　址	北京市复兴路15号　邮编 100038
编 务 部	（010）58882938，58882087（传真）
发 行 部	（010）58882868，58882870（传真）
邮 购 部	（010）58882873
官方网址	www.stdp.com.cn
发 行 者	科学技术文献出版社发行　全国各地新华书店经销
印 刷 者	北京厚诚则铭印刷科技有限公司
版　　次	2023 年 11 月第 1 版　2023 年 11 月第 1 次印刷
开　　本	710 × 1000　1/16
字　　数	220千
印　　张	13.25
书　　号	ISBN 978-7-5235-1008-7
定　　价	58.00元

前　言

党的二十大报告强调，必须坚持科技是第一生产力、人才是第一资源、创新是第一动力，深入实施科教兴国战略、人才强国战略、创新驱动发展战略，开辟发展新领域新赛道，不断塑造发展新动能新优势。要实现这些要求，必须提前识别研究前沿、研究热点和研究重点，从而为谋划布局、突破技术壁垒、实现科技赶超提供基础和前提，为规划优先发展方向、规避潜在落后技术、优化科技创新布局等管理决策提供支持和辅助。与此同时，也对前沿和热点识别的相关研究提出了新的需求：需要更加快速精准地识别和预测哪些产业、行业或领域可能出现重大变革，以及这些变革发生在哪些关键核心技术上，而技术挖掘通过技术演化路径识别、技术融合预测、新兴技术发现为上述问题提供了可行的解决途径。

数智赋能技术挖掘将大数据、人工智能、深度学习、自然语言处理等一系列“数智技术”拓展、应用和改进到技术挖掘中，提高多种技术挖掘任务的准确性、可解释性和多样性，创新技术挖掘的研究理论和方法，支撑需求驱动的管理决策向数智驱动的管理决策转变。目前，技术挖掘的方法和技术已经取得一定进展，但仍存在一些问题需要通过数智赋能形成新理论与新方法来解决，以提升技术挖掘的效果，使技术挖掘更加准确，更能适应时代需求，更好地提供决策支持服务。这些问题主要包括：对文本信息利用不够全面，不能从细粒度的角度挖掘文本中知识单元及知识间的语义关联；挖掘方法准确性尚需提高，需要结合人工来分析，自动化程度不够，分析效率还需提升；使用的数据源及方法分析维度较为单一，尚未将多源数据与多种方法结合以进行全面分析。因此，如何将数智赋能新理论和方法与传统技术挖掘方法相结合，形成新的研究视角、研究方法及研究框架，从不同层面深度挖掘潜在知识，从而促进技术创新，辅助管理决策，是当前研究亟待解决的重要问题。

基于此，本书引入多种数智技术赋能技术挖掘，形成一系列新理论和新方法，从技术主题演化路径识别、技术主题演化语义关联发现、技术融合关系预测、技术融合价值评估和新兴技术识别等方面开展系列研究，主要包括以下内容。

①实体语义表示 + 技术挖掘：数智赋能下的技术主题演化路径识别（第3章）。数智赋能下，知识单元抽取和表示已经从词汇粒度转向更具体的实体粒度，从浅层语义表示转向深层语义表示。首先，该部分总结“实体语义表示”赋能技术主题演化路径识别的理论、方法和技术。其次，综述研究基础，发现实体语义表示能更准确地识别技术主题演化路径，其结果更具可解释性。最后，设计 BiLSTM-CRF 模型抽取专利技术实体，提出基于专利实体语义表示的主题演化路径识别方法，合并表示形式不同但语义相同的实体，识别主题之间的消亡、新生、合并、分化和发展等主题演化关系，并在无人机领域进行实证和可视化分析。数智技术“实体语义表示”赋能技术主题演化路径识别，能够更准确地识别技术主题演化路径，使结果更具可解释性，有利于管理人员和科研工作者准确掌握技术更迭演进过程，做出科学决策。

②实体关系抽取 + 技术挖掘：数智赋能下的技术主题演化语义关联发现（第4章）。数智赋能下，知识关联发现逐渐从词汇外层配对转向词义内层匹配，从比较笼统的共现关系分析转向更加具体微观的细粒度语义关联发现。首先，该部分总结“实体关系抽取”赋能技术主题演化语义关联发现的理论、方法和技术。其次，综述研究基础，发现实体关系抽取能更细粒度地发现技术主题之间的语义关联，更利于解释演化发生的成因。最后，设计实体关系抽取方法，研究主题演化语义关系判别指标，提出基于实体关系抽取的技术主题演化语义关联发现方法，并在无人机领域进行可视化分析，对演化成因进行解读。数智技术“实体关系抽取”赋能技术主题演化语义关联发现，深化了主题演化路径研究，有助于发掘技术演化成因，有利于把握技术演化规律和发展态势，选准优势发展方向。

③复杂网络 + 技术挖掘：数智赋能下的技术融合关系预测（第5章）。数智赋能下，复杂网络能有效融合网络结构与文本内容，使技术融合关系预测更加全面准确。首先，该部分总结“复杂网络”赋能技术融合关系预测的

理论、方法和技术。其次，综述研究基础，发现复杂网络有利于计算专利分类间的关联强度，据此能够将专利文本内容更精确地分配给对应的专利分类，实现更准确的技术融合关系预测。最后，融合多种网络结构和文本特征，形成多种相似性指标，提出基于复杂网络的技术融合关系预测方法，并在物联网领域进行了实证分析。数智技术“复杂网络”赋能技术融合关系预测，能更准确、更全面地预测技术融合可能发生的领域、方向和主题，并使结果更具可解释性，有利于科研管理人员把握科研领域前沿动态。

④机器学习 + 技术挖掘：数智赋能下的技术融合价值评估（第 6 章）。技术融合价值评估逐渐从定性评估转向流程化、规范化的智能化定量评估。首先，该部分总结“机器学习”赋能技术融合价值评估的理论、方法和技术。其次，综述研究基础，发现机器学习能够融合多种指标，不仅能够判断哪些技术融合具有价值，还能定量评估价值是多少。最后，构建技术知识流动网络，设计影响力和成长潜力等指标，提出基于机器学习的技术融合价值评估方法，并在物联网领域定量评估技术融合价值，对结果进行分析解释。数智技术“机器学习”赋能技术融合价值评估，能够从多角度出发，综合、定量地对技术融合价值进行计算，有利于行业研究者综合考量技术融合的经济价值与技术价值，准确把握研发重点。

⑤深度学习 + 多源数据技术挖掘：数智赋能下的新兴技术识别（第 7 章）。数智赋能下，深度学习能够有效融合多源异构数据并进行深层次语义表示，使得新兴技术识别和预测更加全面准确。首先，该部分总结“深度学习”赋能新兴技术识别的理论、方法和技术。其次，综述研究基础，发现对不同来源、不同类型的数据资源进行融合分析，能更全面地揭示新兴技术的发展现状及趋势，提高新兴技术识别效果。最后，综合利用论文、专利和行业报告等多源数据，引入和改进 LSTM 深度学习模型预测相关技术的新兴分数，提出基于深度学习的新兴技术识别方法，并在人工智能领域进行实证，揭示不同数据源的影响，分析和解释识别结果。数智技术“深度学习”赋能新兴技术识别，综合考虑多源异构数据，自动学习特征间复杂非线性关联，形成新兴技术识别方法，能够更准确、更高效地识别新兴技术方向，支撑科研布局。

本书在数智赋能下技术挖掘的新理论与新方法研究上，具有以下创新：①提出基于实体语义表示的主题演化路径识别方法，设计专利技术实体表示方法，识别同义专利实体并进行合并，提高技术主题演化路径识别的准确性，提高结果可解释性，更好地提供决策支持服务；②提出基于实体关系抽取的技术主题演化语义关联发现方法，设计多种实体间语义关系，形成主题演化语义关系判别指标，更细粒度地发现技术主题之间的语义关联，更利于解释演化发生的原因；③提出基于复杂网络链路预测的技术融合关系预测方法，设计关联强度计算方法，充分利用网络结构特征和文本内容特征，融合多种指标更准确、更全面地预测技术融合发生的领域、方向和主题；④提出基于机器学习的技术融合价值评估方法，从技术价值、经济价值等多角度出发设计影响力指标和成长潜力指标并进行融合，以有效评估专利技术价值，支撑管理决策；⑤提出基于深度学习模型的新兴技术识别方法，综合利用多源异构数据及其特征，设计基于 LSTM 模型的新兴分数预测方法，发现不同数据的影响和作用差异，提升新兴技术预测效果。

通过构建数智赋能下技术挖掘的新理论与新方法，提高多种技术挖掘任务的准确性、可解释性和多样性，拓展了信息资源管理的研究领域，创新了情报学的研究方法，提供了新的研究工具，为需求驱动的管理决策向数智驱动的管理决策转变提供了理论和方法支撑。在理论上，本书引入多种数智技术，结合情报分析具体问题，探索和重构技术挖掘新理论和新方法，丰富了信息资源管理的理论和方法，具有重要的理论价值。在实践中，技术挖掘结果可以支撑政府部门和信息服务机构提前对技术前沿、热点和趋势进行预警与预测，对规划优先发展方向、规避潜在落后技术、优化科技创新布局、加快资源高效配置等多种管理决策提供了重要的实践指导意义。

本书的顺利完成和出版，离不开信息分析小组研究生的支持和帮助，他们是蒋霖琪、王秋月、韩永亮、刘越、张轩、叶晓宇、施佳璐、孙雯雯和晏冰等。此外，感谢家人对我的关怀和鼓励，也衷心感谢科学技术文献出版社的大力支持和辛勤付出。由于笔者水平有限，书中难免有疏漏之处，恳请各位专家、学者和读者批评指正，共同推动专利分析与挖掘研究的不断深入。

张金柱
2023 年 11 月 18 日

目 录

第1章 绪　论

随着大数据、云计算、人工智能等高新技术的蓬勃发展，数据智能与各行各业产生了深度融合，人类社会正式步入了“数智时代”。在此背景下，技术挖掘领域的研究同样迎来深刻变革，开始探索以“大数据＋人工智能”驱动为核心的研究应用。党的二十大报告提出，必须坚持科技是第一生产力、人才是第一资源、创新是第一动力，深入实施科教兴国战略、人才强国战略、创新驱动发展战略，开辟发展新领域新赛道，不断塑造发展新动能新优势。这为我们加快实现高水平科技自立自强指明了方向。

技术挖掘作为推动技术创新的重要工具与手段，被广泛地运用于制定科技政策、规划研究战略与指导具体发明创造等活动中。运用技术挖掘手段，可实现技术主题演化分析、技术融合关系预测、技术价值评估、新兴技术识别等，为技术创新提供知识协助。研究如何分析、组织与应用相关技术信息，对支持各种技术挖掘应用具有重要意义。虽然当前技术挖掘理论和方法较为成熟，但仍存在一些不足，如对文本信息利用不够全面，没有从细粒度的角度挖掘文本中知识单元及知识间的语义关联；挖掘方法准确性不够高，需要结合大部分人工进行分析，缺乏自动化方法，效率不高；使用的数据源单一，方法维度也较为单一，不能将多源数据融合及多种方法结合进行全面分析，等等。

多源数据融合、机器学习、深度学习、表示学习等新兴方法可以弥补当前技术挖掘方法的不足。因此，如何将数据赋能新理论和新方法与传统技术挖掘方法相结合，形成新的研究视角、研究方法及研究框架，从不同层面深度挖掘技术潜在知识，从而促进技术创新，辅助管理决策，是当前研究亟待解决的重要问题。基于此，本书尝试探讨数智赋能下的技术挖掘新理论和新方法，通过运用数智技术来解决当前技术挖掘研究中存在的问题，具体从

“实体语义表示 + 技术挖掘”视角探索技术主题演化路径识别新方法，从“实体关系抽取 + 技术挖掘”视角探索技术主题路径语义关联发现新方法，从“复杂网络 + 技术挖掘”视角研究技术融合关系预测新方法，从“机器学习 + 技术挖掘”视角探索技术融合价值评估新方法，从“深度学习 + 多源数据技术挖掘”视角探索新兴技术识别新方法。

1.1 研究背景

1.1.1 数智技术赋能多学科新的增长点

随着大数据与政治、经济生活的不断交汇，各类数据呈现指数级增长，我们已经步入了“大数据时代”，数据资源成为不可缺少的社会资源。2012年，联合国在其发布的《大数据促发展：挑战与机遇》白皮书中对利用大数据造福人类社会进行了系列探讨，我国政府也于2015年出台了《促进大数据发展行动纲要》。当前国家大数据战略正进入全面加速期，吹起了“集结号”和“冲锋号”，大数据在经济发展、社会生活等领域释放红利，“数”入寻常百姓家。大数据已经成为我们日常生活当中不可分割的一部分，人们进入了一个从未有过的时代[1]。

近几年，人工智能技术飞速发展，智能产业不断更新迭代，国家高度支持人工智能等创新技术的发展。2019年，全国两会政府工作报告指出“拓展智能 +，为制造业转型升级赋能”“促进新兴产业加快发展。深化大数据、人工智能等研发应用，……”。由此可见，人工智能已进入迅速发展阶段，与产业的融合应用正形成一系列行之有效的创新模式，在产业底层设计支撑、核心技术创新等方面逐步形成产业链条，深刻改变了产业形态和结构。毋庸置疑的是，人工智能的发展是这个时代不容忽视的生产力量。由此，人们开始步入“大数据 + 人工智能”的数智时代。

数智技术包含大数据、人工智能、云计算、第五代移动通信技术（5G）、物联网、虚拟现实、区块链、元宇宙等新一代信息技术，大数据作为人工智能的基础，又推动着人工智能的应用，带动其他相关新技术不断发展，形成新的“数智”技术体系与应用。这种“数”的规模扩张和“智”的深度升级，“数”和“智”全方位结合形成“数智时代”的典型特征。新一代“数智”技术将改变人们的思维观念和理念，从数据本身看，新一代“数智”技术本质上就是要将过去的小数据转为现在的大数据，再进阶到面向未来的智慧数据，推动数据治理与智慧治理的融合[1]。

在此背景下，多个学科领域参与了“数智”语境的研究，引入“数智”新技术、新方法，不断勾勒出科学新图景[1]。尤其是在人文社会学科及交叉学科，以“大数据＋人工智能”为代表的信息技术突破了传统人文社会等学科的思维模式，为传统研究提供了新方法，注入了新活力。传统人文社会学科中一些不能或难以解决的课题，在技术支持下可能得到新的解决路径。相关学者也开始探索在数智环境下如何将数智技术赋能人文社会等学科。高丹等[2]认为数智赋能为传统人文研究提供了新的思维模式和方法体系，拓展了新的应用场景和学科生长点，她们将研究视角聚焦到数字人文的基础要素——“数据基础”“技术支持”“应用场景”上，通过概览数字人文的数据基础设施建设，归纳数字人文的关键技术体系，探究数字人文在文学、历史学、艺术学、图情档等传统人文学科的应用场景，全面综合地阐述数智赋能下的数字人文研究的进展与转型；陆伟等[3]认为大数据、人工智能等新技术的全面介入，使得情报学学科发展迎来了新的机遇，他们认为数智技术重构信息链，从而形成了以数据为核心的学科范式，引导了情报工作流程再造，使情报研究过程中广泛收集的信息资源数据化，组织与评价方法智能化，服务内容的精细化与模式的工程化。其相应的代表性研究内容为数智赋能情报学理论与方法、多模异构信息的融合与挖掘、智能驱动信息组织与检索、全文本科学计量分析及创新评价、数据驱动的信息行为与人机交互和情报服务模式工程化及智能化；孙建军等[1]认为数智赋能是图情档发展的新生长点，并认为数智技术在图情档的问题域、资源观、场景构建、范式革新4个方面带来新突破，图情档学科应积极适应新形势、新要求，坚定自信、锻造能力、建构场景，实现繁荣发展。

综上所述，数智技术在管理学、历史学、文学等人文社会学科和交叉学科中发挥着越来越重要的作用，已然成为引领各传统人文学科创新发展的驱动力。而作为以数据为基础的“图书馆 · 情报与文献学”更要适应数智时代发展，拥抱新技术，推动研究范式与研究方法的变革与突破，把握新形势下的学术创新突破点，以服务科技创新为基点，不断从广度和深度上开拓情报学研究新思路，形成情报学研究新范式。

1.1.2　技术挖掘是推动科技创新的重要力量

“十四五”时期，我国将进入全新发展阶段，社会经济的运行模式也将发生重大改变，科技创新将成为驱动社会经济可持续发展的关键要素[4]。习近平总书记在多次重要讲话中指出，“全面建设社会主义现代化国家，实现第二个百年奋斗目标，创新是一个决定性因素”“把创新摆在国家发展全局的核心位置”“实施创新驱动发展战略，就是要推动以科技创新为核心的全面创新”。2022 年全国两会十大热词调查结果中，“科技创新”关注度位居第六，成为新晋热词。这些都表明了科技创新对国家发展的重要性，能为新时代实现创新驱动发展提供重要力量。

技术创新是以创造新技术为目的的创新或以科学技术知识及其创造的资源为基础的创新，是科技创新的重要组成部分，已成为产业发展的重要推动力，在全球经济发展中扮演越来越重要的角色，一个国家的经济活力与竞争力也越来越依赖于技术创新。然而，当前科技创新信息资源数量呈现出了爆炸性增长的态势，而技术创新从思想产生到成果应用的时间间隔却逐渐缩短。因此，需要一套科学的理论体系、方法流程、工具系统来帮助科研人员快速、准确地定位和分析存在于海量科技创新信息资源中的有效信息。在技术创新快速迭代与科技创新信息资源数量急剧增加的背景下，技术挖掘应运而生[5]。

技术挖掘是通过分析科技文献的技术内涵，来更准确、高效地从中挖掘出有用的知识，进而服务于技术创新与科技管理活动，是推动科技创新的重要力量。技术挖掘是在了解技术创新过程的基础上，将文本挖掘等技术工具应用于科技信息分析，它的载体主要是已发表的科技文献，包括学术论文、专利文献等，它的分析对象除了题名、作者、专利权人等著录项信息外，还包括深入专利文献内容层面的信息，如摘要、全文、专利权利要求等[5]。技术挖掘信息可以为技术检测、竞争性技术情报、技术路线图、技术预测、技术评价等技术分析提供协助作用。

目前，国家相关政策提出要加快推进科技自立自强，攻坚“卡脖子”难题，牢牢掌握关键核心技术。这对预测研究前沿、研究热点和研究重点提出了新的要求，即需要更加精准地识别和预测哪些产业、行业或领域可能出现重大变革，以及这些变革发生在哪些核心关键技术上，进而提前布局谋划，突破技术壁垒，实现科技赶超。而运用技术挖掘手段进行技术主题演化路径识别、技术融合关系预测、新兴技术识别等相关研究是实现科技创新的重要途径。

第一，技术主题演化路径分析背景。随着创新驱动发展战略的深入推进，专利在创新驱动中的作用日益凸显，对专利进行深度技术挖掘也成为当今科技革命的重要组成部分。自党中央提出“创新驱动发展战略”、国家推行《国家创新驱动发展战略纲要》以来，科技情报相关机构研究人员和学者开始着力于通过专利信息深度挖掘和把握学科领域的前沿热点主题及动态演化过程，并评估预测其发展趋势，进而辅助科研选题与决策，实现学术资源的合理配置，找到我国技术创新突破口，推动国家科技创新进程[6]。

第二，技术融合关系预测背景。随着科技进步加速、生产力的不断提高，世界各国、各地区的经济活动联系越来越紧密、深入，国际分工不断深化。在此过程中，新科技革命和产业变革将是最难掌控但必须面对的不确定性因素之一，抓住了就是机遇，抓不住就是挑战。如何抓住机遇，实现技术创新，形成并不断增强自身的核心竞争力，对实现产业结构优化、经济换挡、转型和升级具有重要意义。为了抓住这一重大机遇，需要加强重大基础前沿、科技战略制高点和颠覆性、突破性关键技术的前瞻布局和科技攻关，以重点领域的新突破带动科技创新的全局发展。在科技创新中，技术融合被认为是技术创新的一种主要形式[7]，技术融合是指利用两种以上的现有技术来创造一种具有新功能的新技术[8]。相关概念提出后，学者们开始采用技术挖掘相关技术开展一系列关于技术融合测度及预测方法研究，如特定领域 / 多领域间 / 全领域的技术融合态势测度及趋势预测，技术融合的测度指标研究，影响技术融合的特征因素研究，基于技术融合视角进行技术机会发现等。

第三，新兴技术识别背景。新兴技术不仅可以改变传统产业所依赖的技术范式或创造新的产业，而且可以改变现有的社会经济系统和社会经济生产方法，在促进工业经济发展中发挥着至关重要的作用。在当今动荡变化的世界，新的创新技术以前所未有的规模迅速发展，在工业领域及工业、经济和社会的总体发展方向上，已经达到了一个转折点。在第四次工业革命正在进行的现实背景下，必须利用新技术来确保企业和整个国家产业的竞争力。这些新兴技术的出现和发展不仅改变了现有产业，而且还创造了对社会经济结构产生重大影响的新产业，同时也为国家和企业扭转创新困境、实现前沿技术突破、培育新兴市场提供了新契机[9]。因此，无论是对新兴技术的概念进行界定，还是研究新兴技术的理论基础和应用，新兴技术都受到了社会各界的高度重视，目前相关科研机构研究人员及学者更希望能够在早期阶段识别出新兴技术，以为企业预先掌握技术创新机会、市场发展动向等抉择上提供强有力的支持。

综上所述，技术挖掘已成为技术创新的重要工具与手段，是推动科技创新的重要力量。通过技术挖掘的相关理论和方法来研究技术演化路径识别、技术融合预测和新兴技术发现等重要课题，可以从中发现辅助决策的隐藏模式、未知的相关关系及其他有用信息，从而实现技术的趋势判断、动向感知、前瞻预测、前景研判，为规划优先发展方向、规避潜在落后技术、优化科技创新布局等管理决策提供支持和辅助。

1.1.3　数智赋能技术挖掘新的机遇

在大数据与人工智能融合发展作用下形成的新一代“数智”环境，有力地促进了产业、政府的治理及应用，服务和科技创新。例如，第十二届中国轻工业信息化大会的主题为“数智领航，创新转型”；2022 年大数据产业峰会在京召开，宣布“开启数智化新篇章”；2022 年数据智能行业年度盛会直播召开，探讨数据驱动精益运营与智能决策的新路径；河南省政府开展国资国企数智赋能三年行动计划等。此外，数智赋能在智慧图书馆建设 [10]、韧性组织建设 [11]、城镇高质量发展 [12]、信息系统 [13] 等领域具有良好的发展前景，数智的诞生与发展被认为是社会各界开展新一轮变革的契机。

当今大数据技术和人工智能技术的高速发展不仅为学科发展、行业发展等带来机遇，也为以数据和技术为基础的技术挖掘研究带来全新的机遇。虽然传统技术挖掘的流程和方法较为成熟，但仍存在一些问题。例如，对文本信息利用不够全面，没有从细粒度的角度挖掘文本中知识单元及知识间的语义关联；挖掘方法准确性不够高，需要结合大部分人工进行分析，缺乏自动化的方法，分析效率不高；使用的数据源及方法分析维度也较为单一，不能将多源数据融合及多种方法结合进行全面分析等。融合大数据 + 人工智能的数智技术可以弥补以上技术挖掘的不足，能够处理海量多源异构数据，细粒度发现文本知识间语义关系，机器学习、深度学习、表示学习等方法使传统技术挖掘方法效果得到提升，提高分析准确率和效率，数据开放平台能够获取全文本信息等。数智技术与传统技术挖掘方法相结合，能够在海量的科技创新资源中高效准确地挖掘有用的信息来服务技术创新及技术管理。这一系列的技术、方法和模型全面介入也同样为技术挖掘研究带来了挑战，要求技术挖掘研究适应时代发展，拥抱新技术并及时利用新技术解决问题，即如何将数智技术和传统技术挖掘方法相结合，以解决不同场景的研究问题。

综上所述，利用数智技术能为目前技术挖掘研究带来新视角，拓展新的研究思路。本书正是基于以上背景对相关的技术挖掘应用场景进行探索，结合数智技术形成具体的研究理论和方法。在技术主题演化路径识别研究中，可以结合数智技术中的实体语义表示学习方法，更准确地识别技术主题演化路径，得到的结果更具有可解释性；在技术主题演化语义关联发现研究中，结合实体关系抽取方法细粒度发现主题之间语义关联关系；在技术融合关系预测研究中，结合复杂网络相关技术实现智能化、流程化的技术融合关系预测；在技术融合价值评估中，结合机器学习方法从多特征指标角度定量评估技术价值；在新兴技术识别研究中，运用多源异构数据融合的理论方法及深度学习的方法进行识别。

1.2 相关概念界定

1.2.1 数智赋能

数智赋能涉及“数智技术”和“赋能”两个概念。

（1）数智技术

数智是数字与智慧化的合成产物，是数字化的升级，体现出智能、人工、数字、交互等特点。陈剑[14]、孙建军等[1]将大数据、人工智能、云计算、物联网、边缘计算、区块链等数字技术和智能技术（digital and intelligent technologies）合称为“数智技术”，以反映数字化和智能化的融合趋势；陆伟等[3]将“大数据＋人工智能”等信息技术统称为数智技术（data intelligence）。

结合目前实际情况来看，数智有以下3层内涵：第一，数字智慧化，即在大数据中加入智能的算法，使数据能够实现自动更新和自主学习，完成数据的增值，提高大数据的效用；第二，智慧数字化，即通过数字技术把人从繁杂的工作中分离出来，使人工劳动向智能劳动转变，智慧数字化倾向于对服务的升级，是对智能技术的全面应用；第三，把数字智慧化与智慧数字化结合起来，构成人机的深度对话，形成人工与智能的深度学习，达到以智慧为纽带，形成人机一体的新生态模型[15]。

从现有研究来看，目前学界对数智技术还未形成共识性定义，广义的数智技术包含大数据、人工智能、云计算、移动互联网、虚拟现实、区块链、元宇宙等新一代技术应用和技术思维，但在某种程度上，大数据和人工智能技术得到的关注度更高，其应用也更普遍、深入，占据主导地位[1]。因此，数智技术也普遍地被理解为是以大数据技术和人工智能技术为代表的新一代技术思维及应用的合称。

（2）赋能

技术“赋能”目前是公共管理学科中使用频率较高的一个词语，常见于对大数据、人工智能等新兴技术应用带来的变革性、颠覆性影响的高度归纳与外延。作为一种新的理论命题，其概念尚未得到一致的定义，在不同的情境中有不同的内涵，对应的英文概念有“empowerment（赋能）”“enabling（赋能）”等。

“empowerment”一词来源于组织行为学研究中的授权赋能理论，拉帕波特认为赋能是一个学习、参与及合作的过程，在这个过程中使组织、个体或社群掌控与自身相关事务的力量得以提升，从而改善个体生活、组织功能和社区品质。《牛津大辞典》对“empowerment”的释义为：给予其做事的权威或方法，使……变为可能；使某种组织或系统成功运作、激发。“enabling”又叫作使能,《剑桥字典》中的释义为：使……（某人或组织）有能力去做某事，或使……（某种事情）成为可能。可以看出,“enabling”的主语和宾语可以是任何事物，是具有工具概念的中性词，指对个体或者组织提供某种能量、环境，从而使个体或组织能够达到其所追求的目标。两者相比较而言，“empowerment”强调授权或权力的赋予，带有层级导向性，而“enabling”强调提供良好的环境或能量以助于实现目标，无层级导向[16]。

为了使研究具有清晰的指向性，本书认为数智指大数据和人工智能技术及其应用，赋能概念包含了“empowerment”和“enabling”的共同含义，具体来讲，数智赋能技术挖掘是指大数据、人工智能等新兴技术运用在技术挖掘各个过程中，为挖掘流程提供新思路及方法体系，拓展新应用场景等，从而提高挖掘的效率、准确性，节省时间、人力等成本，挖掘出更细粒度的技术知识。

1.2.2 专利信息

专利信息是指以专利文献作为主要内容或以专利文献为依据，经分解、加工、标引、统计、分析、整合和转化等信息化手段处理，并通过各种信息化方式传播而形成的与专利有关的各种信息的总称。专利信息主要分为技术信息、法律信息、经济信息、著录信息及战略信息 5 类。其中，技术信息是指在专利说明书、权利要求书、附图和摘要等专利文献中与该发明创造技术内容有关的信息，以及通过专利文献所附的检索报告或相关文献间接提供的与发明创造相关的技术信息。法律信息是指在权利要求书、专利公报及专利登记簿等专利文献中记载的与权利保护范围和权利有效性有关的信息。经济信息是指在专利文献中存在着一些与国家、行业或企业经济活动密切相关的信息，这些信息反映出专利申请人或专利权人的经济利益趋向和市场占有欲。

著录信息是指与专利文献中的著录项目有关的信息，如专利文献著录项目中的申请人、专利权人和发明人信息等。战略信息是指经过对前4种信息进行检索、统计、分析、整合而产生的具有战略性特征的技术或经济信息[17]。

专利信息主要由外部特征项和内容特征项两部分组成。专利数据的外部特征项是结构化的数据，专利数据库对外部信息所要涵盖的内容范围是世界知识产权组织颁布的国际专利文献标准数据规范所要求的，该规范要求数据库中收录的专利至少要包括国际专利分类号与专利题目。不同的专利数据库包含的具体内容不同，但是基本内容相似。以德温特数据库为例，其所包含的主要外部特征有：专利号（PN）、国际专利分类号（IP）、德温特分类代码（DC）、德温特手工代码（MC）、公开公告日（PD）、申请日（AD）、专利参考的专利信息（CP）等。专利的引用与文献的引用类似，是指在撰写发明专利报告时，所引用或者参考的专利。专利引用包括两种，一种是专利发明人的引用；另一种是专利审查员的引用。专利发明人的引用通常是基于作者本身，因此引用动机比较主观，对于实验结果会有很大的影响；而专利审查员的引用是专利审查员全面搜索相关技术之后对相关技术引用的补充。专利数据的内容特征项是非结构化的数据，这类以文本形式存在的内容特征数据主要是由专利申请人撰写的，主要是用来表述专利所描述的技术的具体情况，包括标题、摘要、摘要附图、权利要求书、说明书、说明书附图等[18]。

本书的研究内容主要通过专利信息进行技术挖掘，包含内外部特征项。第3章技术主题演化路径识别和第4章技术主题演化语义关联发现中涉及专利的标题、摘要内部信息，时间窗口划分涉及申请日等外部信息；第5章和第6章关于技术融合关系预测及价值评估，涉及专利的分类号、引用等外部信息及标题摘要等内部信息；第7章新兴技术识别研究中的专利数据源的指标构建涉及标题摘要等内部信息及分类号、申请日、引用等外部信息。

1.2.3　技术知识单元

关于技术知识单元目前尚未形成确切的定义，可以从知识单元和技术两个层面进行理解。

知识单元是组成知识的基本单元和结构要素，也称知识元、知识基因、知识元素等。在科学计量学领域，赵红州[19]最早提出了知识单元的概念，他认为知识单元是指能够用数学公式表示定量化描述的科学概念；赵蓉英等[20]认为知识单元不仅是组成知识的基本单元和结构要素，而且是最小的知识节点；高国伟等[21]同样认为知识单元是不可分割的最小的知识单元。在哲学领域，柏拉图[22]认为知识单元建立于理性基础之上，其可以证明自身的真实性；库恩[23]认为科技知识的迭代发展使不同知识单元交替，其是“范式”变革中的产物，是由来自不同领域的知识单元通过新的“范式”组织形成的新的知识单元，并不是简单的线性累加。在图书情报领域，“知识单元”理论得到越来越多图书情报领域学者的热烈讨论，基本可以确定的是，知识是图书情报学的研究对象，知识的基本组成成分是文献单元和知识单元，知识是由概念间关系连接起来的一种概念结构，是以某种网络结构存在的，在这种网络结构中，知识单元是网络中的节点，知识单元间的相互组合关系是网络中的边[24]。由此可见，知识单元作为知识结构的一种微观表示形态，得到众多领域学者的研究和认可，其主要思想就是对复杂无序的知识结构进行解剖，从而剥离出结构简单、易于传播和理解的知识单元。根据研究对象的不同，可分为科学知识和技术知识。

“技术”一词早在中国古代就已出现，一般指为满足人类自身需求的技巧、方法或手段等。技术（technology）的定义得到许多学者的激烈讨论，例如，Arthur 等[25]认为技术是一种实现目的的手段，通常由一个作为整体支柱的核心原理或方法和其他调节原理或方法构成；Romer 等[26]认为技术是关于如何重新排列无生命物体的想法，无生命的物体一般指物质、能量和信息等；Dosi[27]认为技术是沿着明确的和可预测的轨迹发展的，偶尔会因范式转换所带来的不连续而中断。

借鉴以上相关研究定义，以包含技术知识的专利为例，本书认为技术知识单元是通过特征识别获取得到的技术信息，通常是指构成技术系统的各种材料、方法、部件等内容，具体可以由技术分类号、相关技术实体、技术关键词 / 术语来表征。其中，技术分类号是对专利涉及技术组成的定义，其本身带有详细的技术属性和特质及相关的领域范围，并且可以依据技术的相似程度建立层级结构，能够对技术有比较直观和结构化的理解；技术关键词 / 术语是对专利文本进行归纳，从而抽象出最能表示文本内容的词汇，以关键词表征文本的技术知识更具有代表性和概括性；而技术实体则是从专利文本中抽取出具有技术意义或者指代性强的实体，可以进一步划分不同的实体类型，例如，无人机领域的技术实体可以划分为系统、部件、产品、方法、功能实体，技术实体是从更细粒度的语义角度表示技术知识，能够更深层次对专利技术进行分析和挖掘。

在本书的第 3 章和第 4 章关于技术主题演化的研究中，首先对特定领域技术实体及实体间语义关系进行标注，然后将技术实体作为技术知识单元，以更好地处理语义相同但表示不同的技术词，使基于语义相似度的主题聚类结果更为准确，更好地反映主题演化路径及语义关联关系；第5章和第6章关于技术融合关系的研究中，由于专利分类号可以依据技术的相似程度建立技术层级结构，因此将专利分类号作为技术知识单元，以更加直观地揭示技术间的融合关系；第7章关于新兴技术识别的研究中，将涵盖了专利、论文、行业报告的多源文本中的技术术语作为主要的知识单元，然后融合文献的被引数、下载频次、年发表时间、申请时间、出版量等外部特征作为识别指标，实现新兴技术的预测。

1.2.4 技术主题演化

本书第3章和第4章涉及的技术主题演化路径及语义关联发现相关内容，可以进一步细分为技术演化—技术演化路径—技术主题演化，下面对其涉及的概念进行进一步解释。

（1）技术演化

“演化”这一概念最早源自达尔文生物进化论中的“evolution”一词，将自然选择理论中对一些关键元素的抽象归纳，用于描述事物的发展过程，目前已逐渐运用到技术、科学、语言、社会及经济的演化当中。Malte Faber 和 John L.R. Proops 认为演化是指一种事物经过时间变化成另一种事物[28]。一般的演化理论具有如下特征：它的研究对象是随着时间变化的某一变量或某一系统，理论探索就是为了理解引起这些变化的动态过程，特别用来解释说明为何变量或系统到达目前这个状态，以及它是如何达到的。从演化的概念可直观推断出，技术演化就是技术随着时间变化的过程。而技术演化作为技术创新动态发展的核心，日益受到技术战略管理、产业动态演化和技术进化论等领域学者的广泛关注[29]。例如，Lai 等[30]通过构建引文网络，基于时序分析引文节点的关联，对某细分领域近40年的技术演化进行分析；张杰等[31]通过构建专利加权引文网络、融合聚类算法，对微藻生物燃料产业链技术领域日益增长的专利文献数据进行分析，得出微藻生物燃料产业链技术演化趋势。

（2）技术演化路径

技术演化路径又被称为技术路径、技术轨道、技术轨迹等，本质是一种技术分析活动。对于技术演化路径，目前国内外没有统一的定义，但是比较公认的技术轨道这一理论是由意大利创新经济学家 Dosi 于1982年率先正式提出的，很多学者认为他更多的是从哲学角度对技术轨道进行界定[27]。Dosi 在对技术的创新变革进行深入研究之后，把技术的演化动力与技术的发展情况联系在一起，由此对技术创新在技术演进过程中所遵循的过程和规则进行了阐述。他认为技术的发展虽然会遵循某一大致的轨迹，但是因为受到市场波动、政府政策、法律及供求关系等因素的影响，技术轨迹会在某一个节点发生偏移甚至是较大程度的跃迁，原有的陈旧技术可能会融合、分裂，甚至被新技术替代，从而发生老旧技术消亡、新技术发展的情况。技术演化路径能够完整地呈现某项技术的发展轨迹，推进技术创新发展。

（3）技术主题演化

技术主题是技术演化分析的主要研究对象，具体为分析技术主题在不同的、连续的、滑动的时间窗口之间所表现出的动态变化。技术主题演化研究是专利情报分析的重点之一，通过对技术主题演化进行分析，可以了解技术主题的发展过程，预测技术发展走向，发现领域内新兴技术主题[32]。其中，技术的主题演化主要有 3 个方向，分别是技术主题内容的演化、技术主题强度的演化与技术主题结构的演化[33]。主题内容的演化既包括主题自身的发展变化，也包括主题之间相关关系的变化，这种关系既可以是一个主题与相邻时间窗的下一个主题之间的关系，也可以是不同时间窗口之间的技术主题之间的关系。这种相关关系也同样包含主题之间的语义关系。

在本书第 3 章技术主题演化路径识别研究中，主要认为技术主题是由专利标题摘要中的技术实体词根据语义相似度聚类所形成的主题，演化路径则是技术主题在不同连续的时间窗口下所形成的发展、分裂、融合、消亡、新兴 5 种路径化轨迹；在第 4 章关于技术主题演化语义关联发现研究中，认为技术主题演化路径还可以进一步挖掘主题之间的语义关联关系，即基于何种关系产生发展、分裂或融合等演化趋势。

1.2.5 技术融合

相关研究中技术融合受到最广泛认同的定义是两个或两个以上技术领域间边界模糊的过程[34]。Rosenberg 最早在对机床行业的研究中观察到了不同产品的生产过程应用了类似的技艺、技术或工艺，区别于并行或互不相关的活动序列，将这种现象定义为技术融合[35]。Adner 和 Levinthal 将技术融合定义为不同技术轨迹交汇导致的技术元间整合及技术或技术集合在新领域的应用[36]。技术元是相对独立、稳定的可供联系和组合的基本技术知识领域。Curran 和 Leker 将技术融合的过程描绘为技术元素从原有位置移动或延伸到新的或共同的位置相互作用[37]。汤文仙认为技术融合是将多种现有技术或改良技术融合在一起而产生杂交技术的方式，其区别于突破现有技术以产生新技术的方式[38]。孟庆伟和扈春香从企业自主创新的角度认为技术融合是企业基于自身技术基础引进、吸收和消化外部先进技术及经验，整合内外部技术等创新要素再创造的过程，还强调其目的是获取经济利益[39]。苗红、郭鑫等认为技术融合表现为新兴技术的跨界创新，可视为产业融合的弱信号[40]。

在相似的研究情景中，学者提出了许多相关概念，如技术汇聚、技术交叉、技术集成、technological fusion、technological merge、technological cross-fertilization 和 technological hybridization 等，其中最受关注的是技术融合、技术汇聚及对应的 technological convergence 和 technological fusion，但在实际研究中往往作为可互换的概念使用[41]，根据 Curran 和 Leker 的梳理，技术融合和技术汇聚的区别在于前者在原领域之外创造了新领域，后者则取代或者更替了原领域[37]。

在本书第 5 章和第 6 章关于技术融合关系预测及价值评估的研究中，采用了广义的技术融合定义，即两个或两个以上技术领域间边界模糊的过程，具体以专利分类间的共现关系表示技术融合关系，融合关系预测特征主要包括专利分类之间的网络结构相似性和文本语义相似性。

1.2.6 技术融合关系价值

目前对专利技术融合关系价值相关定义不多，本书研究借鉴专利价值定义及评估方法来界定融合关系价值的概念。

对于单个专利而言，其价值具有不确定性、时效性和模糊性，因此近年来学术界对于专利价值的定义产生了一些不同的看法。国外学者 Sanders[42] 首次提出专利价值的概念，他认为专利被企业应用到商业领域是因为其具有商业价值，能够为企业赚取经济利润；国外学者 Hall[43] 首次提出专利能够被引用是因为其具有市场价值，并用数据验证出企业市场价值与专利引用数量成正相关，所以无形资产评估的方法同样适用于专利价值评估；国内学者赵晨[44] 提出专利价值主要囊括技术价值及权利价值，因为专利权人在进行开发、诉讼等法律活动时具有专有的排他权利；万小丽[45] 对发明专利进行了研究，认为发明专利的价值主要表现在技术、市场、权利 3 个方面，需要全方位、多角度地系统剖析专利的价值；Lee[46] 表示专利价值兼具技术及经济两个维度；Suzuki[47] 认为企业研发专利并进行创新活动可以带来经济收益，所以专利具备商业价值，同时在专利研发期间还可以帮助企业获取新的技术知识，说明它还具备技术价值；许华斌[48]把以往学者对专利价值的各种看法进行了综合剖析，提出技术、法律和经济是专利价值的表现方式。经济学领域一般使用成本法、预期收益法等实现专利价值评估，但这类方法易受外界因素干扰；情报学领域主要从技术价值定量分析角度实现专利价值评估，再逐步扩展到其他领域。从技术价值角度展开的专利价值评估方法一般基于多种专利数据特征项定量计算，设计多维度指标进行专利价值评估。

通过梳理比较相关概念，本研究认为技术融合关系价值形成是一个动态过程，体现在专利分类号融合对间的领域技术价值、商业价值和战略价值。对于一项技术融合关系，其成长潜力主要通过目标阶段的融合次数增量与此前阶段的融合总数之比进行判定；商业价值主要通过该技术融合关系中所包含的权利要求数量体现；技术影响力主要通过专利分类引用网络中节点的 PageRank 得分和中介中心度进行评判；前景价值主要依据分类号融合对的平均被引数和成长潜力来判断其发展的稳定性，从而确定未来发展前景。

1.2.7 多源异构数据融合

（1）多源异构数据

多源异构数据是指数据来源众多，类型不一的数据，如有的数据来自传感器，有的数据来自不同的数据库等，即源于多种信息渠道和载体的异构数据。科技成果的产出通常以科技文献为载体，以论文、专利、研究报告、技术资料和实物等形式体现。在图书情报领域，热点预测、科技评价、趋势监测等情报工作的开展都需要依赖多种来源的信息，简称多源信息。通常不同类型的数据源所反映的科技信息侧重点不同，例如，论文多是记录一项技术诞生的理论基础及技术价值描述，对于已出现的技术，阅读与其相关的论文可以了解技术的原理及产生过程；对于还未出现的技术，阅读与其相关的论文可以提前了解某项技术的理论及其价值意义。专利是技术研发最重要的产出成果，可反映技术的新颖性、创造性和实用性，在一定程度上体现了某个行业的技术发展现状。行业报告则侧重记录技术的产业、商业化进程，其发布数量取决于公司对行业的关注程度与重要程度认定，其可提供市场角度的丰富技术信息。

（2）多源数据融合

多源数据融合是指由不同用户、不同来源渠道产生的，具有多种呈现形式（如数值型、文本型、图形图像、音频视频格式），描述同一主题的数据并为了共同的任务或目标，通过一定的技术和手段，将其融合到一起的过程[49]。对于数据融合层次，目前有3种描述类别，即数据级融合、特征级融合及决策级融合。多源数据具有对目标描述全面、信息互补的特点，对其进行融合操作能很好地提高决策可信度和模型的抗干扰能力，同时能够降低多源数据存在的冗余，减少了对存储资源的浪费，也减少了在传输数据时不必要的资源消耗[50]。

本书第7章针对新兴技术识别的研究所选取的多源异构数据包括专利、论文、行业报告在内的多源异构数据，通过自然语言处理和年份合并等操作，将其转化为结构化信息，实现了多来源、多类型的信息融合，且能够从科学知识、技术本身、市场发展角度实现对技术特征不同维度的表征。

1.2.8　新兴技术

新兴技术这一术语首次出现于20世纪90年代后期沃顿商学院发布的《新兴技术管理研究计划》中，具体表述为：新兴技术是可能引发旧行业产生新变革或者直接生成新的产业的一类技术，新兴技术是以科学为基础的创新。该院研究人员还指出，新兴技术的划定范围，除了包括具有根本创新性的技术之外，还应该包含通过集成过去的技术而变得更加具有创新意义的技术[9]。后来，国内外学者对该概念不断深化。银路等[51]认为出现时间较晚且对社会经济结构带来重要影响的为新兴技术；Boon等[52]认为新兴技术尚处于起步阶段，存在极强的不确定性，技术特征和它的使用环境、市场前景等都是未知的因素；Cozzens等[53]认为新兴技术是一种显示出巨大潜力但尚未证明其价值的技术；Small等[54]认为新兴技术是一种增长相对快速、具备潜在市场、蕴含高质量创新因素的技术，这种技术存在的潜力尚未被社会广泛公认。新兴技术具有4个特征：①快速增长；②在转变过程中或变为新的东西；③尚未充分显现市场或经济潜力；④与科学研究的联系十分紧密。Rotolo等[55]认为其是具有相对增长性的技术，它的知识基础较为科学，能够催生新的行业或者淘汰旧产业。徐建国等[56]认为新兴技术是出现时间较晚，但是具有根本创新性、较强的社会影响力和发展潜质的一类技术。

尽管新兴技术的概念尚没有统一的定论，但新兴技术的内涵是一致的。主要有3点：一是新兴技术本身是新出现的，发展速度较快；二是新兴技术通常以高科技为基础，可能开辟新的科学领域，具有巨大的市场潜力；三是现阶段，新兴技术依旧具有未来不确定性与模糊性。因此，在开展新兴技术识别研究时，要注意对新兴技术“新”“高”“潜力”等特点进行挖掘。

通过综合比较，本书在第 7 章对新兴技术的理解为：以根本创新性为内在动力，良好的外部环境为催化剂，发展速度相对较快且能够对社会产生重要影响的一类技术。论文、专利和行业报告中蕴含了大量的技术信息，通过对这些资源进行深入分析，可以从科学、技术、市场等多个维度提取计量指标，如知识、技术、市场的新颖性、突破性、影响力、生命周期等。这些指标有助于从不同层面量化新兴技术的属性，从而实现对新兴技术的有效识别。

1.3 研究意义和研究问题

1.3.1 研究意义

对专利信息的分析和挖掘在诸多层面都具有十分重要的意义，尤其在当今数智赋能的时代背景下，融合大数据和人工智能的数据思维及新兴技术方法进行技术挖掘已成为主要趋势。对于个人研究者而言，在浩如烟海的专利数据中快速挖掘出自己需要的信息，并对专利信息做进一步的分析与深度挖掘，不仅可以大大提升工作效率，还有助于发现现有研究的不足，从而进一步推动技术的创新。对于企业高校而言，首先，通过专利信息分析挖掘能够跟踪某项技术的发展动向并进行技术预测，实现为决策服务；其次，在进行研究开发活动时，可以充分利用专利的实践性和地域性；最后，在技术革新、技术创造时，可以利用专利信息分析获得启发、扩大思路，借助他人的技术构思和技术方案，解决企业的实际问题，同时促进新发明的产生，有利于采用新技术和避免侵权。从世界范围看，运用专利战略保护自己的知识产权、增强竞争优势已经成为国际市场竞争中最为有效的手段。作为制定、运用专利战略的基础和前提，专利信息分析与利用无疑是十分重要的。

本书从主题演化路径识别及语义关系关联发现、技术融合关系预测及价值评估和新兴技术识别的角度对专利信息进行深度挖掘和知识发现，在理论和实践应用方面都具有重要意义。其中，理论意义具体体现在以下几个方面。

①数智赋能下的技术主题演化路径识别与语义关系发现研究丰富了主题演化路径的研究方法体系。本书探讨分析了现有的主题演化路径相关研究、专利实体关系抽取的相关研究及实体语义表示学习相关方法，并对涉及的技术的研究现状进行了归纳总结。针对目前研究存在的问题，现阶段的主题演化路径研究有进一步延伸和发展的余地。本书提出的基于专利实体语义表示的主题演化路径识别与语义关联发现研究方法，可以进一步完善及扩充主题演化分析的研究结果，使得相关的研究人员或者研究机构可以在某技术领域

内得到更多技术发展情报。本书融合专利实体语义表示方法进行主题演化路径的研究具有独特价值，为技术领域的发展研究提供了新的研究思路和方法，为进一步丰富和完善主题演化分析方法提供了参考。通过主题演化路径的研究有望发现更多潜在研究主题及其之间的关系，以此为基础可以提前感知还未涉足研究的技术主题，同时通过现阶段的技术领域内的专利主题演化路径，可以帮助研究机构或者研究人员更快地实现对技术内容的掌握。

②数智赋能下的技术融合关系预测及价值评估研究丰富了技术融合研究的方法体系。在对技术融合相关研究分析总结的基础上，本书探讨了应用多特征相结合的方法进行技术融合关系预测、在专利分类共现网络应用中引入连边权重的问题，并首次提出了针对技术融合关系进行价值评估的意义。本书提出的技术融合关系预测方法可以有效结合多种特征信息，寻找最佳的特征组合，使技术融合关系预测结果更加多样化、准确化，有望发现更多潜在技术机会。同时通过从不同角度引入不同类型的评价指标为自变量，以被引数为因变量进行多元线性回归，可以实现对技术融合关系价值的有效评价。综上所述，本书提出的技术融合关系预测方法和价值评估方法丰富了技术融合研究的方法体系。

③数智赋能下的新兴技术识别研究丰富了新兴技术识别的方法体系。首先，通过多源信息间的融合，可提高新兴技术识别的准确性和结果可解释性。本研究提出的多源数据融合方法有利于进一步挖掘数据价值，从众多分散异构的数据源中获取隐含价值信息；多源数据的交叉引证可以降低数据噪声、弥补数据缺失、语义模糊和信息不一致等不确定性因素，从而提高分析的置信度。与单一数据源相比，数据多元化后可提供更大范围的候选技术主题，有助于在预测真实新兴主题时保留更多的元素，从而提供更大的预测范围。其次，建立时间序列上的主题关联，从时间角度实现技术特征追踪。本研究将深度学习应用于多源数据融合，可解决多源异构数据的关联挖掘问题。在多源信息的融合过程中，通过不同类别的技术术语的聚类、合并、融合等步骤可以增加术语间区分度，便于后续筛选；而且经过融合之后技术术语语义将更为丰富，优化备选术语集以构建更合理的网络，从而提高技术预测准确度，降低新兴主题的不确定性、模糊性和低相关性。最后，本研究还形成多角度识别指标和方法，进一步完善了识别指标体系。新兴技术的最终识别依赖于对新兴技术主题的筛选及确定。当前研究成果主要选取的指标组合是新颖性、增长性、影响力、一致性等，这些指标侧重于从技术自身特征

角度出发构建衡量指标，而一个完整的识别指标体系应该由技术指标和市场指标共同构成。多角度指标体系可以从更全面的视角对技术进行评估、判断，使预测结果更具科学性和一致性。

除了对专利技术挖掘的理论和方法进行补充与创新外，本研究还基于所提出的新方法、新框架进行实证分析，分别选取如今数智时代备受关注的无人机领域、物联网领域和人工智能领域的数据作为分析对象，验证方法的有效性，并结合实验结果进一步深入分析不同领域的技术主题演化规律、技术发展的潜在融合关系和新兴技术发展方向，对专利技术挖掘具有一定的实践指导意义，具体体现如下。

①数智赋能下的技术主题演化路径识别及语义关系发现研究完善了无人机主题演化路径研究的研究结果。本书提出的基于专利实体语义表示的主题演化路径识别与语义关系发现研究方法，在实证研究中取得了较好的效果，可以帮助研究机构或者研究人员在初期接触无人机技术领域时，对该技术领域的现状有一个初步的认识。他们不仅可以通过主题演化路径快速掌握该技术领域的发展脉络，还可以通过主题之间的语义关联，进一步知晓主题之间的演化是基于哪种语义关系，例如，在时间维度上，无人机动能装置及功能模块有一部分融合了，而这部分融合是基于无人机应用领域的拓展。

②数智赋能下的技术融合关系预测及价值评估研究有助于企业实现突破性创新。本书提出的基于多特征的技术融合关系预测方法和价值评估方法可以帮助企业或机构通过对专利大数据的应用分析发现多样丰富、具备研发潜力的技术组合。根据使用人员提供的专利数据，提出的方法不仅可以实现当前热门技术的查询，据此预测潜在的技术融合关系、判断其融合概率，而且可以对预测所得技术融合关系进行价值评估，从而为企业或机构战略决策做出辅助支撑，有助于企业实现现有技术的创新突破，增强企业的行业竞争力，更可能打破行业壁垒，在行业竞争中做到先人一步，帮助企业实现各方面资源的高效配置，使其在激烈的市场竞争中占据领先地位。

③数智赋能下的新兴技术识别研究有助于企业和国家明确技术发展方向制定更完备的发展规划。技术创新的角逐已经成为决定企业生存和发展的关键因素，由于技术发展速度非常快，企业常面临一个艰难的决定，即如何选择最好和最适合投资的技术，降低投资风险。对新兴技术进行早期识别，预先掌握技术机会、市场发展动向可以为企业提供强有力支持，辅助高层决策过程，从而制定更完备、严谨的技术发展规划。此外，技术

创新不仅决定企业的生命力，更是决定世界各国竞争力的核心要素，也是建设创新型国家的必然要求。新兴技术作为技术创新的重要内容之一，一直是各国政府和企业关注的重点；新兴技术识别作为技术情报研究的重要内容，也受到各国政府和各行业的共同关注。准确、高效、科学的预测结果是新兴技术识别价值的决定性因素，所以优化识别过程，提高识别精度是该研究领域当前的首要任务。唯有精准把握技术发展方向，才能为各级政府创新政策的制定和企业研发战略的制定提供有效的决策支持。

1.3.2　研究问题

数智赋能下的专利技术挖掘的研究问题是对专利信息进行语义表示，挖掘更深层次、更细粒度的知识，采用新理论、新方法来解决现有的研究不足。本书主要从专利技术挖掘中的技术主题演化路径、技术融合关系及新兴技术识别3个重要方向来分别探讨各自当前研究领域所存在的问题，主要表现为：技术主题演化路径中使用相同词表示演化丢失语义相同但不同表示的词语信息，缺少主题语义关系的演化分析；技术融合关系预测中对网络结构信息的利用不全面，对专利文本语义信息利用不准确，缺乏针对技术融合关系的价值评估方法；新兴技术识别研究中使用单一数据源，指标选取缺乏全局视角且技术识别模型没有利用到深度学习等先进技术。

（1）技术主题演化路径相关研究问题

技术主题演化路径能直观展示某一特定领域的技术发展脉络，因此，如何利用专利蕴含的文本语义信息，细粒度挖掘技术主题及其关系演化路径尤为重要。

当前研究中，技术人员针对某个专利领域的技术主题识别主要基于一些数据挖掘方法和文献计量分析方法，以此从专利文献资源中识别出价值含量较高的技术主题。目前这类研究部分集中于文献引用关系的构建，以此来发现前沿的研究主题。但是对于专利技术领域来说，专利间的引用关系并不能很好地挖掘出专利本身的研究主题。

此外，由于自然语言处理技术的高速发展，基于LDA提取主题词关联等方法也用于技术挖掘领域的主题研究。但专利文本中的专利术语体量庞大，都是较长的词组，单个词语无法传递真实的技术术语含义。因此需要一种适合专利文本特征的方法来实现文本信息的有效利用，以此来识别出价值含量较高的技术主题。

具体而言，技术演化路径主要存在两个问题：一是根据关键词相同的个数进行主题演化研究，丢失了很多语义相同但是具有不同表示的专利文本蕴含的信息。比如在无人机领域，“UAV”“Unmanned Aerial Vehicle”与“drone”在专利文本中表示的含义是一致的，但是如果仅仅是进行相同词演化的研究，这 3 个意义相同的词语就会被忽略，从而导致研究结果的不准确。二是主题之间的关系不够具体。当前研究主要集中于探讨主题之间是否存在演化关系，并基于此构建时序性的主题演化路径。然而，这些研究在内容层面尚未明确阐述主题之间的语义关联，无法完整揭示主题演化过程中的语义关系。但其在内容上对于主题之间语义关联尚不清晰，无法完整揭示主题之间的演化语义关联。一般而言，我们不仅要找到相邻时间片的主题之间演化路径（发展、分裂和融合），还需要揭示具有演化路径的主题之间的演化语义关系（功能实现或应用领域）。

（2）技术融合关系预测相关研究问题

技术融合关系预测可以提前发现潜在的技术融合关系，抓住技术机会，为企业获取竞争优势、提高核心竞争力提供可能性。如何利用专利信息的多种特征表示，准确预测技术融合关系是目前研究面临的重要问题。

现有的技术融合关系预测方法分为定性分析方法和定量分析方法，定性分析方法主要是以德尔菲法、情景分析法为代表的专家分析方法，该类方法在很大程度上依赖于专家的领域知识和智慧经验，因而需要耗费较多时间和人力来获取结论，同时由于所得结论取决于专家的主观判断，因而不具备客观性。此外，随着不同领域的技术交融愈加纷繁与深入，领域专家知识储备的有限性使得定性分析方法所得结论的片面性与局限性更加凸显。

与此同时，多种类型的科技大数据不断涌现，成为定量分析方法发展应用的基础与前提。技术融合关系预测的定量分析方法包括网络分析、语义分析、关联规则挖掘等方法。网络分析方法常常从专利引用网络和专利分类共现网络两个角度展开，实现技术融合关系预测，基于专利引用网络的方法利用专利之间的引用关系构建专利引用网络，通过分析网络中的前、后向引用信息和共被引信息等确定不同技术之间融合的衡量指标。基于专利分类共现网络的方法，通过统计每篇专利中包含的专利分类列表，获取专利分类的共现信息，从而形成专利分类共现网络，在此基础上结合中心性分析等方法研究技术间产生融合的可能性。尽管定量分析方法在技术融合预测研究中逐渐成熟并取得了一定成果，但其中还存在一些问题，例如，网络分析方法中对网络结构信息的利用不全面，语义分析方法中对专利文本语义信息利用不准确，以及缺乏针对技术融合关系的价值评估方法等。

具体而言，当前技术融合关系预测主要存在以下3个问题：一是当前技术融合关系预测方法中主流的网络分析方法在衡量专利分类间的相似性时，忽略了专利分类间的关联强度，影响了技术融合的准确表示和表达；二是涉及文本语义分析方法时，将专利文本平均赋予对应的所有专利分类，忽略了同一专利中多个专利分类间的重要性区别，并且现有方法未能充分融合网络结构与语义信息，使得技术融合关系预测结果不够全面；三是当前研究主要关注技术融合模式的识别与预测，但是预测出的技术融合关系并不一定都会产生价值，因而需要对预测结果进行价值评估，筛选获得高价值的技术融合关系。

（3）新兴技术识别相关研究问题

新兴技术识别是研究前沿技术、突破性技术、颠覆性技术等的基础与前提，一些新兴技术可能就是前沿技术，一些新兴技术可能发展成为突破性技术或颠覆性技术。如何利用多源数据信息和全面多维度的指标，准确高效地识别新兴技术是目前研究的重要问题。

目前对新兴技术识别的研究可分为定性方法和定量方法。定性的研究方法在很大程度上依赖于以专家为中心的方法，如德尔菲法、大规模调查法和专家集思广益法。虽然这些方法有时可以达到较高的精度，但这一过程耗费大量的时间和精力，且会有一定程度的偏差，因此随着不同类型信息资源的快速增长，新兴技术识别的定量方法越来越受到重视。定量的研究方法首先使用聚类方法识别不同的技术主题，然后从不同的角度设计多个指标，以确定哪些主题正在出现。研究人员通常关注后者，通过挖掘科学论文或专利的特征来设计多个指标，例如，通过关键字和出版时间量化技术主题新颖性，以及通过一段时间内的文档数计算增长率。定量的研究方法可以在一定程度上减少偏差，但会受到单一数据源的限制。此外，现有指标迫切需要针对多个数据源进行扩展，以缓解对技术历史状态表征不全面的问题。

具体而言，新兴技术识别研究存在以下3个问题：一是数据源单一，文本内容的语义丰富度不高、信息不全面，使得主题挖掘、特征提取等环节存在局限，从而对研究对象的表征程度较弱；二是指标选取维度缺乏全局视角，局限于从技术自身特征视角研究判断发展趋势，忽略了市场等必要的外在条件对技术发展的重大影响；三是在新兴技术识别的方法上，忽略了在性能上具有明显优势的深度学习算法，没有充分利用多模型组合的互补优势。

综上所述，数智赋能下的技术挖掘主要存在以下5个亟待解决的问题：

①如何选取文本表示方法构建主题演化路径；②如何抽取专利文本主题之间的语义关系并将其融合到主题演化路径中；③如何融合网络特征和文本特征进行技术融合关系预测；④如何构建更具代表性的指标进行技术融合价值评估；⑤如何融合多源异构数据实现对新兴技术的识别与预测。

1.3.3 研究内容

在数智赋能的时代背景下，本研究以主题演化路径识别及其语义关联发现、技术融合关系预测及其价值评估、新兴技术的识别与预测为实现目标，通过文献阅读梳理国内外相关研究，分析研究背景、研究问题及研究意义，结合实体语义表示、实体关系抽取、复杂网络、机器学习、深度学习等方法，确定了相关研究内容，具体包含以下 5 个部分。

（1）实体语义表示 + 技术挖掘：数智赋能下的技术主题演化路径识别

在数智赋能的背景下，知识单元抽取和知识表示已经从词汇粒度转向更具体的实体粒度，从浅层语义表示转向深层语义表示，多种实体抽取和语义表示方法已经广泛应用于技术挖掘。首先，该部分总结数智赋能下实体抽取和语义表示的基本理论、方法和技术。其次，从基于规则、基于特征选择和基于深度学习 3 个方面归纳技术主题演化路径识别的研究基础，发现基于实体语义表示的方法能够更准确地识别技术主题演化路径，其结果更具有可解释性。再次，提出基于专利实体语义表示的主题演化路径识别方法：形成基于 BiLSTM-CRF 模型的专利技术实体抽取方法，设计相似度指标计算专利实体间的语义相似度，进而依据相似度阈值识别并合并具有不同表示但语义相同的专利实体，另外对专利实体进行聚类形成技术主题，设计主题之间关联关系计算指标以判别消亡、新生、合并、分化和发展等主题演化关系。最后，选取无人机领域，抽取该领域的技术实体，对实体进行语义表示，得到了无人机领域的主题演化路径，并与传统方法进行对比，验证了方法有效性，并对结果进行了可视化和分析。

（2）实体关系抽取 + 技术挖掘：数智赋能下的技术主题演化语义关联发现

在数智赋能的背景下，知识关联发现逐渐从词汇外层配对策略转向词义内层匹配策略，从比较笼统的共现关系转向更加具体微观的细粒度语义关联。得益于数智时代多种知识单元语义关系抽取和表示方法，实体关系抽取方法可以改进应用于技术挖掘，实现技术主题之间的细粒度语义关联发现。首先，该部分总结数智赋能下实体关系类型定义和抽取的基本理论、方法和技术。其次，从多种数据来源、多样共现关系、多种可视化技术等方面归纳技术主题之间演化关系发现的研究基础，由此发现当前是否存在演化关系及存在哪种演化关系，难以发现主题之间的语义关系及其演化成因，而基于实体关系抽取的方法能够更细粒度地发现技术主题之间的语义关联，更利于解释演化发生的原因。再次，提出基于实体关系定义和抽取的技术主题演化语义关联发现方法，即依据特定领域数据特征和专家经验，对专利技术实体间的语义关系进行预定义，标注部分实体语义关系，并以此训练最新的实体关系抽取模型，模型效果达到最优后抽取全部数据集上的专利技术实体语义关系，设计主题演化语义关系判别指标，根据主题之间包含的专利实体间语义关系确定两个主题之间的语义关系。最后，选取无人机领域，定义该领域的实体关系，训练模型抽取全部实体关系，得到了无人机领域的主题演化语义关系，对结果进行了可视化，对不同主题之间发生演化的成因进行了解释和分析。

（3）复杂网络＋技术挖掘：数智赋能下的技术融合关系预测

在数智赋能的背景下，技术的表达形式由非结构化的专家定义转向结构化的元数据表达，从宏观模糊的段落概念转向更加具体可视化的关键词组合。数智时代知识单元的多种表达形式与复杂网络理论可以用于改进技术融合关系预测的方法，实现智能化、流程化的技术融合关系预测。首先，该部分总结数智赋能背景下复杂网络理论中的基本概念、方法和技术。其次，从特征来源和预测方法等方面归纳技术融合关系预测的研究基础，发现当前技术融合关系预测方法中主流的网络分析方法在衡量专利分类间的相似性时，忽略了专利分类间的关联强度，且在涉及文本语义分析的方法时，忽略了同一专利的多个专利分类的重要性区别，影响了技术融合的准确表示和表达。而复杂网络理论能够充分融合网络结构与语义信息，使技术融合关系预测的结果更加全面。再次，提出了考虑关联强度、区分技术重要性的技术融合关系预测方法，即区分专利与专利分类间的关联强度，构建专利分类共现网络，获取专利分类间的网络结构相似性特征，并根据关联强度赋予专利分类以专利文本特征，最终融合多种指标构成特征向量，计算技术融合概率，排序得到候选技术融合关系集合。最后，选取物联网领域，抽取该领域的技术节点，构成技术网络，形成多种技术网络指标并预测潜在的技术融合关系，对其进行分析解释。

（4）机器学习＋技术挖掘：数值赋能下的技术融合价值评估

在数智赋能的背景下，技术价值评估逐渐从专家主观的定性评估方法转向流程化、规范化的定量指标评估方法。得益于数智时代技术价值评估定量指标的提出与应用，以及机器学习算法的发展，技术融合价值评估可以实现定量化、智能化。首先，该部分总结数值赋能下机器学习的基本理论、常用方法和适用场景。其次，从技术融合的研究侧重点、技术融合的价值评估指标等方面归纳技术融合评估的研究基础，发现当前技术融合研究主要侧重于技术融合关系的预测，忽略了对预测所得的技术融合关系的价值评估，无法实现多维度的价值评估。而基于机器学习的技术融合价值评估方法能够定量、多角度地实现技术融合的价值评估。再次，提出基于机器学习的技术融合价值评估方法，即根据数据特征从多角度出发设计影响力和成长潜力等技术融合价值指标，构建技术知识流动网络。最后，选取物联网领域定量评估技术融合价值，对结果进行分析解释。

（5）深度学习 + 多源数据技术挖掘：数智赋能下的新兴技术识别

立足于数智赋能的信息科学发展历程，将研究视角聚焦到技术识别研究过程的基础要素，如“数据基础”“技术支持”“应用场景”上，通过改进数据源、深化文本内容挖掘、更新模型等方法，探索新兴技术识别的新方法体系，以期为高新技术产业发展、技术战略布局等提供更可靠、有效、客观的信息支撑。具体来说，首先，该部分对多源异构数据融合视角下的数智赋能进行了论述，分别对多源异构数据的定义、数据融合方法和数据融合应用情况进行详细说明，以论证在数智赋能视角下多源数据融合的重要性和必要性。其次，对新兴技术识别的研究基础进行了总结与归纳，主要包括概念介绍、应用广泛的指标构建及已有研究方法述评。再次，提出基于多源数据及深度学习的新兴技术识别方法，即依据论文、专利和行业报告 3 类数据抽取技术表征词，对新兴技术属性和多源数据的特征关系进行分析和挖掘，提取丰富的文本特征形成识别框架；利用余弦相似度计算不同数据源之间特征词的相似性，从而识别相邻时间切片下的技术关系，获取具有时间连贯性的多条技术演化路径；设计基于 LSTM 的时间序列方法预测未来时间点的新兴分数。最后，选取人工智能领域进行实证研究，对实验结果进行评价，对不同数据源组合影响预测的成因做进一步分析和解释。

1.4 研究方法和研究框架

1.4.1 研究方法

本研究的主要任务是探究数智赋能背景下技术挖掘不同应用场景的新理

论和新方法，本书中关于主题演化路径识别、主题演化语义关联发现、技术融合关系预测、技术融合价值评估和新兴技术识别等研究主要涉及实证分析、复杂网络分析、文本挖掘、计量分析和时间序列分析等研究方法。

（1）实证分析

在社会科学研究中，实证分析是基于观察和试验取得的大量事实、数据，利用统计推断的理论和技术，经过严格的检验过程，对社会现象进行数量分析的一种方法，目的在于揭示各种社会现象之间的本质联系。相较于规范研究方法，实证研究方法对社会问题的研究更精确、更科学。此外，实证研究方法有狭义和广义之分，狭义的实证研究方法是指利用数量分析技术，分析和确定有关因素间的相互作用方式和数量关系的研究方法；广义的实证分析方法以实践为研究起点，认为经验是科学的基础[29]。

本书的研究在提出通用模型后，选择合适的领域作为研究对象，通过具体的案例验证本项目所提方法的有效性、先进性和优越性。本书的第 3 章至第 7 章提出了针对技术挖掘的具体方法及研究框架，然后通过实证分析验证了提出方法的可行性，其中第 3 章和第 4 章是以 2015—2020 年的无人机领域专利数据为基础，对运输领域的无人机技术主题演化路径及语义关联关系进行研究；第 5 章和第 6 章是以 2015—2018 年物联网领域的专利数据为数据源，对物联网领域的技术融合关系进行预测，并构建指标对预测的技术融合关系进行价值评估；第 7 章是以 2016—2021 年人工智能领域的专利、论文、行业报告为数据源，构建多维度指标，并采用深度学习方法进行新兴技术识别的实证研究。

（2）复杂网络分析

复杂网络是指一种呈现高度复杂性的网络，是具有自组织、自相似、吸引子、小世界、无标度中部分或全部性质的网络。复杂网络可看作复杂系统的高度抽象，将网络中的节点抽象为复杂系统中的个体，网络中的边抽象为复杂系统中个体之间的关系，这样由大量的节点及节点间相互连接的边所构成的网络即可称为复杂网络。复杂网络分析侧重从网络整体层面研究拓扑结构特征，如度分布特性、度相关特征、社团结构特征、小世界特征等。现实生活中，许多复杂系统都可以建模成一种复杂网络，比如常见的电力网络、航空网络、交通网络、计算机网络及社交网络等，专利抽象出的引文网络、共现网络、语义关联网络等也可以借鉴复杂网络分析方法进行深入分析[57]。

本书的第 5 章涉及复杂网络的相关方法，主要通过构建 IPC 共现网络来进行分析，将 IPC 视作网络的节点，共现关系作为节点之间的连边，选取度中心度、接近中心度和中介中心度，共同邻居指标和资源分配指标构建融合关系网络特征指标，进而与文本特征指标融合形成多特征指标，达到预测技术融合关系的目的。

（3）文本挖掘

文本挖掘是指研究者从海量的文本内容之中自动地高效提取准确、能代表文本主题、易于理解、整体性强且具有可预测性和潜在分析价值的信息或者知识，文本挖掘也被称为文本数据集的知识发现与提取。对文本信息的挖掘主要是发现某些文字出现的规律及文字与语义、语法间的联系，典型的文本挖掘方法包括文本分类、文本聚类、概念 / 实体抽取、文本向量表示、文档摘要、实体关系模型构建、文本可视化等 [58]。在专利文本的技术挖掘中，学者一般会将文本挖掘方法与其他研究方法结合起来，这样能够有效提高分析的效率与精度。

本书所有研究均涉及文本挖掘技术，在文本数据预处理阶段，对文本进行清洗、分词、去停用词等处理，在第 3 章主题演化路径识别研究中采用实体标注、实体抽取方法抽取专利文本中的技术实体，利用表示学习方法对专利实体进行向量表示，利用 K-means 算法进行专利实体聚类，并提出通过计算不同主题下专利实体语义相似性的方法来识别主题之间的演化关系；在第 4 章主题演化语义关联发现研究中采用实体关系抽取方法标注并抽取语义三元组，从而确定主题之间的语义关系；在第 5 章技术融合关系预测研究中采用表示学习方法获取专利文本分类的向量表示，并以此计算文本语义相似度；在第 7 章新兴技术识别研究中采用 Textblob 方法提取文本中的术语，并以此来表示技术主题。

（4）计量分析

计量分析法主要是针对某一研究对象综合运用统计学等多学科定量分析方法，研究其产生、运动、分布及特征等规律的方法。针对研究对象和方法的不同，计量分析方法包含文献计量分析法、网络计量分析法、科学计量分析法、专利计量分析法等。步入数智时代，计量分析法逐渐发展为数据计量法，主要内容是以所有与科学研究、科学研究活动及科学研究管理等相关的数据，尤其是以大数据为研究对象，引入机器学习、深度学习、强化学习等前沿技术对数据进行分析和研究 [59]。

本书中研究对象涉及多源异构数据，包括文献、专利、行业报告等，其中第6章和第7章均涉及计量分析法中数据特征的量化分析方法。具体来讲，第 6 章的技术融合价值评估主要是选取专利数据的权利要求数量、专利分类引用网络中的节点特征、分类号融合关系对、专利被引频次等特征作为价值评估的指标，并采用线性回归的机器学习方法进行分析；第 7 章的新兴技术识别则是分别从论文、专利、行业报告中选取文献的被引数、下载频次、关键词、年发表、申请、出版量等文本特征项与技术属性建立联系，从多特征角度对技术新兴状态进行综合评估，最后采用深度学习模型进行新兴技术识别和预测。

（5）时间序列分析

时间序列（time series）又称动态数列，指在相同统计数据中，将数据按照时间发生的次序进行排列所构成的数列。时间序列数据从根本上说是一种或多种无因果规律的随时间发生变化的动态数据，通过探究数据的变化规律，统计时间序列整体的波动情况，根据获取的历史数据来预测序列的未来情况。时间序列分析方法的关键就是能够从历史数据中分析挖掘出一定规律，利用这种规律对未来进行预测和估计[60]。时间序列分析方法涉及数据采集、预处理、特征选择与提取、预测等步骤，传统时间序列预测方法有回归模型、趋势外推、灰色预测等。而在如今数智时代，大多数研究将时间序列分析方法与机器学习、深度学习方法相结合，以更好地应用于数据检测、预测等场景。

本书的主题演化路径发现、技术融合关系预测、新兴技术识别任务都涉及时间序列分析法。以第 7 章为例，本书将时间序列分析和深度学习方法结合起来完成预测任务，即引入深度学习模型 LSTM，输入 2016—2021 年的数据特征序列，预测 2022 年的新型分数，最后从预测结果中选取新兴技术主题进行解读，实现新兴技术的识别预测。

1.4.2 研究框架

本书从主题演化路径识别、主题演化语义关联发现、技术融合关系预测、技术融合价值评估和新兴技术识别的角度对数智赋能背景下的技术挖掘的新理论和方法进行深入研究，研究框架如图 1-1 所示。根据研究框架，本书内容分为 8 章。其中第 1 章为绪论，第 2 章为理论介绍，第 3 章至第 7 章则是数智赋能理论和方法在技术挖掘中不同的应用研究，第 8 章是对全书研究的总结。

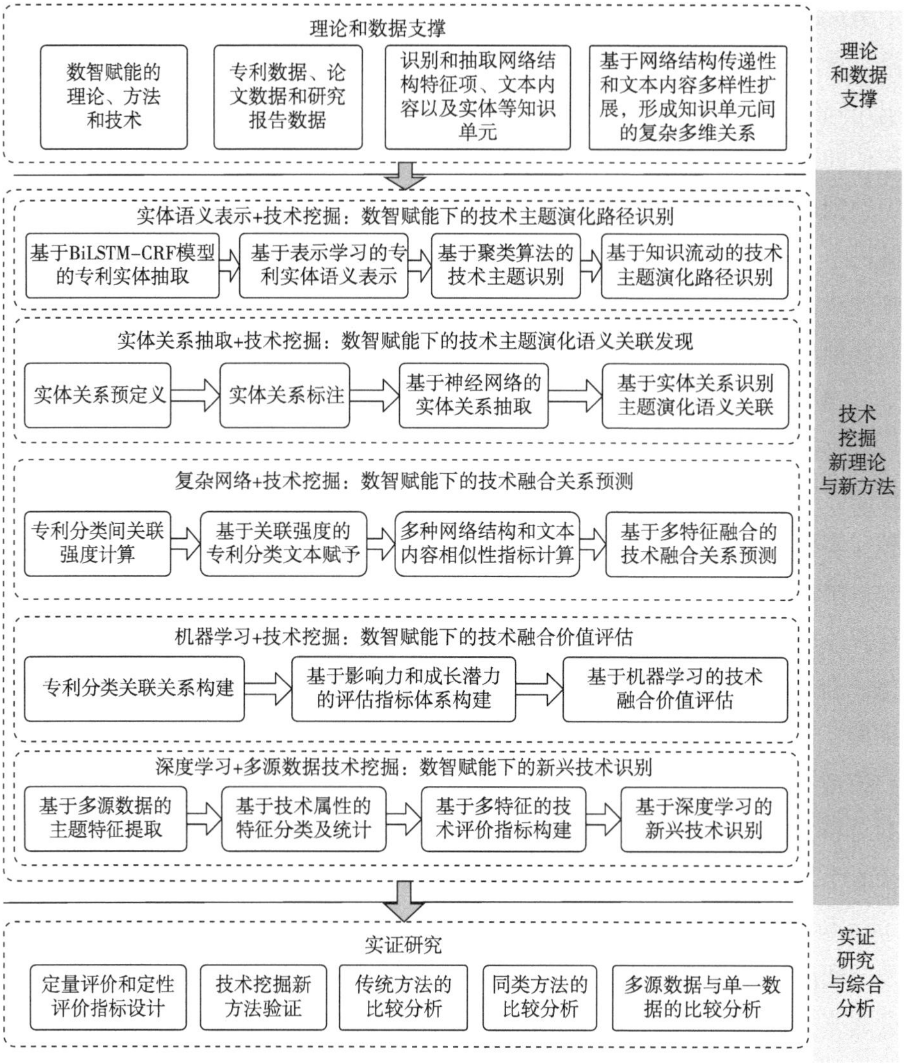

图 1-1 数智赋能下技术挖掘的研究框架

第 1 章：绪论。本部分详细介绍了数智赋能下技术挖掘的研究背景及研究意义，对研究中涉及的相关概念进行界定，并简要概括下文相应研究中存在的研究问题、研究内容和研究方法。

第 2 章：数智赋能技术挖掘。本部分首先梳理了当前研究中数智赋能的理论和方法，然后介绍了技术挖掘的流程、应用范畴和基本方法，最后从知识单元和技术整体挖掘角度对数智赋能下的技术挖掘新理论和方法进行了总结和概述。

第 3 章：实体语义表示 + 技术挖掘：数智赋能下的技术主题演化路径

识别。本部分先梳理当前国内外关于实体语义表示赋能技术挖掘及技术主题演化路径识别的相关研究，然后构建技术主题演化路径识别的研究模型，最后通过对无人机领域专利数据的技术主题演化分析来进行实证研究。

第 4 章：实体关系抽取 + 技术挖掘：数智赋能下的技术主题演化语义关联发现。本部分先梳理当前国内外关于实体语义关系抽取赋能技术挖掘及技术主题演化路径语义关联发现的相关研究，然后介绍基于实体关系抽取的技术主题演化语义关联发现的研究思路，最后通过无人机领域专利数据进行主题演化语义关联分析。

第 5 章：复杂网络 + 技术挖掘：数智赋能下的技术融合关系预测。本部分先梳理当前国内外关于复杂网络视角下数智赋能及技术融合关系预测的相关研究，然后提出基于多特征及复杂网络的技术融合关系预测研究方法，最后基于物联网领域专利数据验证方法的有效性。

第 6 章：机器学习 + 技术挖掘：数智赋能下的技术融合价值评估。本部分先梳理了当前国内外关于机器学习视角下数智赋能及技术融合价值评估的相关研究，然后构建成长潜力和影响力的指标体系，最后采用物联网领域专利数据验证评价评估体系的有效性。

第 7 章：深度学习 + 多源数据技术挖掘：数智赋能下的新兴技术识别。本部分先梳理了当前国内外关于深度学习和多源数据融合视角下数智赋能及新兴技术识别的相关研究，然后构建新兴指标并输入深度学习模型进行训练，最后通过人工智能技术领域的论文、专利和行业报告等多源数据验证所提出新兴技术预测方法的有效性。

第 8 章：结论与展望。本部分系统性地总结本书的所有研究结论，总结所提出新方法的贡献及创新之处，并指出研究存在不足及之后的改进方向。

第 2 章

数智赋能技术挖掘

在数智赋能环境下，大数据与人工智能相关方法为技术挖掘任务带来机遇与挑战。传统的技术挖掘方法存在文本信息利用不全面，没有从深度层面挖掘文本中细粒度知识，分析数据来源单一并且不够丰富，很多定性的方法需要领域专家参与及一些定量方法在挖掘中效果需要进一步提高等一系列问题。而数智技术则给技术挖掘带来新的方向，通过逐渐挖掘大样本多源异构数据、细粒度发现文本知识间的语义关系、深度学习方法的应用使原本技术挖掘方法的效果显著提升。将数智技术与传统技术挖掘理论与方法相结合，能够在海量的科技创新资源中高效准确地挖掘有用的信息、知识来服务技术创新及技术管理。

因此，本章首先介绍数智赋能的基本理论、涵盖范畴及相关方法，其次梳理技术挖掘的流程、应用范畴及基本方法，最后从知识单元挖掘和技术整体挖掘两个角度阐述数智赋能与技术挖掘相结合的方法应用。

2.1 数智赋能的基本理论和方法

近年来，随着数字技术的发展及相关工具的应用，国家高度重视组织数字化转型升级，鼓励和支持企业实施数字化管理。从国内来看，2012 年 8 月我国出台了《促进大数据发展行动纲要》，大数据正在经济发展、社会生活等多个领域发挥作用。2017 年 7 月，国务院印发了《新一代人工智能发展规划》，正式提出 2030 年我国新一代人工智能发展的指导思想、战略目标等。在“数智”赋能背景下，新文科建设力图打破传统文科思维模式，加强学科交叉与深度的融合[61]，推动哲学社会科学创新发展，实现人文社会科学与科技强国相匹配。工业和信息化部也推出了数字化赋能中小企业发展方面的具体措施。

在“十四五”规划纲要中，更加突出科技引领、创新驱动在现代化建设中的重要性，明确指出坚持创新驱动在现代化建设中的核心地位，而数字化赋能，就是赋予产业这种创新力 [62]。数智赋能不仅是一种行为、措施，更是一种注重结果和回报的过程。从商业到农业，从教育到医疗，从政务到媒体，数智赋能正在不断改善人们的生活环境、生活方式和生活能力。

2.1.1　数智赋能基本理论

（1）数智赋能基本概念

数，即大数据；智，即人工智能。所谓数智环境，其本质上为大数据、人工智能、云计算、物联网、移动互联网、区块链等新一代技术思维和技术应用。其中大数据和人工智能受到更多关注，某种程度上占据着主导地位 [1]。赋能，目前是公共管理学科中使用频率较高的一个词语，常见于大数据、人工智能等新兴技术应用带来的变革性、颠覆性影响的高度归纳与外延 [16]。数智赋能，顾名思义，是指在数智环境下，通过云计算、大数据、人工智能等数字化技术来赋予人们解决问题的能力。

随着数智赋能概念的应运而生，很多学者从不同的视角出发，对数智赋能的概念进行了探讨。Makinen[63] 从社会学角度出发，认为数智赋能这一概念不仅指公民使用技术，同时包括公民利用技术获得技能，从而使社会具有较强包容性的能力。陈海贝和卓翔芝 [64] 从管理学角度出发，认为管理者通过数智赋能个体，对其心理行为产生影响，从而开发其极限潜能。Hermansson 和 Martensson[65] 基于对助产士环境的研究，认为数智赋能是通过数字化技术赋予大众解决问题的新手段，能够改善人们的生活方式，使人们成为控制他们生活和环境的主体。

尽管学者们从多个视角对数字赋能的概念进行了探讨，但主要涵盖两个方面：其一，强调大数据、人工智能等数字化技术的运用。数字技术可以快速获取、管理、处理和传播信息，帮助个体更有效地学习并拥有专业技能，这些技能帮助个体进行创新、改造和适应当前所处环境，组织也需要认识到技术的力量，以及其将组织转变为数字工作空间的能力。技术将推动工作方式改变及提高员工绩效。其二，注重赋能对象能力的提升。数智赋能更加关注赋能对象能力获得或提升，能力的提升意味着他们拥有更高的知识素养，可以提升其创新能力 [62]。

（2）数智赋能涵盖范畴

作为一种新兴的发展趋势，数字赋能的涵盖领域十分广泛，涉及电子政务、数字医疗、农业等多个领域。

1）电子政务

电子政务是在现代化科学技术支持下，为实现政府在线办公而建立起的电子政务信息系统，打造了办公、管理和服务一体化运作模式。随着电子政务的发展，信息化建设进程加快，已逐步建立起以省级电子政务为中心，覆盖地级、县级电子政务网络系统。同时，在云计算、大数据、人工智能等新一代信息技术支持下，电子政务系统集约化建设进程得到了进一步推动，显著提升了政务信息处理效率和服务能力 [66]。Tejedo Romero Francisca[67] 通过对葡萄牙市政当局信息和互动指数的分析，认为电子政务的使用是地方政府增加公民参与度和社会互动的机会之窗，证词制定者需要注意电子政务工具的能力，以更好地促进电子参与的进程，并为获得公民反馈提供必要的渠道。Gupta Aakash 等 [68] 指出，电子政务是旨在改善治理国家的必需品，而不是一种选择，现有的政府机构应通过电子政务与客户建立强大的联系，以提供更好、更快捷的服务。郭琳珊等 [69] 从电子政务建设与经济社会绩效的角度，对 2011 年浙江省永康市电子政务试点改革这一准自然实验进行了研究，认为电子政务试点政策对浙江省县级市的创新水平有显著促进作用，并揭示了电子政务建设产生的经济社会效应，为政府通过电子政务建设来推动区域创新提供了理论支持与经验证据。

2）数字医疗

在以数字技术为核心的新一轮科技变革的时代背景下，国家将加强核心数字技术与医疗服务系统各环节之间的协作与互动，作为当代医疗发展的重要组成部分，形成数字医疗联合体，以引导数字技术和经济社会各领域的深度融合，从根本上改变医疗资源分布不均、碎片化的格局，以形成网络化、移动化和智能化医疗服务体系，提升全民在共享数字化成果上的获得感。数字医疗联合体是新时代数字化和医疗联合体深度融合的产物，是通过数字技术科学赋能，推动多源异构医疗卫生资源高度整合，形成以满足居民多层健康需求的新型一体化健康服务网络 [70]。黄新平等 [71] 对当前健康档案数据的开放共享现状进行了调查，提出建立健康档案数据开放共享机制有助于深入推进“互联网 + 医疗健康”服务行动，实现医疗卫生领域的互联互通，提升公民获得感和满足感。孙逸凡等 [72] 认为移动医疗有望成为传统医疗保障之外的有力补充，通过移动医疗技术加强患者的参与、监测、推广，从而提供更多的医疗服务，有助于解决心血管疾病日益增加的问题，提高心血管疾病患者加入心脏康复的参与率，实现对患者的全程管理和随访。

3）农业

数字化农业是加快“双碳”步伐和缩小城乡差距的关键措施，作为一种新兴的驱动力量，农产品生产经营、线上销售等皆可依托数字化平台发挥重要作用，推动全面实施乡村振兴战略，加快农业农村现代化。范月琴等[73]认为数字化农业包括数字化生产经营、智能管理模式和农产品数字化线上销售等多个方面，通过数字化技术和智能设备在农业生产中的运用，可以提高农业生产自动化、精准化、智能化水平，从而形成一系列高效生产模式，提高农业生产效率，同时结合数字化销售方法，可以增加农户收入，助力缩小贫富差距，实现共同富裕。陈卫洪等[74]通过深度挖掘数字化赋能新型农业经营体系的内在机理，提出新时代下实现数字经济与新型农业经营体系融合发展及构建数字农业经营体系是农业农村与全社会高质量发展的重要内容。

2.1.2　数智赋能基本方法

随着向数智时代的迈进，大数据、人工智能等新兴技术为社会、科学等多方面的发展提供了新的技术环境，不断从深度和广度上开拓学科研究新思路，构建资源数字化、技术智能化的发展框架，用新方法解决学科发展中所面临的新问题。

（1）表示学习

表示学习，又称特征学习，是一种对于数据广义的特征表示，具体指通过多层神经网络将原始数据经过非线性模型转变为更高层次的特征表示，将原来由人工设定的特征工程转换为机器的自我学习过程，把研究对象的语义信息映射为低维度的、连续的语义向量，以作为多种分类、聚类、推荐任务的输入。设输入样本数据为 $X=(x_1, x_2, \cdots, x_n)$，通过表示学习能够得到一个低维特征表达 $X'=(x_1', x_2', \cdots, x_m')$，$m > n$，当该实体和关系处于相同维度的低维稠密向量空间中时，可以通过计算欧几里得距离、曼哈顿距离等方法来获得任意两个对象间复杂的语义关联，作为后续应用任务的输入。Yoshua 等[75]学者指出，数据的表示学习是为了能在构建分类器或其他预测器时更有效地提取有用的信息；在概率模型中，高效的表示学习不仅能够观察到输入的潜在因素的后验分布，也可以用作有监督预测的输入。目前的表示学习方法根据研究对象不同主要分为 3 种：网络表示学习、文本表示学习、网络和文本融合的表示学习。

1）网络表示学习

网络表示学习又称图嵌入，是复杂网络与深度学习的交叉融合，旨在通过网络表示学习算法将网络信息转化为稠密低维的实值向量，将其用作机器学习算法的输入，以在低维空间中高效计算实体和关系的语义联系。其中较早用于网络表示学习的算法主要基于矩阵特征的向量计算，通过计算关系矩阵的前 k 个特征向量或奇异向量得到 k 维的节点表示[76]，但该方法对于大规模的数据计算复杂度较高，非常消耗时间和空间。基于简单神经网络的表示学习算法虽然存在梯度下降参数更新的最优解问题，但能够显著提高计算速度。DeepWalk[77] 算法第一次将深度学习技术引入网络表示学习中，充分利用网络结构中随机游走序列中的信息，通过 Skip-gram 和 Hierarchical Softmax 模型对序列中每个局部窗口内的节点概率建模，最大化随机游走序列的似然概率，最终使用梯度下降进行参数学习。此后，随着技术的不断进步，SDNE（结构化深度网络嵌入方法）[78] 使用基于深层神经网络的网络表示学习算法对节点表示间的非线性进行建模，其中包括由 Laplace 矩阵监督的建模第一级相似度的模块和由无监督的深层自编码器建模第二级相似度关系的模块（图 2-1），最终 SDNE 算法将深层自编码器的中间层作为节点的网络表示。实验表明，该方法能够重建原始网络，并在多标签分类、链路预测和可视化三大应用中取得实质性进展。

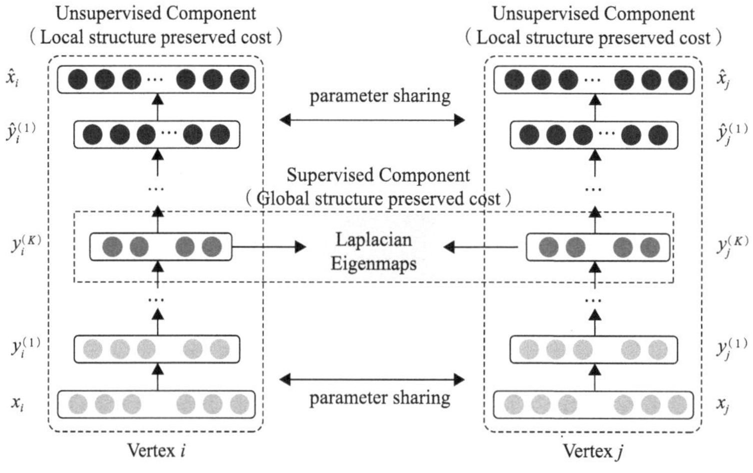

图 2-1　SDNE 算法[78]

2）文本表示学习

文本表示是自然语言处理的基础，是文本分类、信息检索的关键。文本表示学习方法旨在将文本中所包含的信息转换成计算机能够识别的向量，从而实现在低维空间中高效计算实体间复杂语义关联的目的。经过文本表示学习得到的文本向量中包含了自然语言的词法、句法和语义特征，传统的文本表示方法有词表示、句子表示、篇章表示[79]。

张金柱等[80]通过文本表示学习方法提出了基于专利分类序列和文本语义表示的技术融合预测方法，从专利分类序列和文本语义融合的视角对技术融合预测进行了探索性研究。郑诚等[81]提出基于双向注意力机制和门控图卷积网络的模型，该模型首先利用门控图卷积网络有选择地融合图中节点的多阶邻域信息；其次通过双向注意力机制学习不同单词对分类结果的影响，给予对分类起积极作用的单词正向权重，同时对产生消极作用的单词给予负向权重，以削弱其在向量表示中的影响，从而提升模型对文档中不同性质节点的甄别能力；最后通过最大池化和平均池化融合单词的向量表示，得到文档表示用于最终分类。

3）网络和文本融合的表示学习

近年来，针对不同的研究目标，学者对以上两种乃至多种算法和模型融合的表示学习方法展开了深入的研究。尉译心等[82]基于深度强化学习（DRL）和 Transformer 模型，提出一种多智能体 DRL 训练改进 Transformer 的混合编码解码架构，端到端地求解可拆分的车辆路径问题，在快速得到 SDVRP 问题高质量解方面取得极大优化。张贤坤等[83]基于传统的协同过滤方法，提出一种融合交互意图的图神经网络协同过滤算法，利用交互意图融合层确定潜在意图的重要性并生成用户对项目的预测评分，与其他先进的推荐模型相比取得显著的性能优势。

（2）文本挖掘

文本挖掘[84]是一个从非结构化文本信息中获取用户感兴趣或者有用的模式的过程，具体来说，是一个对具有丰富语义的文本进行分析，从而理解其所包含的内容和意义的过程，对其进行深入研究势必将极大地提高人们从海量的文本数据中提取信息的能力。文本挖掘的一般框架由两个模块组成：文本提炼和知识蒸馏。文本提炼指将任意格式的文本转换成机器可以识别的媒介格式；知识蒸馏指从媒介格式中推导出模式或知识，其中文本聚类、文本可视化、文本分类等都是从文本的媒介格式中进行知识挖掘的实例。融合大数据、人工智能、自然语言处理等新一代技术思维和应用，数智赋能的文本挖掘研究正向更深的语义层次、更广的研究领域迈进，利用多层语义知识组织方法和认知计算模型等解决知识表示、知识关联等问题。

从研究的深度层面来说，基于多层语义的文本挖掘分析方法旨在促使文本挖掘从外层词性转向内层词性，从词汇细粒度的角度进行分析，提高效率和准确率。储珺等[85]结合语义和多层特征融合的方法实现行人检测，增加了行人特征增强板块和行人二次检测模块，提高了检测精准度；Gideon Creech 等[86]基于语义的多层网络提取一种自适应训练方案，用于垃圾邮件检测的混合语义和统计方法；贾霞光[87]基于数智赋能提出的基于多层次语义的短文本特征提取及分类方法，从知识细粒度化的角度，通过增强语义关系、语义知识表示等实现知识组织系统与认知计算的融合，解决优质大数据和语义知识库缺乏而导致其算法不够精准智能的难题。

从研究的广度层面来说，数智赋能的文本挖掘技术与创新性评价研究的结合，有效促进了多元化与智能化的多领域文本分析新模式，形成多元化创新类型与创新程度的智能化识别与分类，从而达到大数据、人工智能及认知计算赋能创新评价的目的，解释了科学技术创新的内在规律，进而协助未来技术路径与技术融合的预测，拓宽了文本挖掘研究的领域广度。高丽娟[88]针对对外汉字教学实践经验和索取成果，基于文本挖掘方法，使用工具 VOSviewer 和 T-LAB 分析 CNKI 关键词共现，并结合国际中文教师填写线上的《对外汉字教学问卷调查》问卷，归纳“六书”理论在对外汉字教学中的作用，阐述“六书”理论用于对外汉字教学中的要点，找到并设计出适合对外汉字教学的最佳模式，以此提高对外汉字教学效果，并将“六书”理论运用到对外汉字教学中。Rodríguez Ignacio 等[89]在文本挖掘的支持下针对 COVID-19 提出了科学计量分析的创新方法，形成科学计量学多元化与智能化的计量分析模式，突出了该研究领域的问题集中点和与 COVID-19 大流行最相关的期刊。

（3）深度学习

深度学习是一类新兴的多层神经网络学习算法，通过组合底层特征形成更加抽象的高层表示（属性类别或特征），以发现数据的分布特征表示[90]。基于神经网络的深度学习方法起源于二十世纪五六十年代，当时称作感知机，作为最早实现的人工神经网络，它是一种二分类线性模型，分类能力十分有限。之后，随着技术的不断改进，在 2012 年的 ImageNet 大规模视觉识别挑战赛中，Krizhevsky 实现的深度卷积神经网络模型将图像分类的错误率降低了近 50%，标志着卷积神经网络在大规模图像特征表示和分类中取得巨大成功[91]。神经网络模型有多种结构，如卷积神经网络、循环神经网络、深度卷积神经网络等，能够以不同的形式、不同粒度组合的语言单元特征获得更大的语言单元向量表示。随着深度卷积神经网络（CNN）在各种竞赛基准上表现出当前最优结果，这种特殊的神经网络也实现了架构创新，包括基于深度、多路径、特征图利用和注意力等七大类别。这种创新旨在提高 CNN 在各种视觉相关任务上的性能，因此深度学习也被广泛应用于图像识别、语音识别、自然语言处理等多个领域。

在图像识别领域，物体检测和图像分类是两个核心问题，前者主要定位图像中特定物体出现的区域并判断其类别，后者主要对图像整体语义的内容进行类别判定[92]。刘晋等[93]提出一种基于多神经网络模型融合处理的图像文字语义分割方法，包括多种语义分割模型和多模型融合处理方法两部分，利用多尺度全卷积神经网络模型 MSFCN、U 型全卷积神经网络模型 U-net、基于区域的全卷积神经网络模型 R-FCN、更快的基于区域卷积神经网络模型 Faster R-CNN 等多个语义分割网络模型对图像中文字区域进行语义定位。

语音识别是人机交互领域的基本技术，用于让计算机自动识别给定语音中所包含的语义信息。在语音识别领域，深度神经网络（deep neural network，DNN）模型给瓶颈期的传统 GMM-HMM 模型带来了巨大的革新[92]。吕吟玉[94]首次针对人声音色分类的工作，基于深度神经网络对人声音色的分类进行研究，设计了融合循环卷积神经网络和最小均方降噪算法的人声音色分类模型，通过人声音色识别可以显著提升用户体验，根据用户独特偏好推荐特定音色可以提高用户留存率。张伟涛等[95]通过对比 GMM-HMM 模型与深度神经网络–隐马尔可夫模型（DNN-HMM）等，完成了语音关键词检索，表明三音素下的 DNN-HMM 模型性能优于传统的 GMM-HMM 模型，为语音信息检索研究做出贡献。

自然语言处理（Natural Language Processing，NLP）是深度学习的重要应用领域，经过几十年的发展，基于统计的模型已成为 NLP 的主流，同时人工神经网络在 NLP 领域也受到了理论界的足够重视[92]。加拿大蒙特利尔教授 Bengio 等[96]在 2003 年提出用 embedding 的方法将词映射到一个矢量表示空间，然后用非线性神经网络来表示 N-gram 模型。任胜兰等[97]通过结合交互卷积神经网络和注意力机制，动态捕捉用户和商品评论文本中的语义信息和上下文信息，利用交互注意力网络计算出用户对特定商品的倾向性和商品对特定用户的吸引力，并结合预测模块提出提供用户对商品的准确评价的预测方法，捕捉在线购物时用户与商品之间的动态交互关系，提高推荐系统（RS）的准确度。

2.2 技术挖掘的基本理论和方法

技术挖掘指基于科学技术文献，分析技术的现状和未来发展趋势的理论与方法。技术挖掘的概念最早由 Porter 于 21 世纪初提出，主要内容建立在对技术创新的流程的理解上。技术挖掘可以为技术检测（技术观察）、竞争性技术情报、技术路线图、技术预测、技术评价等技术分析提供协助作用[5, 98]。

技术挖掘的对象是技术信息的载体，即科研论文与专利文献，主要运用文本挖掘、语义分析、结果可视化等方法对载体中的主题、作者及内容层面的信息作挖掘分析。而其中专利文献格式规范、内容精准、分类合理、涵盖领域广泛，是当下技术挖掘的重要信息源。运用专利技术挖掘手段，可实现技术预测、技术检测、竞争性技术情报获取等，从而为技术创新提供知识协助[5]。

2.2.1 专利技术挖掘的基本流程

1960 年诺贝尔奖得主 Herbert Simon 演示了一个决策制定三步法，这个决策制定过程被广泛应用于许多领域，Porter 等也遵循了三步法，这三步分别是情报、设计（包括分析）和选择[5]。根据 Porter、马天旗提出的专利技术挖掘流程和框架，我们可以将专利技术挖掘流程概括如下[5, 99]。

第一阶段为情报收集，该阶段需要确定挖掘方向及目标数据集，并进行数据预处理；第二阶段为分析应用场景，根据不同的场景制定不同挖掘策略；第三阶段为分析方法选择，利用不同的分析方法对数据进行解析；第四阶段为成果表示评估。专利技术挖掘基本流程如图 2-2 所示。

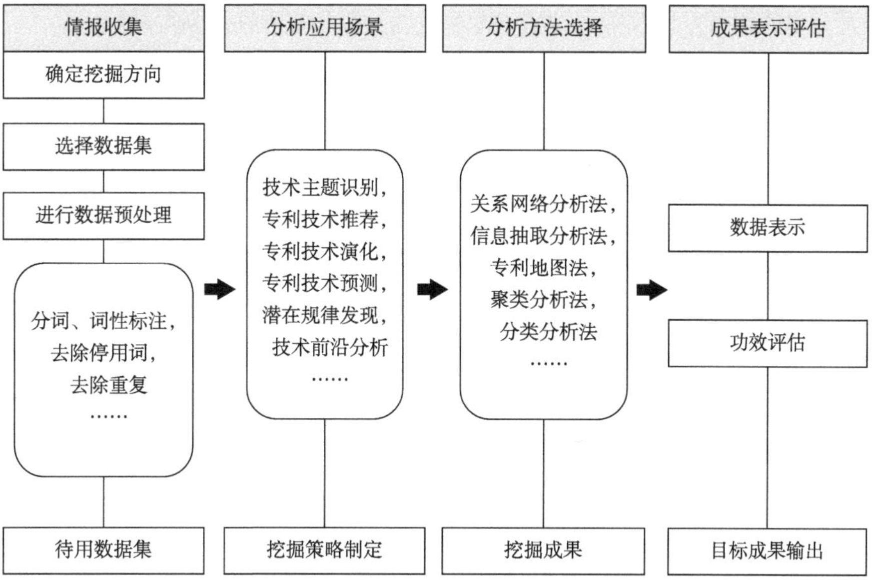

图 2-2　专利技术挖掘基本流程

2.2.2　专利技术挖掘的应用范畴

专利技术挖掘的应用十分广泛，大致包括技术主题识别、专利技术推荐、专利技术演化、专利技术预测、潜在规律发现、技术前沿分析等方面。胡正银、方曙 [100] 将专利技术挖掘划定为技术主题聚类、专利自动分类与专利技术演化 3 个经典场景并进行了研究分析。本书选取技术主题识别、专利技术预测、专利技术演化 3 个常见应用范畴进行探究。

（1）技术主题识别

专利技术主题是对专利技术内容的高度凝练和概括，可以理解为揭露专利文献技术内容的主题和核心 [101]。在已有的定量研究中，一般会用文献或专利的一组关键词、词组或文献来揭示技术主题的核心内容。在海量专利数据中，准确高效地进行技术主题识别，对于专利文献的利用具有重要意义，能够帮助研究人员迅速掌握当前领域技术发展的态势和方向，从而为科学技术的进一步发展提供信息支撑。

目前国内外对于专利技术主题识别的主要方法分为定性法和定量法两大类。定性法多是利用专家智慧和经验来进行判断，如德尔菲法、头脑风暴法、TRIZ 理论法、情景规划法等；定量法则是以数据挖掘方法来进行较为自动高效的技术主题信息识别，如引文网络分析法、文献统计法、文本内容挖掘法、Word2vec 模型、共词网络分析法等，定量研究的方法不仅在效率上实现了大幅提升，也能够很好地改善定性法中专家经验限制和主观性过强等缺陷。

（2）专利技术预测

技术预测指在具体的框架范围内分析技术发展的条件和潜力，对技术的现状和发展进行持续的观察研究，从而初步确定技术的未来应用领域和前景，并评估其潜能[102]。专利技术预测是目前专利信息挖掘的重要目的之一，具有很强的前瞻性。从海量专利信息中预测和把握未来技术发展方向态势是各行各业抢占技术高地的重要方式，能够帮助企业和国家宏观理解技术发展情况，有助于科技发展策略的制定。

目前技术预测的方法主要分为基于专家智慧的定性预测法和基于数据驱动的定量预测法。王曰芬等[103]基于 LDA 主题识别模型及技术生命周期提出了定量定性相结合的技术预测方法；王兴旺等[102]构建了基于专利地图的技术预测体系。这些都为技术预测方法的发展提供了方向。

（3）专利技术演化

技术演化实际上可以概括为技术的累积式发展。在主题演化路径分析研究中，目前的研究可以分为两类，即基于专利引文分析的方法和基于专利文本分析的方法。利用技术演化分析有利于捋清技术发展的路径及脉络，反映技术研发现状，探究技术发展起源，同时对识别科技优先领域、合理配置科技资源具有显著意义[104]。

刘怀兰等[105]提出一种基于文档向量化和自动化短语挖掘的改进主题建模方法，以此来进行多维技术演化路径分析；冯立杰等[106]提出了一种融合专利引文网络和 SAO 语义分析的技术演化路径识别方法；王超等[107]利用三螺旋协同性测度模型和社会网络分析法探讨颠覆性技术创新关注方向演变历程。这些方法都显著提高了专利技术演化识别的效率和正确率。

2.2.3　专利技术挖掘的基本方法

目前应用于专利技术挖掘的方法可分为定性分析法、定量分析法和拟定量分析法 3 类。相对来说，拟定量分析法采用定性与定量相结合的方法，宏观微观相结合，并运用数理统计方法对信息进行高度抽象概括，更适合深度专利信息挖掘。本书根据所用理论的不同，将专利技术挖掘方法进一步细分为基于关系网络、基于信息抽取及基于分类聚类的专利技术挖掘方法，并选取代表性方法进行介绍。

（1）基于关系网络的专利技术挖掘方法

技术创新活动离不开对已有技术的继承与借鉴，在专利文献中，这种继承体现在对在先专利文献的引用上[108]，所以专利文献和专利信息在产生和形成过程中会形成各种网络关系[109]，包括引用关系、共现关系等。目前基于关系网络的各类专利技术挖掘方法发展蓬勃，并且结合各类指标和可视化工具进行结果输出，为探究技术的形态结构、技术的延伸都提供了有力支持。

1）专利引用分析

专利引用分析相关指标主要有被引次数、科学关联度和科学强度、技术生命周期、专利交叉引用指数、共同引用指数等。专利被引次数指该专利被后继专利引用的总次数，被引次数越高，代表该技术越重要[110]。同时，在此基础上也衍生出了一系列相关指标，如自引次数、他引次数、平均被引次数、H 指数、年度引用次数等。科学关联度（science linkage，SL）反映的是单位（一个企业或是区域、人）的专利引用科学论文的平均数量[111]，该指标数值越大，表明该单位的技术研发活动越活跃，越紧跟前沿技术发展。科学强度（science strength，SS）等于专利数量与科学关联强度的乘积，反映了分析对象的专利技术与最新科技发展的总体关联度[110]。技术生命周期（technology cycle time，TCT）指标为企业专利所引证专利之专利年龄的中位数，可评估企业创新的速度或科技演化速度，TCT 较低，则代表该技术较新且创新速度快[108]。专利交叉引用指数和专利共同引用指数都能反映两个对象之间的技术交叠程度，即这两个指数越高，则它们之间的技术交叠程度越高[108]。

在对专利进行引用分析时，往往不会使用单一指标，而是根据需求场景进行组合，通常会使用相关软件和工具进行专利引用的分析。目前国内外专利引用分析的工具种类繁多且已发展得比较成熟。谢秋梅[111]（2018 年）对现有国内外的专利分析工具进行了研究和对比。从分析结果来看，PatentEx、HIT_ 恒库、IPTECH、ItgInsight、Questel Orbit、STN AnaVist 等工具软件都具有引证分析的功能，且各有特色。借助这些工具，可以较为系统直观地了解研究对象引用情况，其中 ItgInsight 可将结果以可视化的形式输出，从而高效获取有价值的数据。

2）专利共现分析

共现分析是将各种信息载体中的共现信息定量化的分析方法，以揭示信息在内容上的关联程度，从中识别和抽取有价值的信息[112]。专利共现分析根据所研究共现项不同，通常可以分为共引分析、共词分析和社会网络分析。

共引分析建立在文献之间的引用关系上，主要有共被引分析和耦合分析。共被引分析主要通过构建共被引次数矩阵，对作者、期刊等进行聚类分析和社会网络分析 [113]，耦合分析利用专利引用数据构建专利耦合数量矩阵，采用耦合强度计算方法计算耦合强度，从而构建耦合强度指数矩阵 [114]，但共引分析对于不提供引用关系的文献数据不适用。

共词分析通过单词或词组的共现来描述概念之间的关系，具有更好的适用性 [115]。其中，关键词共现也常与聚类方法相结合，是十分重要的专利技术挖掘方法。共类分析最早于 20 世纪 80 年代提出，是基于文献计量的跨学科的一种基本研究方法，该方法是将论文所在的期刊归属到主题类别，再将主题类别归属到更大的学科类别（领域）[116]。通常情况下，即使是同一篇专利文献，也可以被划分到不同的技术领域和主题结构中，从而展现出技术的学科交叉性和融合性。

社会网络分析（social network analysis）方法是由社会学家根据数学方法、图论等方法和理论发展起来的定量分析方法。近年来，社会网络分析方法被应用于管理学、社会学、情报学等多个学科领域 [117]。目前，对于专利技术信息的社会网络分析，通常通过构建专利引文网络、专利权人网络、共著合作网络等，进行企业核心技术识别、专利技术预测、专利技术评估等 [117] 应用。在关系网络构建中，往往将专利作为节点，将专利之间确定的相似性关系作为边，从而构建一种用于专利内容分析的无权无向网络。刘玉林等 [118] 提出一种基于加权网络分析专利技术主题的方法，以权重角度分析专利之间的确定关系，更好地揭示了技术的演化发展。对于存在引用关系的专利群，尤其是引用类型属于引文网络类型的专利，由于没有引用频次特别高的专利出现，引用路径不明显，引用情况相对分散，应当充分考虑引用主体这一重要因素，采用社会网络分析方法，从市场竞争的角度和可视化角度分析行业竞争对手的分布及相互之间的关联 [119]。

3）专利功效矩阵分析

专利功效矩阵图是专利地图法的一种，是指分解某一专利技术领域中的技术分支与实现的功能效果，制成矩阵型的统计图表 [99]。这种方法需要汇总并抽取该领域已有技术的功效及技术特征，能够较大程度地展示一个领域内的专利技术发展情况。通常纵坐标轴为技术功效，横坐标轴为技术特征（图 2-3），展示的对象一般为专利的数量、专利号或者申请单位（人或企业）。

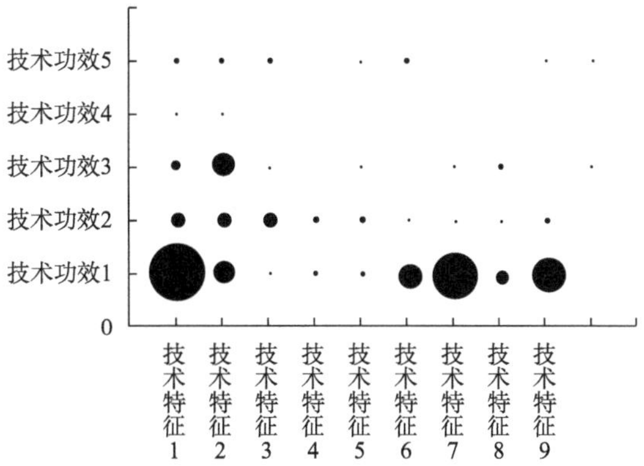

图 2-3　专利功效矩阵

专利功效矩阵图能直观展示技术空白区、稀疏区及密集区，研究人员可以根据不同的区域特点制定不同的技术挖掘策略。专利功效矩阵图中气泡面积较大的区域往往是技术相对成熟的区域，这部分技术基本是热点技术，市场认可度高接受度高，但是创新和改进的空间相对较小；气泡面积较小的区域的技术通常还处于发展阶段，该区域技术专利数量相对密集区少，有一定的认可度，容易出现差异化进展；无气泡或者面积极小的区域为技术空白区，该区域技术研发空间大，但是研究难度大、成本高、周期也相对较长，市场认可度也较低，但是新的技术成果一旦研发就可能占领技术高地。

专利功效矩阵图不仅能够体现指定区域的发展情况，也可以根据需求对图表进行改进，从而应用于对现有技术的挖掘，进行技术机会发现、专利技术预测等。

（2）基于信息抽取的专利技术挖掘方法

专利文献内容包含大量信息，对文本内容进行挖掘能够更加深入解读专利信息的内涵，是现在技术挖掘方法探究的热点。上文提到的基于关系网络的专利技术挖掘方法也是以解析文本内容为基础的。

1）信息抽取

信息抽取（information extraction，IE）是指从给定的文档集合中自动识别出预先设定的实体、关系和事件等类型信息，并对这些信息进行结构化存储和管理过程，也称作信息提取[120]。专利文献作为一种容易表示成结构化的文本，可以应用信息抽取的系统来进行专利语义库的填充和检索。信息抽取是技术信息挖掘的基础，主要包括术语抽取和术语关系抽取两个部分[121]。目前常用的专利术语抽取的方法和算法主要有基于分词与词性标注[121]的抽取方法，融合上下文信息的术语抽取系统[122]。

2）词频分析法

词频分析法主要针对高频词、低频次和突发词进行统计[123]，其中高频词多为关键词和主题词的统计，可以反映出关键技术及领域热点。确定高频词选取的阈值会采用 3 种方法[124]：第一种是人工确定，依靠经验权衡词语的词频和数量；第二种是在人工选择的基础上，使用词频累计频次变化曲线或 TF-IDF 方法进行关键词提取；第三种是使用 Dononhue 高频低频词分界公式。突发词是指那些词频未达到高频词的识别阈值，但是出现频率突然快速增长的词[125]，突发词能快速发现领域内的新兴主题，可以弥补引文分析的时滞性的缺点[123]；而低频词往往代表着有了新兴的知识或者技术发现。

3）技术主题提取模型

对于科技文献主题信息的获取，除了共被引分析、引文耦合分析、共现分析，技术主题提取模型也是常用的挖掘技术信息的方法。因为专利文献的主题在很大程度上可以反映该专利所在技术领域及研究方法。技术主题提取模型可以分为两种：参数模型与非参数模型。

参数模型以 LDA、BTM 为代表，要求在分析之前明确指定需要识别的主题数量。同时，这些模型属于词袋模型，不考虑词汇在文章中的出现顺序[126]。潜在狄利克雷分配（Latent Dirichlet Allocation，LDA）主题模型是一种无监督的主题提取算法，它把每一篇语料文档看作由一组主题构成的概率分布，而每个主题是由很多的单词构成的概率分布，从而形成一个文档–主题–单词的 3 层贝叶斯网络[127]。模型只需文档集和确定的主题数 K 作为输入参数就可以进行技术主题的提取，提取的主题结果主要表现在主题分布和主题内词的分布上。词对主题模型是由程学旗等[128]在 2013 年提出的一种短文本主提取模型，通过将语料库中出现的词共现进行聚合，得到词共现频率，进而清楚地揭示词之间的相关性[127]。

基于实体的非参数模型，通过构建知识库来建立短语与实体间的链接关系，然后进行抽取。相比参数模型，这类模型不需要在分析前设置需要识别的主题数量，也无须考虑词汇在文章中的出现顺序。非参数模型能够根据上下文将相似含义的短语链接到知识库中的同一实体，既能达到消歧的作用又能细粒度地表征文档技术主题[129]。

（3）基于分类的专利技术挖掘方法

当前海量专利文献主要应用的分类方法是国际专利分类法（international

patent classification，IPC），世界上包括中国在内的 50 多个国家都在使用这个专利分类体系，涵盖了几乎所有领域的发明。国际专利分类法主要利用专利分类代码来解读技术主题[130]，该方法能够在一定程度上揭示技术发展态势。

1）分类器

以往对于专利技术领域的分类依赖于专家分类等定性方法，而耗时耗力的人工分类难以跟上大量增长的专利数据，所以专利自动分类一直是国内外研究的热点。目前对于自动分类器的研究大量集中于朴素贝叶斯、支持向量机和 K-近邻算法等统计方法上[129]，也出现了基于 KNN 算法[131]、基于神经网络（RBFNN）算法[132]、基于 SCS 和 ACS 及决策树算法[131]的自动分类器，以及基于训练语言模型的 BERT-CNN 多层级分类器[129]。

2）TRIZ 理论

TRIZ（theory of inventive problem solving）理论是一种解决发明问题的框架，是 G.Altshuller 等在分析了 200 多万份专利后提出并发展起来的，其理论核心是“问题识别”与“问题解决”，认为技术矛盾与冲突的解决是发展的动力。目前有基于 TRIZ 理论及用户与规则、基于发明原理间相似性[133]、面向显性发明原理的专利自动分类[134]等。

（4）基于聚类的专利技术挖掘方法

聚类是通过计算术语之间的距离、关联程度的指数，将术语进行归类，聚成多个技术主题[130]。基于聚类的专利技术挖掘方法，能够分析出隐含在专利信息中不易得到的结构、模式等特征。文本聚类属于无监督式学习方法，在很大程度上弥补了经验和主观限制的分类缺陷，能够得到更为准确、深层的技术情报。通常专利文本聚类的流程为：首先对文本进行预处理，然后将每个文本中词语出现的频率转换为该文档的特征向量，常用的有 TF-IDF 算法和 Word2vec 算法[123]，进而得到专利之间的相似度，再利用 K-means 聚类[134]、层次聚类、神经网络等聚类方法进行文本聚类处理，最后得到专利文本中的技术类簇结果，从而聚类获得技术主题。

2.3　数智赋能技术挖掘的基本理论和方法

数智赋能技术挖掘主要体现在将大数据技术和人工智能技术应用到技术挖掘的研究中，从而形成新的研究视角、研究方法及研究框架，从不同层面深度挖掘技术潜在知识。数智赋能推动了技术挖掘方法和思路的创新，本章将这些研究方法按照知识单元挖掘和技术整体挖掘两个维度进行划分，以此来具体介绍数智赋能在技术挖掘中的新理论和新方法。其中，知识单元挖掘是指对单个技术资源进行纵深方向的挖掘，数智赋能知识技术挖掘方法体现在从文本中挖掘细粒度的知识，利用实体抽取、关系抽取、事件抽取等方法来进行研究；而技术整体挖掘是指对技术资源集（如专利、论文、行业报告等）进行横向挖掘与分析，数智赋能技术整体挖掘更多体现在对多源异构数据进行融合与挖掘、利用各种表示学习方法表征数据、以知识图谱方法结合技术挖掘任务形成新视角进行研究等方面。

2.3.1　知识单元挖掘视角

在大数据时代，虽然对于数据集合全体（大数据）的获取已成为可能，但是在很多应用场景中，受数据获取的条件、成本、时间乃至人们的认知能力、阅读心理等相关因素影响，人们面对或者能够直接处理的数据往往是有限的、部分的，如果不能通过小数据获得关于大数据全貌的洞察，就可能导致认知的偏差和失误。陈国青等[135]认为“大数据—小数据”分析是一个优化问题，旨在从大数据中提取小数据，使得小数据的语义尽可能接近大数据的语义。所以如何从大数据里抽取出具有代表意义的知识是数智赋能背景下的重要研究方向。

随着信息技术的发展，技术挖掘对象从文献单元转向知识单元，分析对象也从单一文本模态转向多模态。多模态信息内容表示较为宽泛，需要从细粒度层面解构其内涵。技术知识挖掘利用智能算法，从词、短语、句子、段落、章节不同粒度进行知识抽取和语义表示，使得隐藏在数据内部的知识被清晰地表示，并将其转换为结构化知识，供人类理解和机器处理[136]。

（1）实体抽取

知识由许多相互关联的知识单元组成，这些知识单元被封装为数据中的知识实体[137]。实体抽取是指检测数据中的实体，并为其标注类型。现有的实体抽取方法可概括为4类：人工标注的方法、基于规则的方法、基于统计的机器学习方法和基于深度学习的方法[138]。

①人工标注由专业人士或者专家对专业领域中的所有命名实体进行统计，构建领域内的命名实体字典，之后将需要进行命名实体抽取的数据与构建的命名实体字典进行一一比对，将比对成功的命名实体进行抽取[139]。这种方法虽然准确率很高，但成本也极高且效率低下，现在常用于构建实体自动抽取系统的模型训练及性能评估语料。

②基于规则的方法是通过专家对不同种类的命名实体制定相应的抽取规则，形成规则模板。在进行知识抽取时对输入的数据进行规则应用，将符合规则的实体视为要抽取的命名实体。规则包括正则表达式规则、产生式规则、关联规则等。王昊等[140]讨论了非结构化中文文本中表达式命名实体的抽取，建立基于层次模式匹配的表达式命名实体识别模型；谷俊等[141]提出一种改进的关联规则方法，利用基于上下文的术语相似度获取方法得到术语间的相似度权重，再通过加入谓语动词的关联规则算法计算、抽取文本中的非分类关系；潘虹等[142]设计了一种基于最大公共子串算法的术语抽取方法，以抽取切分后的语句片段的所有最大公共子串作为候选术语集，通过停用词过滤、对照领域词筛选和术语嵌套子串筛选等规则进行判别。基于规则的抽取方法大大增加了模型的容错率，解决了基于字典的方法必须完美匹配的局限性，从而省去了昂贵的人工成本，提高了自动识别的准确率。但是基于规则的识别方法也有其缺点，一方面，基于规则的方法灵活性不足，多适用于结构化或者半结构化数据，且后续必须不断更新规则进行维护，需要重写代码；另一方面，基于规则的方法对规则的制定者有很高的要求，不同的规则制定者对结果影响很大。

③伴随着机器学习的发展，研究者们尝试将机器学习的方法应用于知识抽取中，其中隐马尔可夫模型[143]、条件随机场模型[144]、最大熵模型[145]都取得了不错的效果，且条件随机场模型与神经网络的结合取得了目前研究领域的最好结果。CRF（Conditional Random Field）模型通过构建全局特征函数，计算给定节点的标注最优值。最大熵模型通过分析数据集的分布状态选择合适的统计模型。基于机器学习的方法极大地降低了人力的参与度，且能够取得不错的结果，但基于机器学习的方法对特征依赖程度高，需要选择合适的特征才能得到好的效果。

④随着计算机硬件的快速发展，传统模型难以充分利用计算机的计算性能，神经网络因为可以无限拓展，从而能对计算机性能进行充分利用，因此受到广大研究者和企业的青睐。2014 年，Passos 等[146]利用词汇注入的方法对 Skip-Gram 模型进行扩展，提高了实体抽取的效果；Chiu 等[147]在 2016 年将 BiLSTM 模型与卷积神经网络结合，使模型窗口可以自适应；冯艳红等[148]改进了词向量和上下文特征结合的方式并引入模型，提高了准确率；Huang 等[149]提出将 BiLSTM 模型与 CRF 模型结合，并取得了相对较好的实验效果；Luo 等[150]在 BiLSTM-CRF 模型的基础上加入了

Bert 模型，通过使用 Bert 模型对中文中的字词进行编码，利用 BiLSTM 模型同时结合上下文特征的特性，以此来对文本数据集的双向特征进行抽取，之后利用 CRF 计算最后的预测结果。自然语言序列中的字词存在很强的联系性，对序列中整体信息的利用程度将对模型结果产生巨大的影响，因此该方法是目前最主流的实体抽取方式之一。

（2）关系抽取

关系抽取即从数据中抽取实体间的语义关系，随着实体抽取技术的发展，关系抽取同样经历了从早期基于规则、词典、本体的抽取方法，到基于传统机器学习、基于深度学习的方法。

①基于规则的关系抽取方法主要是以语言学的知识为基础，在此基础上对数据进行关系总结，并提炼表达式。Aone 等 [151] 总结样本数据中的规则，对其进行分析并提取出适用的规则库；Miller 等 [152] 对实体的语义进行了研究，尝试依据实体的相关信息来生成相对应的规则用于关系识别；Fundel 等 [153] 在斯坦福句法分析器的基础上，通过实体在分析器中的位置类对来产生规则。基于规则的关系抽取虽然有效，但是规则的制定需要专业知识的支撑，并且规则无法通用，进行新的关系抽取时，必须再次耗费大量人力，因此适用的范围十分有限。

②基于机器学习的方式是指针对文本设计合适的特征向量进行关系抽取的训练。Kambhatla 等 [154] 将知识类型相关的多种针对性的字词特征输入最大熵分类模型中，通过实验证明了文本特征对关系抽取的重要作用；Zhou 等 [155] 在 Kambhatla 论文的基础上结合多组语义信息，以 SVM 进行关系分类，提高了关系抽取的 F1 值；Zelenko 等 [156] 通过设计适用于关系抽取的核函数，并将其应用于关系抽取，最后取得了不错的结果。基于机器学习的方法很大程度改善了之前基于规则的方法较为依赖专业人员的缺陷，跨领域的移植也改善了很多，但基于机器学习的方法大量依赖于特征向量的选择，因此如何得到最为合适的特征向量成为机器学习方法研究的热点之一。

③基于神经网络的方法目前在关系抽取方面可以分为两种 [157]：一种是实体抽取与关系抽取同时进行的联合抽取方式；另一种是先进行实体抽取再进行关系抽取的流水线方式。联合抽取可以一次性完成知识抽取的全部任务，然而因为联合抽取相对复杂，目前基于流水线的关系抽取方法使用更加广泛。

基于 RNN（recurrent neural network）的实体关系抽取模型最早由

Socher 等[158]提出，之后 Hashimoto 等[159]提出一种基于解析树的 RNN 模型，通过对重要特征进行加权实现性能提升。2014 年 Zeng 等[160]首次将基于卷积神经网络的方式应用于关系识别的研究，2015 年 Xu 等[161]在此研究的基础上，结合依存关系树的最短依赖路径方法，解决了因为实体间距离较远导致识别率低的问题。Katiyar 等[162]在 BiLSTM 的基础上引入 Attention 机制，实现了第一个以神经网络为基础的联合抽取模型，并取得了很好的结果。目前，基于深度学习的方法已经成为关系抽取的主流方法，其在不同类型的文本数据中都取得了十分优秀的成绩。

（3）事件抽取

事件抽取是指从非结构化数据中提取人们感兴趣的事件，主要任务是从非结构化文本中识别特定事件的论元和确定事件类型。事件抽取的方法可以概括为 3 种：基于模式匹配的方法、基于机器学习的方法、基于深度学习的方法。

①基于模式匹配的方法包括两个步骤：模式获取和事件抽取。首先，通过词法分析和句法分析等局部文本分析得到事件模式抽取库；其次，在事件模式的指导下，将待抽取的事件句子与相应的模式进行匹配，从而对某种事件类型进行检测和抽取。Riloff 等[163]认为论元在事件里的角色描述通常被包含在与事件论元临近的句子里，通过监督学习构建一个特定领域的模式用于事件抽取。但有监督的模式比较依赖于语料标注，需要耗费大量时间，因此有学者提出了弱监督的方式，此种方式只需要对语料进行一定的预分类或者定义少量的人工种子模式，就可以由计算机自动学习事件模式。Riloff 等[164]采用弱监督的方式，结合预分类训练语料库与统计方法自动构建事件模式。弱监督的方式虽然无须大量人工标注，但仍具有较大的工作量且只适用于当前领域，为了解决这一问题，Jifa 等[165]提出一种与领域无关的模式表示方法，方法中融入了 WordNet 概念知识库，在进行模式获取时，只需定义事件抽取任务，即可从原始语料中自动学习相应事件抽取模式，最大限度地减少人工标注对模式匹配事件抽取的干预。虽然基于模式匹配的方法在专门的领域里效果较好，但其成本较高且需要一定的专业知识，且只适用于专门的领域，模式也需要更新，泛化性差。

②基于机器学习的方法把事件抽取任务转化成了分类任务，利用分类器，采用合适的特征，对事件触发词、论元、论元角色进行分类。Chieu 等[166]选择命名实体、句中首个单词、词汇小写形式和时间表达式等作为特

征，使用最大熵模型实现论元抽取，并采用分类器完成了讲座的事件抽取；Llorens[167] 另外引入语义角色特征，使用条件随机场模型实现事件抽取，在 TimeML 事件数据集上取得了不错的效果；Li 等 [168] 在 Llorens 的基础上进一步引入全局特征来提高性能，利用触发词和多个论元之间的依赖关系进行事件抽取。使用基于机器学习的事件提取方法通常依赖于复杂的特征工程和自然语言处理工具。这个过程通常需要对语料库进行深入的探索性数据分析，然后进行降维，最后仔细选择要传递给模型的最佳特征表示。该过程的复杂性，以及各种特征提取过程导致的错误的积累和传播，或多或少地影响着提取结果。

③类似于实体抽取和关系抽取，基于深度学习的方法采用了更为先进的 Bert 模型 [169] 用于预训练，并采用 LSTM[170] 进行语义特征学习。Satyapanich 等 [171] 在事件检测阶段使用预训练模型 Bert 对 BiLSTM 进行微调以用于触发词分类，而 Zheng 等 [172] 的方法在 BiLSTM 层后另外添加了注意力机制 [173] 进行论元识别，最后通过完全连接层组成的神经网络分配论元角色，实现网络安全事件抽取。深度学习的方法避免了人工设计特征工程的烦琐工作，不需要丰富的领域专家知识，只需要将数据直接传递到构建好的网络中，就能取得不错的效果。它拥有可移植性强、灵活性高等诸多优点，促使越来越多研究者致力于基于深度学习的方法研究。

2.3.2 技术整体挖掘视角

技术整体挖掘从宏观层面对技术资源进行整体分析和计算，包括技术资源的分类、聚类、关联挖掘、统计分析、知识网络构建、网络分析等研究。目前技术整体挖掘研究从分类、聚类、关联分析逐渐聚焦到网络的构建与分析上，即利用网络结构进行整体或局部的挖掘与计算。从数据处理规模上看，数智赋能技术整体挖掘研究逐渐从小规模数据向大数据，从单一数据源向多源数据，从同构数据向异构数据方向演化；从挖掘方法来看，传统的规则、统计挖掘方法在人工智能技术的影响下逐步引入知识图谱、复杂网络分析、深度学习、表示学习等新兴方法，这为不同的挖掘任务提供了新方法和新思路。本部分选取多源数据融合、表示学习、知识图谱 3 个主流并且重要的数智赋能技术挖掘方法来具体介绍。

（1）多源数据融合

多源数据融合，即利用相关手段集成多个维度数据源的数据，以产生比任何单个数据源所提供的信息更加一致、准确和丰富的信息。多源数据融合可以分为同构多源数据融合和异构多源数据融合 [174]。

①同构多源数据是指融合形态一致的数据。最早的研究是关于同构多源数据融合方面的研究，应用最为广泛的领域是在多传感器数据融合方向，通过融合不同来源的传感器数据来获得更高的准确率及可靠性。同构多源数据融合还应用于其他领域中，在经典的自然语言处理研究中，Silva 等 [175] 利用 3 种不同来源的相关性证据的组合，为搜索引擎文档提供高质量的排名；Hu 等 [176] 开发了一个文本分析框架，整合了由消费者、员工和公司产生的不同的社交媒体数据来源，以衡量品牌个性。

②异构多源数据是指融合形态不一致的数据。现今由于多媒体技术的快速发展，最常见的多源数据都是异构的。以往传统的用以融合同构多源数据的方法在现今受到了较大的限制。多模态融合就是文献中常用来表示异构多源数据融合的概念。多模态数据包含了图片、文本、语音、视频、图结构等。较早的应用是音频视觉语音识别，也就是利用音频和视觉信息去更有效地识别音频。另一个早期的应用是多媒体内容检索，由关键词检索演化成使用图片、音乐等多媒体检索。还有一个重要的应用是多模态行为识别，包括表情识别、情感计算等。近年来比较流行的一个应用是语言与视觉的融合，包括图片字幕、视觉问答等。

多源数据融合常见的方法是分别从每个数据源中提取最佳特征，然后将这些特征结合在一起，应用于机器学习算法。这种策略也被用来处理一些简单的多源异质数据集的信息融合问题 [174]。随着人工智能技术的应用，异构多源数据融合的模型由传统的机器学习模型，如隐马尔可夫模型等，演变成端到端的深度学习的模型，如卷积神经网络、循环神经网络等。

数智环境下，数据的采集及获取变得更加方便，机器学习、深度学习等方法也为研究者采集和处理多源数据带来帮助。因此，技术挖掘中技术分析对象可以不再局限于专利、论文，还可以是微博、技术社区、技术报告、行业报告等信息，以及专利中图片、技术视频、音频等其他格式的信息，将这些数据融合提取代表技术性的特征，并将其结合起来进行技术挖掘的相关任务。目前在技术挖掘研究中也有学者采用多源数据融合的方法进行相关的研究，张维冲等 [177] 面向专利、期刊论文、学位论文、会议论文、图书、基金项目、行业报告共 7 种不同的科技文献类型，提出了基于摘要的主题解析方法，从多源异构文本中获取主题词，并进行数据融合与主题关联分析，用于新兴技术发展趋势识别；李慧等 [178] 选取人工智能相关的论文、专利和网页的数据，融合多源数据挖掘不同时间段的主题，进行主题演化分析；裘惠麟等[179]提出从专利、论文多源文本中识别挖掘科研热点主题的模型方法，为科研创新提供支撑服务。

相关研究表明，多源数据融合能够从不同信息层面对单一数据进行补充，在各项分析挖掘任务中相比单一数据源的效果更好。目前多源数据融合在技术挖掘中的尝试多集中于多源同构的文本数据，未来可以将多源异构数据融合，例如，将生物化学领域的化学式结构、机械领域中零件结构图片等数据与相应的技术文本信息相结合，为具体的技术挖掘任务带来新的研究视角和方法。

（2）表示学习

表示学习是指通过多层神经网络，将原始数据经过非线性模型转变为更高层次的特征表示，将原来由人工设定的特征工程转换为机器的自我学习过程，把研究对象的语义信息映射为低维度的、连续的语义向量，以作为多种分类、聚类、推荐任务的输入。目前针对不同的研究对象分为不同类型的表示学习，有网络表示学习、文本表示学习、知识表示学习等，可以将不同的表示学习方法应用到技术挖掘相应的任务中，下面主要介绍网络表示学习、文本表示学习及知识表示学习方法与技术挖掘理论方法相结合形成的新理论方法。

①网络表示学习 + 技术挖掘。网络表示学习是连接网络中原始数据和应用任务之间的桥梁，可以将网络中的组件（节点、边或子图等）表示成低维、稠密、实值的向量形式，同时最大限度地保留这些组件在原网络中的信息和属性，之后这些向量表示就可以作为其特征应用于后续网络中的应用任务中。技术挖掘中常将专利作为研究对象，而专利可以根据专利权人、发明人、关键词、关键技术、引文信息等各种对象之间的关系构建专利网络，从而揭示专利之间的内涵和联系。专利网络又可以细分为专利合作网络、专利共现网络、专利引文网络、专利技术转移网络等。之前对专利网络进行分析多采用社会网络分析方法，使用中心性、聚类、子群等经典网络分析方法识别专利网络中的核心技术，使用度分析、聚类系数、平均路径长度等复杂网络的静态几何量识别网络中的关系，但这些方法只考虑了网络结构信息，并没有考虑整个网络的节点信息，并且基于大量的节点关系构成的网络较为复杂，使得这些方法对技术挖掘的作用有限，而网络表示学习的方法为技术网络分析与挖掘提供了新思路。因此，可以将网络表示学习与技术挖掘中的分

类、推荐、预测等任务相结合进行技术分类、技术推荐、发明人合作预测、技术社区发现及其他技术挖掘研究。王庆才[180]采用网络表示学习方法对专利引用网络、实体共享网络和标签共现网络构建表征向量，用于专利分类任务；孙晓玲等[181]以产学研合作申请专利为研究对象，利用网络表示学习算法 node2vec 进行合作预测研究；李爽[182]使用网络表示学习的方法学习网络中节点的特征，以此来挖掘专利之间深层次的结构和语义信息，进而进行专利引文推荐。

②文本表示学习 + 技术挖掘。文本表示学习是将文本中的信息转换成计算机能够处理的向量表示，从而实现在低维空间中高效计算实体间复杂的语义关联，是自然语言处理中的开始环节。文本挖掘是技术挖掘中重要的方法，但专利文本不同于普通文本，常常含有一些特殊的复合技术词语并且专业词汇多，一些基于人工设置的特征提取方法不能很好适用于文本挖掘类的任务，而深度学习的文本表示学习能够自动提取文本间的特征，为技术文本类挖掘任务带来新视角。刘菁婕[183]利用文本表示学习方法，自动学习中英专利文本的语义信息，并在统一语义向量空间中进行表示，最后通过向量相似度计算方法，计算不同语言下专利文本间的语义相似度，构建基于表示学习的跨语言专利推荐方法，实现跨语言相关专利推荐。

③知识表示学习 + 技术挖掘。知识表示学习方法用于得到三元组内实体和关系的分布式表示，将三元组由离散的符号化描述转化为低维向量表示，即使是低频实体或关系，也能通过向量空间中与其他实体或关系之间的距离来反映语义的相似，有效地解决了知识图谱的数据稀疏问题。当知识来自多个知识图谱时，可以将其映射到统一向量空间进行多源知识的融合，提高知识服务的计算效率。知识表示学习中，除了三元组的结构信息，与三元组内实体对应的文本描述也可以被利用，其包含的丰富语义信息可以提高三元组的知识内涵[184]。知识表示学习能够将实体语义关系表征向量输入其他模型，进行技术挖掘类预测、分类等任务。黄金来[185]使用 TransE 模型表示学习所构建的专利知识图谱中的实体和关系，专利语义信息被表示为密集的低维实值向量，将知识表示学习方法与专利分类任务相结合。

除此之外，还有学者尝试针对不同类型的数据，将网络表示学习和文本表示学习结合起来运用到技术挖掘中，研究表明，表示学习方法在各项研究任务中都取得了很好的效果。目前将相关表示学习方法运用到技术挖掘中的研究较少，因此后续可以进一步探究新兴表示学习技术与技术挖掘结合形成新研究方法的策略。

（3）知识图谱

知识图谱是将客观世界的知识和理论更好地组织起来的知识数据图，现实世界中归纳的实体用图中的节点表示，而图中的边代表实体与实体之间的关系[186]。一般而言，任何一个知识图谱都包括两个层面，即知识图谱本体层和知识图谱实例层。知识图谱本体层是指所要构建的知识图谱中有意义的概念类型及概念的属性，也叫做知识图谱的模式（schema）层。概念类型主要是实体类型，以及实体之间关系的种类；概念的属性主要是指知识图谱中实体和关系所具有的属性的集合。知识图谱的实例层则是指具体的实体、关系、属性等知识，这些知识一般都以三元组的形式来组织和表达。例如，在通用知识图谱中，本体知识的表达为（人，国籍为，国家），而对应这一本体层知识的实例层知识可以为（姚明，国籍为，中国），由此可以看出，本体层可以看作是对实例层具体知识的归纳总结。

知识图谱的构建方式总体上可以分为自顶向下的构建方法和自底向上的构建方法，自顶向下的构建方法先对整个知识图谱进行模式层的设计，即确定实体概念类型集合 C 和知识图谱中应有的关系集合 R，然后再从数据中抽取具体的实体和关系构成三元组；自底向上的构建方法则正好相反，要先从数据中进行信息（知识）抽取，然后从所抽取的知识中总结得出相应的实体概念类型和关系，完成模式层的构建。随着人工智能技术的发展，知识图谱构建的方法越来越自动化[187]，目前多采用实体关系抽取的方法来构建知识图谱，将构建好的知识图谱存储到 neo4j 数据库。知识图谱在问答系统、响应生成、实体抽取、推荐系统、商业分析、风险评估、自动化处理等领域实现了应用。

知识图谱的发展给技术挖掘带来了新视角，例如，将知识图谱相关技术与技术主题演化、技术创新知识发现、技术机会发现等相关挖掘任务相结合，从更细粒度层面对技术信息进行发现。目前，一些学者已经开始将基于深度学习方法构建知识图谱运用到技术挖掘上。曹树金等[188]探索知识图谱构建视角，深入专利文献中所含创新内容，以期在特定领域中结构化地表达每一个专利的核心性创新情报，简明表达各个专利如何实现创新，揭示各个专利创新的精髓和领域专利创新的语义网络；祝德刚等[189]提出基于专利知识图谱的产品创新概念设计方法，以此来解决当前产品概念设计中，产品设计周期长、产品功能求解客观性受限、缺乏有效的概念设计辅助工具等问题；张兆锋等[190]提出基于知识图谱进行技术功效图自动构建的方法，运用技术主题、应用领域、功效等知识抽取方法减少人工参与，提高技术功效图构建的速度、交互性和灵活性；翟东升等[191]构建专利知识图谱，采用图嵌入算法刻画产业链专利分布结构，并基于此挖掘产业链各布局主题的布局意图，这对指导企业进一步实施专利布局具有重要意义；葛富斌等[192]通过对知识图谱构建流程、技术架构与专利文献业务特点的分析结合，对知识图谱语义模型在低质量专利检索和可视化等场景应用进行了探讨。

由此可见，数智赋能下的信息抽取、实体关系抽取等深度学习方法大大减少了构建知识图谱所需的人力成本，使得研究者开始从文本中挖掘相关知识构建领域知识图谱，并将知识图谱与其他技术挖掘任务相结合形成新的研究视角，从而推动技术挖掘的创新与发展。

第 3 章

实体语义表示 + 技术挖掘：数智赋能下的技术主题演化路径识别

数智赋能下，知识单元抽取和知识表示已经从词汇粒度转向更具体的实体粒度，从浅层语义表示转向深层语义表示，多种实体抽取和语义表示方法可以广泛应用于技术挖掘。首先，该部分总结数智赋能下实体抽取和语义表示的基本理论、方法和技术；其次，从基于规则、基于特征选择和基于深度学习 3 个方面归纳技术主题演化路径识别的研究基础，发现从实体语义表示角度出发能够更准确地识别技术主题演化路径，其结果更具有可解释性；再次，提出基于专利实体语义表示的主题演化路径识别方法：形成基于 BiLSTM-CRF 模型的专利技术实体抽取方法，设计相似度指标计算实体间语义相似度，进而依据相似度阈值识别并合并具有不同表示但语义相同的实体，再对专利实体进行聚类形成技术主题，设计主题之间关联关系计算指标判别消亡、新生、合并、分化和发展等主题演化关系；最后，选取无人机领域，抽取该领域的技术实体，对实体进行语义表示，得到无人机领域的主题演化路径，并与传统方法进行对比，验证该方法的有效性，且对结果进行了可视化和分析。

3.1 实体语义表示赋能技术挖掘

依据协同创新理论，知识、智慧数据和智能技术要发挥主要协同作用，各要素从投入协同转化再到产出价值的过程即智能技术与知识突破阈值并与创新应用深度融合的具体体现 [193]。对于主题演化路径识别来说，要做到领域中各要素、各方法协同作用，要从浅层次的语义表示转到深层次的语义表示，从而更精确地协同数据中各要素。演化路径识别研究中的关键步骤之一是主题建模，而主题建模的准确性离不开有效的语义表示，实体的语义表示与主题建模息息相关，之前的研究大多使用关键词进行主题建模。近年来，在特定领域中，实体相比于关键词更能体现领域特性，具有重要研究意义，因此，本小节将先简单介绍数智赋能下的主题建模，再介绍在这一角度下的实体语义表示。

首先，主题按表现形式可分为两大类：短语式和分布式。短语式主题主要通过频繁项集挖掘、聚类等数据挖掘方法产生，即将主题表现为相关词汇的集合；而分布式主题主要通过概率主题模型产生，即将主题表现为相关词汇的概率分布。相比于短语式主题，分布式主题能够在潜在空间中更好地表达文档的语义信息，对于文本分类、文本摘要等任务具有良好的效果，因此其应用范围十分广阔[194]。虽然主题模型的研究与应用已经十分广泛，但其建模过程仍存在一些问题。被广泛应用的关于主题模型的很多理论方法都有待“数智”式创新和发展，部分主题方法以文献资源为主，或者基于小样本环境进行定义和建构，这些方法在当时的环境下发挥了重要的支持作用，然而，在数智赋能的新环境下，随着赋能方式、内容等的变化，一些方法、技术流程等虽然依旧能起到一定作用，但需要进一步的发展与创新，以应对当下的大数据及深层次语义分析的要求。

其次，关于主题建模，当前的主题建模往往都是无监督的学习方式，直接使用研究所用数据，没有较好地结合相关领域知识，使得产生的主题语义表达性、连贯性较差，导致语义有偏差。因此有研究者使用 DBPedia、Yago 等包含了关于实体词汇的领域知识信息的知识库，来更好地组织主题中词汇的分布，这对于主题及主题中词汇的语义的增强有提升效果。然而，这些知识库的语义表示及组织形式各异，同时主题模型本身的结构也比较复杂，两者的融合有困难，因此很难将领域知识嵌入主题建模过程中，此时的主题所包含的关键词、实体等没有足够的语义信息，可能对主题模型的准确性和代表性有负向作用。

再次，很多主题模型没有考虑词汇之间的上下文信息，也没有考虑词汇在时序上的依赖关系[194]。由于存在词汇一词多义、短语边界检测困难等问题，上下文信息对于检测代表主题的词汇具有重要作用，而数智赋能中的语义表示技术 BERT（bidirectional encoder representation from transformers）、ELMo（embedding from language models）等能够充分挖掘词汇语义信息，同时通过其邻域中的上下文信息增强词汇的语义表示。

最后，对比数智赋能中的深度学习的框架结构，传统主题模型只是一种浅层的表示结构，存在特征表达能力不强等问题，因此将深度神经网络融入主题建模的过程中，能够构建更深层次、具有更多语义信息的主题特征表示模型。但深度学习的解释性较差，缺乏直观的意义解释，主题建模与主题演化路径的构建却恰好为深度学习提供了在主题建模方向的意义解释，因此将两者相结合，有助于提升主题建模的效果。

如今在数智赋能的大背景下，无论是数据的获取、实体抽取还是主题建模的方法都已经有了较好的表现，大数据、深度学习方法的使用有利于准确地识别出实体，进而通过聚类等方法生成领域主题。

在本研究中，主题建模将通过命名实体识别及命名实体聚类的方式实现。相比于常规的主题建模使用关键词及术语抽取，命名实体识别的目的是识别具有特定意义的专有名称，并且将文本归为预定义的实体语义类型[195]，预定义的实体类型能够满足研究者的需求，能够从更加深入、更具细粒度的角度探究领域的演化。实体是领域知识的形式化表达，可以在多模态数据要求下实现机器可以理解的知识表达方式，包含了基于语义的知识表示方法和基于本体的知识表示方法等。在主题演化路径识别中，相较于关键词，实体更具有领域代表性、整体性，当前的主题演化路径大多通过相邻时间片窗口主题下相同主题词的个数来构建主题演化的路径，但是这种方法未考虑到表示不同但是语义相同的词语，所以本书引入结合了词表示学习的实体抽取方法，基于专利实体的语义生成时间序列上的主题，再利用主题中实体之间的语义关系构建主题演化路径。

3.1.1 知识语义表示视角下的数智赋能

从词表示学习的发展来看，最早利用数学方法表示文本的是“one-hot”模型，这时的方法还不能被归为数智的范畴，该方法把整篇文档看作一个一维向量，通过给每个单词的位置赋 1 的方式得到单词的向量，但是会带来向量维度爆炸的问题，并且信息十分稀疏，同时，此类表示方法忽略了词汇之间的联系与区别，不能较好地刻画出词汇在文本中的深层次语义信息。基于此，Salton 等[196] 在 1975 年提出了向量空间模型（vector space model，VSM），该方法构建了一个词语与文档的共现矩阵，并使用词频和逆向文档频率（term frequency-inverse document frequency，TF-IDF）方法计算词汇与文档的语义相关度。但是这个方法存在一个问题，即构建的共现矩阵依旧比较高维而且包含的信息过于稀疏，后来学者又陆续提出了以潜在语义分析（latent semantic analysis，LSA）[197] 为代表的各种矩阵分解模型。随着时间推移，研究者对数据量的需求及对文本语义准确度、分析细粒度的要求越来越高，并且随着数智赋能的发展，各领域中的资源都呈指数式增长，对处理、分析资源的方法也有了更高的要求，资源的类型也被要求体现数智赋能的协作性，数智时代情报工作向着资源数据化、技术方法智能化和创新服务工程化方向发展，数智赋能的领域研究将吸纳智能感知、协同分析、视觉搜索、自然语言处理、边缘计算等新的技术和方法赋能领域理论与方法变革 [3]，因此研究者们关注到数智赋能中兴起的神经网络方法。不同于上述工作，Bengio 等 [96] 提出了神经网络概率语言模型（neural probabilistic language model，NPLM），将词向量作为模型参数来迭代学习，近年来提出的诸多模型如 Glove 等 [198]，或多或少都借鉴了 NPLM 的思想。综上所述，总结现有的词汇表示学习方法后可以发现，基本上可归为两类：基于共现矩阵的统计或基于神经网络的预测。

Mikolov 等 [199] 提出的 Word2vec 模型是第一个基于词的文本表示学习方法，是基于分布式词嵌入的方法，其目的是通过给定的语料库的文档中单词的共现来检测词之间的语义信息。词嵌入是一种较好的词汇特征表达方式，通过将词汇表示成低维空间中的稠密向量，不仅能够实现文本的向量化表示，还能够计算词汇之间语义距离。该方法一经提出就得到了许多学者的借鉴。具体来说，在文本处理过程中，先利用分词工具 Han LP（Han language processing）进行文本切词，再将切分后的词语转化为词向量，最后进行特征提取。该方法通过神经网络模型训练语料库，并且输入了每个单词的上下文信息并充分学习，最终将每个单词映射为固定维度的语义向量。而且它具有两种综合每个单词上下文的模式，分别是 CBOW 模型和 Skip-gram 模型，前者根据上下文预测目标单词，然后使用模型的部分参数作为词向量，后者根据目标单词预测上下文。与传统的“One-hot” [200] 表示方法（One-hot representation）相比，Word2vec 方法不仅大大降低了向量的维度，提高计算效率，而且它完整地考虑到了文本上下文信息对单词的影响，充分结合了词汇及位置信息，十分有效地解决了数据稀疏及语义不精确的问题。相较于其他方法，Word2vec 更加快速、有效，能够满足短文本分类实时性的要求，因此有研究者将其使用在主题演化路径识别前，通过 Word2vec 编码文本信息，再使用主题建模的方法抽取出按照时间序列呈现的领域主题。

近年来，BERT[201] 语言模型成为词向量表示研究的热点，BERT 在处理数智赋能中的大数据时有较好表现，是数智赋能中具有代表性的自然语言处理方法之一，在各种自然语言处理任务中表现优异，它是一种基于Transformer的双向编码表示法，该模型在处理每一个词的时候，该词汇前后的单词信息均能够被考虑到，这种双向结构能够更加完整地利用上下文学习到语句信息。BERT的结构主要分为3层：嵌入层（embedding）、编码层（encoder）、预测层（prediction），嵌入层包括token层、segment层、position层3部分。其中，token层是词向量层，作用是将单词转换为固定维度的向量表示形式；segment层用来区别传入的句子为单一句还是组合句，这一层也采用固定维度的向量表示形式；position层对字的位置进行编码，通过对3个子嵌入层的向量表示进行元素求和，可得到嵌入层的固定维度向量值，这个向量值作为传给BERT编码器的输入值，编码层的结构和作用与transformer的encoder大致相同，最后预测层采用线性全连接结构，在不同的下游任务中只需要对预测层进行fine-tune即可。BERT的这种结构能够满足技术主题演化路径分析时对语义表示的需求，能够获得词汇的语义信息，在检测文本中的实体时有较好的表现，便于后续演化路径分析。并且BERT是由谷歌的研究人员Devlin等近几年推出的，基于超大规模语料库训练得到的预训练语言模型，相关的研究者可以直接通过相应服务获得自己研究所需要的词语的向量，从而进行相关科研任务，不再需要自己建立语料库再次进行训练，规避了由于语料库太小，向量不准确或者语料库太大、训练时间太长，或者设备要求太高等一系列问题，并且已经在情感分析[202]、文本分类[203]等诸多任务中，被证明效果拔群。

基于上述研究，单个词语的向量表示相关方法已经较为成熟，词向量的表示能够包含足够的语义信息，并且词向量的获得是快速的、低成本的，此时由于词向量对语义信息的充分表示，使得实体识别及后续的技术主题演化路径识别有较好的提升效果。同时近年来，词嵌入方法可以说已经成为各种数智赋能中神经网络方法处理自然语言处理[204]任务的标配。这种向量表示从粒度上看的话，不止词，字、句乃至篇章都可以进行分布式表示，这种句子级别和篇章级别的表示不仅有助于获得能够准确代表文本内容的实体，从而更好地识别技术主题演化路径，而且还在数智赋能大背景下，充分满足处理海量数据的要求，和数据赋能中常见的大数据、云计算等相呼应。过去的语义表示有着技术元素嵌入的广度和深度不足等缺陷，导致各领域在语义表示后续应用的科学研究探讨等都存在一定的限制，而在当前的"数智"环境中，这种数据思维、智能技术学习、决策服务等"数智"潮流涌现[1]，各领域都投入“数智”中，在强化过去传统强项的基础上，不断开展新的创新，使领域学科对信息的敏感性和把握性更强。

在数智赋能中，从数据层面看，各领域中多源异构、多模态、数量庞大的资源，为数据驱动的领域研究奠定了充足的数据基础；从技术层面看，数据驱动的数智赋能分析手段能够更好地进行主题演化分析，帮助研究者探索隐藏在海量数据下的事实，辅助领域学者进行论证分析，从应用场景看，数智赋能中的数据分析手段助推了学科发展。

3.1.2　实体抽取及其语义表示视角下的数智赋能

本小节将从语义表示视角下的数智赋能转向具体的专利文本中实体语义表示视角下的数智赋能。

在本书中，主题建模不再使用先前研究大多使用的关键词及术语，而是用更具有领域代表性的专利实体，同时由于当前的主题演化路径主要运用相邻时间片窗口主题下相同主题词的个数来构建主题演化的路径，没有考虑到表示不同但是语义相同的词语，所以，拟在实体识别的基础上引入词表示学习方法，基于实体之间的语义关系构建主题演化路径。但是，当前主题演化路径的识别没有关注到主题在路径上是怎样的演化形式。如果可以在研究结果中补充这一方面的内容，就可以使研究机构或者研究人员对于技术领域内主题演化路径的掌握更加清晰全面，达到数智赋能背景下所要求的对数据中信息的充分获取，这些信息在后续的“赋能”阶段将会起到重要作用，为研究者将研究成果应用到领域创新、企业创新中奠定坚实的基础。因此本书引入数智赋能中新兴的实体抽取、实体语义表示、主题建模等方法，通过实体间的语义关系去探究主题之间的语义关系。

在专利的文本数据分析研究中，本书可以利用上一小节中所提到的方法获得专利实体的词向量表示，这种词向量表示可以解决研究者对数据量与机器处理的要求。因为专利文本包含大量的专业术语，如果利用单一单词的词向量作为接下来的神经网络的输入显然会拆分专业术语的前后语境，影响技术主题演化路径的识别效果。目前的词向量表示学习方法更多地应用于新闻素材等大众化的数据分析中，或者基于论文数据进行分析。专利文本由于其专业性高，文本特殊，基于词表示学习的相关研究并不丰富，而在数智赋能中，数据源是多样的，要求实现语义知识单元的精细粒度化、知识组织的语义化[205]，因此实体语义表示必不可少。在专利实体词表示学习研究方面，张金柱、于文倩[206]将单个的词进行的词表示学习方法扩展形成短语的表示学习模型方法，基于专利文本形成了准确有效的专利短语的词向量；刘硕、马建红[207]根据专利文本的特点，提出了一种融入领域短语知识的主题模型，通过序列化标注的方式抽取专业术语。由于专利文本的特殊性，其包含的专利短语使学者在专利实体的词向量表示中有诸多研究。

实体识别和关系抽取是信息抽取中的两个子任务，实体识别是指从文本中识别出专有名称和有意义的数量短语并加以归类[157]，关系抽取一般认为是实体关系抽取的第二步，就是识别出两个实体之间的语义关系，主要是对非结构化文本数据进行处理，实现从中提取出具有结构化的文本数据的功能。

专利实体抽取是一类被称为命名实体识别的问题，解决该问题的方法大致分为基于规则、无监督学习和基于特征的监督学习方法[208]。目前，通过联合使用神经网络方法和分类方法，这个问题常被作为序列标注任务来解决。BiLSTM-CRF（bidirectional long short-term memory-conditional random field）是代表性的最先进的模型之一，得益于双向 LSTM 组件[149]，它可以高效地使用过去和未来的输入特征。由于使用了 CRF 层，它还可以使用句子级别的标签信息进行分类。Chen[209] 提出了一种新颖的专利信息抽取框架，其中 BiLSTM-CRF 和 BiGRU-HAN（bidirectional gated recurrent unit- hierarchy attention network）两种深度学习模型分别用于实体识别和语义关系抽取。An[210] 应用该框架提取专利文献中提到的序列结构。Wu[211] 提出了一种结合 BiLSTM-CRF 模型和自注意力机制的中文临床命名实体识别联合模型。在该模型中，自注意力机制可以通过建立每个字符之间的直接连接来学习长距离依赖关系。

专利实体提取后，可以通过多种表示学习方法进行表示。从本质上讲，专利实体表示非常接近于词嵌入，它将每个词表示为多维向量。如果我们将实体作为一个特殊的单词来处理，那么单词嵌入方法可以直接应用于实体表示。Word2vec 是 Mikolov[212] 提出的第一个基于词的文本表示学习方法。该方法使用每个单词的上下文信息通过神经网络模型训练语料库，并将每个单词映射到一个固定维度的语义向量。随着计算能力的发展，以 BERT[201]、XLNet[213]、RoBERTa[214] 等为代表的深度学习模型在不断提升词表示的效果。

基于以上研究，可以将短语、句子甚至章节用深度学习方法表示为分布式表示，与实体表示更相关。Rao 等[215]扩展了一个单词表示学习模型，形成了一个短语表示学习模型，该模型提取与已识别主题相关的短语；Zhang 和 Yu[216] 使用 Word2vec 对专利文献形成词向量，并使用线性算法对专利短语进行语义表示；Afshar[217] 使用专利文本预训练模型 BERT，并用于后续的分类任务；Das 等 [218] 提出了一个在自然语言需求数据集上训练的句子嵌入模型；Yoon[219] 使用 Doc2vec 对专利文档进行表示学习，实现无人机技术领域的技术热点预测。

基于深度学习的实体识别已经树立起了“数智”思维理念，实现了“从样本到全体”“从精准到繁杂”“从因果到关联”的数据思维转变，积极使用现有的领域数据、参与到大数据建设中，能够通过深度学习的方法从凌乱、繁杂、多源、异构的数据中，找到对领域根本性的认识，从海量、模糊、动态变化、数据类型多样的深度分析中，挖掘出有价值的信息，掌握和预测领域演化路径，或者关注到未来的发展趋势，做出预警推测 [220]。

综上可知，这些方法可以为专利实体表示提供很好的参考。然而，专利文本中包含许多由多个单词甚至短语组成的专业实体。因此，本书将应用词嵌入方法设计一种专利实体表示方法。针对实体抽取，本书基于实证研究中实际研究数据的特征进行了预先定义实体及实体间关系，进行数据集的标注，并选择 BiLSTM+CRF 方法来完成研究。

词表示学习方法各有优劣，本研究所要做的基于命名实体识别的技术主题演化路径识别需要运用上一小节所述词表示学习方法，以语义角度获取时间序列上的各主题，本书将采用 Word2vec 的词嵌入方法来表示词向量，再将这些词向量整合后形成专利实体的表示。

3.2　技术主题演化路径识别的研究基础

核心技术的创新是国家发展的重要支撑，识别关键核心技术需要以技术演化分析为基础，技术演化路径识别又是技术演化分析的前提，只有科学准确地识别出技术演化路径，才能实现对技术演化及后续预测的精准分析。对技术的演化路径进行分析是目前研究特定领域相关技术发展历程的有效手段之一，分析技术的演化路径不仅可以梳理技术的整体发展脉络，还可以回顾技术自身的发展历史，总结时间序列上技术热点及技术之间的关系，使得相关领域的科研工作者和技术人员可以通过回溯分析技术本身的发展情况，提出对技术未来发展情况的思考，还可以通过深度学习技术预测出领域后续技术发展方向。技术演化路径识别有着重要的作用，从个人或者团队的研究出发：通过识别并分析技术演化路径，研究者可以快速识别出领域核心技术，进而深入了解不同技术尤其是核心技术的整体发展脉络、深层级的研究技术树、技术及其子节点技术之间的关系，分析技术应用领域的交替与融合、判断已有技术的消亡、进行新兴技术的识别等；在“数智”的赋能阶段，从政府的角度来看，技术演化路径的识别与分析可以辅助政府识别相关的应重点发展与大力扶持的科技领域，同时有利于相关学术资金的投入与科技政策的倾斜，辅助国家的科技创新政策的制定；对企业来讲，可以帮助集团的决策者提前了解企业的发展起源与方向、洞察对手的发展动向、补齐自己公司发展的短板、提高核心竞争力，最后帮助整个企业实现科学配比、布局合理的产品生产规划[22]。本节接下来将分两个部分介绍技术演化的理论基础和技术主题演化路径识别的研究基础。

3.2.1　技术演化理论基础

（1）路径依赖理论

路径依赖是由生物学家最早提出和使用的，美国古生物学家 Eldredge 和 Gould 在研究物种灭绝问题时发现物种进化经常是以跳跃的方式而非渐变方式进行的，随机突变因素会影响物种进化路径，由此提出了“路径依赖”概念[221]。虽然路径依赖的概念因为不同学科的使用方向不同而各有理解，但也形成了一些基本共识，即路径依赖既是一种受过去结构和路径局限的“锁定”状态，也是一种非遍历性随机动态过程，它受早期偶然历史事件的影响，也会在系统变迁过程中出现历史的滞后效应[17]。后续随着一些学者的深入研究，路径依赖理论被纳入技术创新过程，成为理解各系统、各学科演化的重要概念。

路径依赖理论强调时间和历史在分析演化过程方面的重要作用，James Mahoney 在总结了不同学者对路径依赖的认识基础上，提出了路径依赖的 3 个特点：首先，路径依赖是对因果过程的研究，这种过程对早期历史阶段非常敏感；其次，按照路径依赖的观点，早期的历史事件是随机发生的，这种随机性是不能被先前的事件或“初始状态”解释的；最后，一旦随机性历史事件发生，路径依赖就具有相关的确定性因果模式或者可以称为“惰性”。[222]

从技术创新角度来看，无论是通用的公共知识还是专有的隐性知识，其内部都会存在创新过程中的正反馈，即存在路径依赖性[223]。技术创新的路径依赖性来源于技术创新的本质属性，包括已有知识库所表现的路径依赖特征外，创新过程本身的技术学习特征也体现了路径依赖性特征[224]。

（2）技术进化理论

技术有其自身的发展规律，技术的累积式发展观点准确地反映了技术的发展规律，而技术的累积式发展可以用"技术进化"这个概念来表述[225]。技术进化的观念是人们在社会实践中，尤其是在技术活动中逐渐形成的一种以技术累积渐进发展为核心的技术发展观念。技术的累积性和继承性影响着技术发展路径的连续性。技术的继承性和累积性也从另一个角度定义了技术演变在时间上的先后顺序，这也使得技术进化路径在具有连续性的同时，也具有时序性和不可逆性。

社会中存在的各种、各方面技术不是凭空产生的，大多在原有的技术基础之上发展而来。人们在开展社会活动、技术活动的过程中，首先要继承原有的技术，在原有的技术基础之上再进行一定程度的革新与创造才能形成新的技术。而技术变异是新技术产生的直接来源，无论是原始技术，还是现代技术，无论是简单技术，还是复杂技术，技术始终具有延续性这一属性，其更新换代的直接产物就是由旧技术发展创新出的新技术[226]。其中，技术选择是提升技术进化速度的关键一环，它是决策者为实现一定的技术进化目标，综合考虑技术系统内外客观的制约因素，并通过对技术路线、技术方针和技术方案的分析比较，选取最佳整体方案的过程。技术选择是一个多层次、多维度、多因素的动态决策过程，它以技术进步或创新为首要原则，也是技术持续且快速进化的关键保障。

3.2.2　技术演化路径识别方法

技术主题演化路径识别需要数据分析、人工智能和机器学习等先进的数智赋能技术支撑。技术主题演化路径识别要求首先收集领域内文献，构成文献集合，使用主题建模的方法归纳出整个集合中的研究热点和关键点，聚类后再在时间序列上呈现、总结这些研究重点，形成完整的演化路径。大数据和人工智能技术的快速发展为演化路径分析提供了足够的技术支撑。一方面，在数据处理中，减少了人工操作步骤，降低了人工成本、减少了环节中的主观因素、提升了准确率；另一方面，在构建演化路径的过程中，能够宏观把握整体发展情况，且不受数据量的限制，为后续的预测任务等提供了足够的信息，能够在大数据情报的支撑体系下，建立起针对各种应用的数智决策应用，实现各方面智能的综合联动协同。综上所述，基于数智赋能中的数据技术可以提升不同时间节点数据的收集、处理、检索和匹配的效率，从而增强演化路径识别的准确性和全面性。

接下来的部分将介绍国内外研究中主题演化的相关研究及常用方法，其中，将重点介绍主题演化路径的相关研究。在分析、总结这些相关研究时，笔者发现目前的主题演化路径研究中专利实体之间是基于相同表示的词进行演化关系的构建而不是基于语义相似度，在“数智”背景下，基于语义相似度的相似实体发现比相同表示的词更能反映数据中包含的信息，也更能识别有相同含义的词语，这是目前主题演化路径识别研究中可以优化的方面。

目前，主题演化相关研究主要集中在主题演化路径识别、主题之间关系发现等方面。确定研究领域的发展路径对科学技术创新至关重要。主题演化路径的构建一直是科研领域的研究重点和热点之一，目前的主题演化路径方法主要分为两种：基于引文分析的主题演化路径构建和基于文本分析的主题演化路径构建[227]。

（1）基于引文分析的主题演化路径构建

基于引文分析的主题演化路径识别方法主要包括引文的主路径构建和引文聚类。引文主路径方法主要是从网络的连通性角度考虑技术演化路径的识别，是根据引文之间的相似度来构建领域内主题的演化路径，是技术主题演化路径识别的主流方法；引文聚类方法主要是研究引文网络中节点之间的相似性，并且基于该相似性进行聚类，通过识别主题之间的关系来得到领域演化路径[228]。

在引文主路径方法的研究中，Hummon 等[229]在对 DNA 发展过程的研究中最早提出了“主路径”思想，“主路径”思想指的是在引文网络中，更加关注网络之间的连线及其整体的连接，以此来确认其中比较关键的连边形成的路径。学者 Batagelj 等进一步提出了其他计算网络链路权重的算法，完善了主路径分析方法，在现有的遍历计数算法——节点对投影统计数、搜索路径节点对统计数的基础上又提出了一个普适性更高、速度更快的遍历计数算法——搜索路径数[230]；马瑞敏和张欣[231]将主路径进行了进一步定义，即反映学科领域发展脉络的重要节点之间关键关系的最大信息承载路径；Martinelli[232]、Lu 等[233]在多数研究者基于论文文献这一单一数据源的基础上，针对多个研究领域，通过分别识别论文文献、专利引文网络的主路径，对某一细化领域的科学和技术的演化轨迹进行了研究。在国内，祝清松[234]将文本内容分析方法与论文引文的主路径分析结合起来，不仅仅是利用单一的数据源，还进一步结合和加强了引文与文献本身内容的关联性，并基于此进行了某领域内演化路径识别与发现。但上述作者的研究数据大多是学术论文，还没有面向专利数据；叶春蕾等 [235] 学者，在专利技术领域中，利用专利的关键词及引文形成专利的主题路径，论证了基于专利引文——主题模型能进一步进行领域内的主题演化分析；闫肖婷等 [236] 利用引文网络主路径，并与专利分类号形成对应关系，利用专利文本分类号本身包含的信息替代节点的语义含量，提出了技术主题含量变化的相关研究方法，揭示了技术主路径上的核心技术主题及发展态势。

网络拓扑聚类能对引用网络进行更加深入的信息挖掘，可以识别出引用网络中的主要研究社区。在引文聚类方法的研究中，Pilkington 等 [237] 针对某一科学领域中的共同的被引用关系，基于聚类算法进行聚类分析，以此构建更全面更丰富的引文网络，获得领域内的主题演化结构；Lai 等 [238] 首先获取专利引文网络，并利用当前较为先进的聚类算法对引文进行聚类分析，并且基于时序分析引文节点的关联，在某细分的领域中做出了近 40 年来的技术主题演化路径；孙轶楠 [239] 把专利之间的引用关系及知识流动的相关知识结合起来，利用专利共被引聚类的方法，基于时间线分析研究领域内的主题演化路径，融合了技术领域主题的相关方法和知识流动的相关方法，从微观的主题层面揭示科学与技术相关发展趋势；张杰等 [240] 学者，为了应对在微藻生物燃料产业链技术领域日益增长的专利文献数据，构建了专利加权引文网络，同时利用聚类算法，得出微藻生物燃料产业链技术发展趋势和专利主题演化路径。

（2）基于文本分析的主题演化路径构建

随着自然语言处理的兴起及神经网络等方法的广泛运用，专利引用网络包含的信息远没有专利文本包含的信息丰富，因此国内外学者都更倾向于结合文本分析的方法进行主题演化路径的构建。随着近年来数智赋能中大数据分析技术的发展，基于主题模型的文本挖掘技术受到了越来越多的关注，越来越多的研究人员开始使用机器学习，甚至深度学习的方法，对专利文本数据进行数据挖掘，无须人工阅读大量的文本即可识别特定研究领域的发展路径。

随着数智赋能中大数据的兴起及神经网络等方法的广泛运用，基于文本分析的主题演化路径构建受到越来越多的关注。基于文本分析的技术主题演化路径识别包括传统的计量学方法和文本挖掘方法两个角度。其中针对文本挖掘的角度包括以下方法：文本主题模型法、基于句法分析的语义挖掘、文本主题关联等[239]。这类方法的核心是利用主题词之间的关系来构建主题之间的演化关系。Coulter[240]、Kim 等[241]学者，都是提取或者直接利用论文和专利中的关键词，并通过聚类方法把关键词聚类成簇，基于时序对各主题中词语的变化进行分析，以此揭示某个领域内的主题演化趋势。Blei 等[242]提出狄利克雷分布模型（linear discriminant analysis，LDA），利用该模型发现文本中的主题与主题词，并进一步提出主题演化路径构建方法。LDA 是研究人员挖掘语料库主题时最常用的算法。大多数的主题模型会将文本内容看成是由一个个单词组成的“词袋”，不会考虑词语出现的顺序和上下文关系，通过主题采样和迭代推算出文档中存在的主题分布，帮助研究人员快速了解文档集中包含的主题，从而大幅提高技术分析的效率。在国内研究中，祝娜等[243]从主题关联角度入手，基于 LDA 模型识别科技创新主题，并按照科研生命周期进行阶段细化，构建了知识演化路径。类似 LDA 的一些模型同样在特定的任务和数据下表现良好，但是当这些模型应用于专利文本中的数据挖掘用途时，仍然会忽视较多的技术信息或是不能挖掘到更深层次的技术信息，例如，未考虑技术词的上下文语义及一词多义的问题，需要主题概括而无法直接抽取技术本体的问题等。与此同时，胡阿沛[101]系统总结了基于专利文本挖掘相关主题的分析方法的优点与不足；刘玉林[244]把数据分析方法聚焦于电商数据，基于电商领域的相关数据处理技术，融合专利的有向网络等方法进行主题演化分析；马铭[245]通过提取科技论文和专利文本数据的 SAO 结构（subject-action-object），提出核心技术主题识别与发展阶段分析方法，通过构建 SAO 语义信息网络，分析核心技术主题演化趋势。

综上所述，科技领域内的主题演化路径识别研究对于分析科技领域发展现状、洞悉科技领域发展脉络具有重要价值。由于自然语言处理的兴起，提取主题词之间特征关系以构建主题之间演化关系成为当前的研究热点。显然，基于相同主题词来判断主题之间的演化关系已经不能满足当前研究的需要，应当深入探索主题之间的语义关联。

3.3 基于实体语义表示的技术主题演化路径识别

本书提出了一种基于专利实体语义表示的主题演化路径识别研究方法。主要包含两部分研究内容：第一部分是专利实体抽取。首先，这部分研究需要获取专利数据，并构建一个完整的数据集，其中包括随机抽取形成一个训练集；其次，要对该训练集进行专利实体的人工标注，并利用标注好的训练集数据进行 BiLSTM-CRF 神经网络模型的训练，并通过量化指标对其进行评估；最后，利用该模型抽取数据集里的所有专利实体。第二部分是基于专利实体间语义相似度的主题演化路径发现研究。首先，需要利用词表示学习方法对提取出的专利实体进行向量表示，并利用聚类算法进行专利实体聚类，其中聚为一类的专利实体为一个主题，进而完成时序上的专利主题识别；其次，利用专利实体向量表示进行专利实体之间的语义相似度计算，根据专利实体之间的语义相似度，确定一个相似度阈值，其中如果相似度高于阈值，则将两个不同的实体视为相同含义的实体对；再次，利用本书所提出的计算主题之间相似度的方法识别主题之间演化关系；最后，基于识别出的所有主题之间的演化关系构建领域内的主题演化路径。整体研究框架如图 3-1 所示。

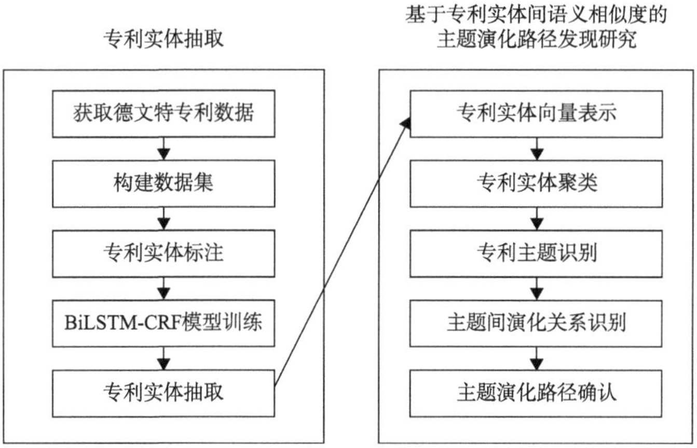

图 3-1　整体研究框架

3.3.1　专利技术实体抽取

本小节研究主要包括数据获取、专利实体标注及基于 BiLSTM-CRF 模型的专利实体抽取。

（1）数据获取

德温特世界专利索引是目前为止世界上较为专业化的专利信息数据库。德温特组织团队包括各个方面的专家，他们会对每个专利文本进行透彻的分析，并基于分析重新编写重点摘要并赋予专利号。德温特专利数据的摘要对专利的用途和优势进行了明确的说明，使专利在权利说明等各方面均较为规整。因此，本书选取德温特作为数据来源，获得专利的标题、摘要及申请时间。下载后进行基本的数据预处理，包括删除缺少摘要的专利或者信息不完整的专利等，并随机选取其中的100条专利作为本书的训练数据集。

德温特专利数据为了保证书写的规范性和有效性，摘要部分统一分为3个部分，即“NOVELTY”“USE”“ADVANTAGE”，详细信息如表3-1所示。

表3-1　德温特摘要数据相关信息

摘要部分	摘要内容	是否必要
NOVELTY	关于该专利机械装置，各部件的介绍或者系统各部分的介绍	必要
USE	该专利的应用领域	非必要
ADVANTAGE	该专利的优势	非必要

由表3-1可知，在德温特专利数据中，每个摘要都包含“NOVELTY”部分，但是部分摘要会缺失“USE”和“ADVANTAGE”部分。

（2）专利实体标注

不同于其他科技文献，专利文件有其自身的独特性。专利文件包含较多的专业领域词汇，这些词汇通常都是较长的短语词组，并且这些短语的组成在专业领域里通常有其指定意义。如果把专利文件语句简单按照空格分解成单个词语进行研究，显然会丢失较多的语义信息，也会产生更多的歧义，例如，无人机领域的“unmanned aerial vehicle”若单独分词进行后续的主题识别，就会丢失其本身的意义。因此，本书利用深度学习的方法从专利中抽取专利实体，以保证专利短语的完整性和可解读性。

虽然专利摘要的撰写十分规范，但是专利实体表达的专业含义十分多样化，如果采用基于规则或者基于特征选择的信息抽取方法，效果会非常有限，所以本书将利用神经网络模型进行专利实体的抽取。首先在标注软件中人工标注100条专利数据的专利实体，并将这100条专利文本作为训练集，其次基于序列标注模型进行模型训练，最后利用训练好的BiLSTM-CRF深度学习模型实现专利文本中专利实体的自动抽取。这其中包括专利实体数据标注、BiLSTM-CRF的模型训练及利用训练好的模型进行专利实体抽取。

本书使用的数据集是德温特数据，它是英文文本，在英文文本中每一个单词就是一个语义单元，更小的字母并不具有语义信息，所以本书采用基于单词的标注规则，也就是给每个英文单词赋予一个人工标签。在相关研究中，一般采用联合标签方法来实现这种单词粒度的文本标注。联合标签方法是通过将标签集对象的分段标签与命名实体的标签集进行联合生成新的标签集，常见的分段标签集有 {B，I，O}{B，I，O，S}{B，I，O，E，S} 等[246]。

本书采用标签集 {B，I，O} 作为标注方案，如果当前单词为专利实体的首个单词，本书标注为“B”；如果当前单词为专利实体的中间部分或者结尾部分单词，本书标注为“I”；如果当前单词既不是专利实体的开头单词，也不是专利实体中间单词或者结尾单词，本书标注为“O”。具体如图 3-2 所示。

… the	automatic	launch	control	system	platform	is	used	for …
↑	↑	↑	↑	↑	↑	↑	↑	↑
… O	B	I	I	I	I	O	O	O …

图 3-2　实体标注示例

在图 3-2 的专利文本中，“automatic”是“automatic launch control system platform”这个专利实体的开头，所以标注标签为“B”，“launch control system platform”为这个专利实体的中间和结尾部分，因此给其中每个单词的标注标签为“I”，和专利实体无关的单词“the”“is”等则标注为“O”。

（3）基于 BiLSTM-CRF 模型的专利实体抽取

信息提取的目标是将文本中有用于研究的内容转化为结构化的信息，起初用于定位自然语言文档中的特定信息，属于自然语言处理的一部分。随着机器学习及神经网络的急剧发展，越来越多的人投入信息提取领域的研究中。然而，不少学者指出，尽管这样的信息提取技术已经广泛应用于分析大量的新闻[247]、科学文献[248]、电子医疗记录[249]等，但是目前在专利文献领域的研究还较少。主要原因有两方面：一方面，专利文档中的句子更长、句法更复杂，术语更专业，使得一般信息提取工具的性能大大降低；另一方面，许多信息抽取工具嵌入了有监督的机器学习模型，该模型依赖于目标类别文本资源的大量标注语料库的可用性，而标注的专利数据集长期以来都是公开不可用的，尤其是生物以外的领域。

因此，本书使用自己手动标注的数据集进行神经网络的训练，保证了模型的准确性。BiLSTM-CRF 神经网络模型结合了神经网络和机器学习模型的优点，首先，该模型具备解决长距离的上下文信息的能力，不仅能够获取过去的输入特征，也能获取将来的输入特征，因此能够兼顾两个方向带来的上下文信息；其次，也充分考虑和利用了整个文本的标注信息，以及标注规则之间的制衡，可以有效输出需要的结构标注。同时，在已有的研究中证实此方法是目前最有效的专利实体抽取方法。

BiLSTM-CRF 神经网络模型大致可分为 3 层，除了输入层和输出层，还包括中间层。中间层又具体分为 Embedding 层、BiLSTM encoder 层和 CRF 层。

1）Embedding 层

Embedding 层就是词向量嵌入层，主要把向量化的专利文本序列中每一个单词依次传送到神经网络模型中。本书选择了 Word2vec 方法，因为本书数据量较小，且领域较为单一和集中，使用 Word2vec 的词向量表示具有更大的优势。

2）BiLSTM encoder 层

BiLSTM encoder 层重点实现了“双向”，体现在它的特征抓取方向是两边兼顾的，充分照顾到了每个单词的前文和后文，因而获得的信息更加全面。

3）CRF 层

CRF 层是一个分类层，运用上下文信息为每个单词分配一个标签。上下文信息既包括周围词语，也包括其对应的标签。CRF 模型使用此信息来预测当前单词的全局最优标记。例如，对于本书的标注序列来说，“B” 后面大多数情况是 “I”，而且不会出现连续的两个 “B”。基于此，CRF 在该神经网络中最后一层起了优化预测结果的作用。整体的模型框架如图 3-3 所示。

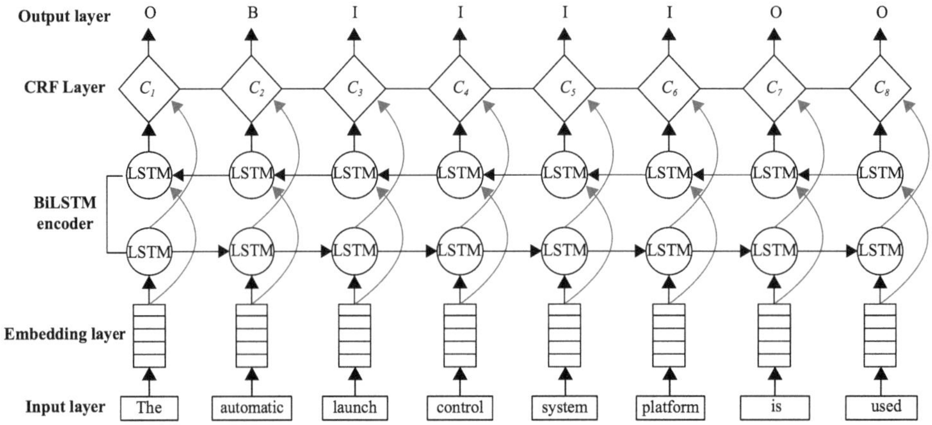

图 3-3　BiLSTM-CRF 神经网络的主要架构

本书经过以下 3 个具体步骤实现该模型：首先，将专利文本中的词进行词表示学习；其次，将特征向量送入 BiLSTM 模型；最后，将 BiLSTM 的输出结果作为 CRF 模型的输入并由 CRF 模型预测出全局最优的标签序列。

在 BiLSTM-CRF 模型训练完成后，就可以利用训练好的模型对每个专利文件进行预测，获得专利中每个单词对应的标签，进而获得正确的专利实体短语。

3.3.2　专利技术实体语义表示

经过专利实体抽取，已经实现了利用 Word2vec 对专利文本里每个单词的词向量表示。但是由于专利实体大多是较长的词组，无法利用 Word2vec 直接形成对应的词向量。因此，本书需要基于已有的单词向量进一步获取专利实体的词向量。由于两者都是向量，所以本书需要选择简单融合向量的方法。通过之前的学者研究总结，已知有以下 3 种已经经过验证的有效方法。

（1）拼接法

拼接法，顾名思义，就是把短语中的 n 个单词的词向量直接拼接起来，表示为一个 $n \times K$ 维的向量，其中的 K 表示每个单词的向量维度。这种方式的缺点是当专利实体比较长时，就会得到一个维度较高的向量，造成维度灾难；同时由于每个专利实体数量、长度不尽相同，所以拼接起来的专利实体向量长短不一，无法完成后续的计算。因此，这个方法并不适合本书。

（2）平均法

平均法指的是将每个短语中包含的 n 个单词向量进行累加再取平均值。这种方式解决了向量拼接法维度过高、维度不一致的问题，比较适用于专利实体的词向量表示。

（3）加权平均法

加权平均法在平均法的基础上进行了改进，把每个单词的权重加到向量的表示当中，把 n 个单词的加权向量进行累加作为所求的短语向量。但是本书的专利实体大多是名词，这中间并不存在权重不一致的问题，且加权方法增加了不必要的实验量，并不适用于本书的研究。

由于本书做的是专利实体抽取，大部分专利实体是名词，代表的含义也是一个整体，如“unmanned aerial vehicle”，这样的专利实体 3 个单词并不存在权重高低之分，所以我们使用平均法对提取的专利实体进行语义向量表示。

有了专利实体的向量表示后，就可以计算向量之间的语义相似度，从而将相似度高的专利实体聚集到一起。相似度较高的专利实体聚集在一起形成一类，本书认为这一类是该时间窗口下的一个主题。该类下的所有专利实体可以作为这一主题下的专利实体，由此实现主题及专利实体的识别。

3.3.3　基于 K-means 聚类的技术主题识别

在主题识别研究中，大多学者都利用了聚类算法进行主题的识别，只是聚类的对象有所差异，如引文、关键词等。本书提取出的专利实体包含了专利文本的内容信息，同时聚类作为一种无监督且高效的文本组织方法，无须先验知识即可将数据集按照一定方式进行自动划分和归纳，从而帮助人们找到有用的信息[250]。因此本书以专利实体作为对象，使用聚类算法进行主题识别。在众多聚类算法中，K-means 算法作为一种经典聚类算法，在计算时间和复杂度方面表现很好，实现简单快速，并且广泛运用于文本分析领域[251]。因此，本书利用 K-means 聚类方法，计算专利实体向量间的余弦相似度，并以之为距离，将距离相近的专利实体聚集到一起，从而基于语义相似度建立起每个时间窗口下的主题与专利实体。具体如图 3-4 所示。

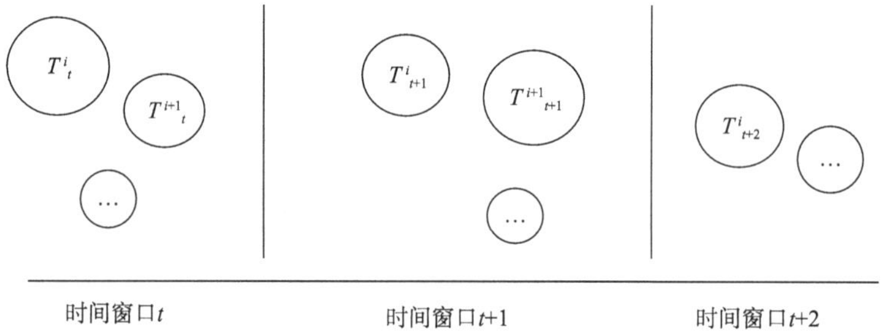

图 3-4　基于 K-means 聚类的技术主题识别

3.3.4　基于知识流动的主题演化路径识别

主题演化关系识别是一种利用主题的特征来分析其关联关系的方法，从而确定不同时间窗口下的主题演化关系。本书提出一种基于专利实体的数量及其语义相似度的主题演化关系识别方法。该方法由以下 3 个研究部分组成，分别是专利实体的余弦相似度计算、主题相似度矩阵的构建及主题演化路径发现。

（1）专利实体之间的余弦相似度计算

首先，在前文已经获得每个时间窗口下的主题的基础上，此时每一个主题聚类中都包含一定量的专利实体，同时本书也已经获得了这些专利实体的词向量表示。其次，利用余弦相似度[252]的方法，计算每一对专利实体之间的相似度。余弦相似度以向量空间中两个向量夹角的 cosine（余弦值）作为衡量标准，比较两个被向量化表示的个体之间的相似度。在二维向量空间中，假设两个二维向量：a 向量为（x_1，y_1），b 向量为（x_2，y_2）。那么余弦相似度的计算如式（3-1）所示：

$$\cos(\theta)=\frac{ab}{||a\times b||}=\frac{x_1x_2+y_1y_2}{\sqrt{x_1^{\ 2}+y_1^{\ 2}}}。\qquad(3-1)$$

同理，将向量从二维拓展到 n 维，将 a，b 假定为 n 维向量，以上形式仍成立，如式（3-2）所示：

$$\cos(\theta)=\frac{\sum_{i=1}^{n}(x_i\times y_i)}{\sqrt{\sum_{i=1}^{n}(x_i)^2}+\sqrt{\sum_{i=1}^{n}(y_i)^2}}。\qquad(3-2)$$

余弦值越接近于 1，说明两个向量越相近，即两个专利实体在语义上越相近。本书认为语义越相近，其在文本中代表的意义就越相同。

（2）主题相似度矩阵的构建

综上所述，相邻时间窗口 t、t+1 各自包含的主题 T_i^t、T_i^{t+1} 之间可以形成一个专利实体相似度矩阵。举例说明，假设时间窗口 t 下的 T_i^t 包含 x 个专利实体，时间窗口 t+1 下 T_i^{t+1} 包含 y 个专利实体，则这两个主题之间可以形成 $x\times y$ 个专利实体相似度矩阵。在该矩阵中，列表示 t 时间窗口下主题 T_i^t 的 x 个专利实体；行表示 t+1 时间窗口下主题 T_i^{t+1} 的 y 个专利实体，该矩阵如表 3-2 所示。

表 3-2　相邻时间窗口专利实体相似度矩阵

	专利实体 N_1	专利实体 N_2	…	专利实体 N_Y
专利实体 N_1	cos（N_1，N_1）	cos（N_1，N_2）	…	cos（N_1，N_Y）
专利实体 N_2	cos（N_2，N_1）	cos（N_2，N_2）	…	cos（N_2，N_Y）
…	…	…	…	…
专利实体 N_x	cos（N_X，N_1）	cos（N_X，N_2）	…	cos（N_X，N_Y）

（3）基于专利实体相似度的主题之间演化关系确认

由表 3-2 可知，当两个专利实体之间的相似度达到一定阈值时，本书认为其在语义上为同一个词。在相似度矩阵中，如果每一行的最大值超出了本书设定的阈值，即前一时间窗口的主题中某个专利实体在后一时间窗口的主题中找到语义上一致的词语，本书认为该专利实体在语义层面上演化至下一个时间窗口的主题中。本书可以计算出在前一时间窗口的某一个主题中，有多少个专利实体演化至下一个时间窗口，这些演化至下一时间窗口的专利实体占原本主题的百分比，即为知识流出。同样地，在相邻时间窗口下，前一个主题流入后一个主题的专利实体数量占后一个主题的专利实体的数量，本书称之为知识流入。

已有研究提出，主题演化路径上的如主题分裂、主题融合等不同类别演化关系的识别，能更好地实现深度、细致的主题演化分析。综合考虑前人在各个领域主题演化分析时对演化关系的定义及各技术领域的特征，在本书的主题演化关系研究中，将其定义为发展、分裂、融合、消亡、新兴 5 种关系类型。

最后，我们综合知识流出及知识流入，判定两个时间窗口下的主题之间是否具有演化关系及属于哪一种演化关系。表 3-3 的图示中圆圈的大小代表专利实体数量的多少，t、$t+1$……代表相邻时间窗口，T_i^t 代表 t 时间窗口下的第 i 个主题，图示及相应定义如表 3-3 所示。

表 3-3　主题演化关系及其定义

主题演化关系	图示	定义
发展		这种类型的主题演化意味着 t 时刻的主题 T_i^t 在 $t+1$ 时刻发展为主题 T_j^{t+1}。因此，主题 T_i^t 的大部分知识流出到主题 T_j^{t+1} 中，主题 T_j^{t+1} 的大部分知识由 T_i^t 派生而来。本书建议将大于 0.8 的知识流出和流入作为确定这种类型演化的经验值，但可能因领域不同而有所差异
分裂	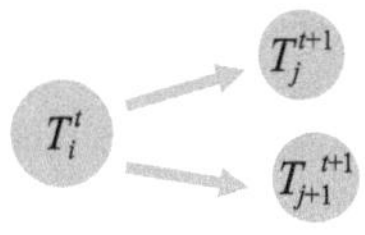	这种类型的主题演化意味着在时间 t 中的主题 T_i^t 在时间 $t+1$ 中分裂为两个或多个主题。因此，主题 T_i^t 的知识流出到两个或多个主题。本书推荐将大于 0.2 的知识流出量作为判定这种演化类型的经验值，但可以随着个人经验的变化而变化
融合	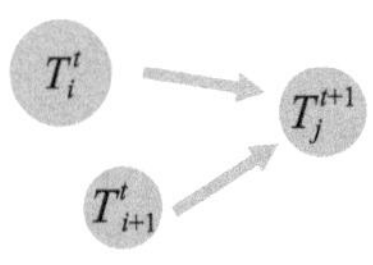	这种类型的主题演化与分裂演化相反。它意味着将两个或多个在时间 t 的主题整合成一个在时间 $t+1$ 的主题。因此，主题 T_j^{t+1} 的知识来源于 t 时刻的两个或多个主题。本书推荐将大于 0.2 的知识流入量作为经验值

续表

主题演化关系	图示	定义
消亡	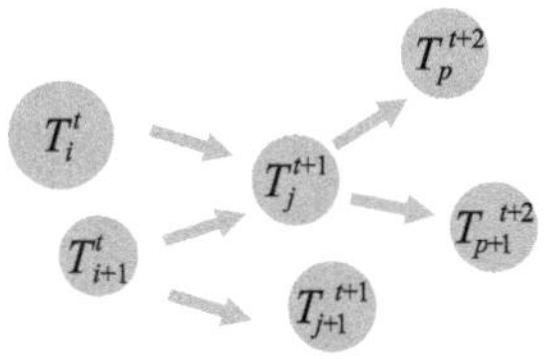	这种类型的主题演化意味着时间 t 中的主题 T_i^t 与时间 t+1 中的所有主题几乎没有关系。在这种情况下，一个主题的总知识流出量小于一个阈值，本书将 0.3 设置为推荐阈值
新兴	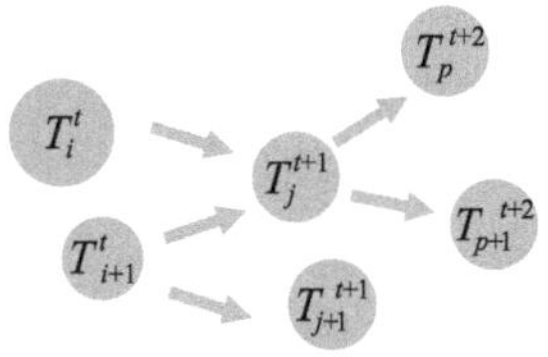	这种类型的主题演化与消亡演化相反，表示在时间 t+1 中的主题 T_j^{t+1} 与时间窗口 t 中的所有主题几乎没有关系。在这种情况下，一个主题的总知识流入小于一个阈值，本书将 0.3 设置为推荐阈值

3.4　无人机领域的技术主题演化路径识别应用

无人机（unmanned aerial vehicle，UAV）是一种由动力系统驱动、机上无人驾驶、可重复使用的航空飞行器，在一定范围内通过无线电遥控设备或计算机预编程序自主控制飞行。人机产业包括从人工智能到核心软件和硬件工程的各种知识领域，是典型的多学科融合、跨领域集成的新兴产业。因此，本书以无人机领域专利数据为基础，对运输领域无人机的技术主题演化趋势进行研究，以期帮助科研人员更好地把握无人机产业近几年来的发展动态。

3.4.1　无人机领域的专利技术实体抽取

（1）数据获取

本书选择德温特数据库作为数据来源，在 WOS 平台上进行检索和下载。确定专利检索表达式为 IP=B64* AND TI=（（un-manned OR automatic OR autonomous OR remotely piloted OR nonhuman）AND（aircraft OR "aerial vehicle" OR airship* OR drone OR plane OR aircraft* OR airplane OR aerobat* OR aerostat*））OR “UAV”，时间区间为 2008—2020 年，获取专利的标题、摘要和专利申请日期等特征项。经过初步的数据清理及拆分，获得如图 3-5 所示的专利文本。

PT P
TI Charging station for unmanned aerial vehicle (UAV) has rotator coupled to centering wheel and made to rotate centering wheel to align unmanned aerial vehicle with primary charging terminal and second charging terminal.
AB NOVELTY - The charging station (100) has a centering wheel (110,120) that is rotatably associated with the landing surface and having a center hub (121) and multiple spokes extending from the center hub. A rotator is coupled to the centering wheel and made to rotate the centering wheel to align the unmanned aerial vehicle with the primary charging terminal and the second charging terminal. An electrically insulating material is disposed between the primary charging terminal and the second charging terminal.
USE - Charging station for UAV.
ADVANTAGE - Charging of a UAV is done without human interaction. The landing station is made to center unmanned aerial vehicles after landing thereon or being placed thereon.
AD US2018148170-A1 US824767 28 Nov 2017

图 3-5　下载的原始专利文本

原始数据共计 4871 条，经过初步筛选，剔除无摘要数据 364 条，最终获得有效数据 4507 条。每年的专利数量如图 3-6 所示，根据每年的专利数量及年份对时间窗口进行划分。由图 3-6 可知，2012 年前专利数量维持在一个较低水平，所以时间窗口分为 2008—2012 年、2013—2014 年、2015 年、2016 年、2017 年、2018 年、2019 年、2020 年。

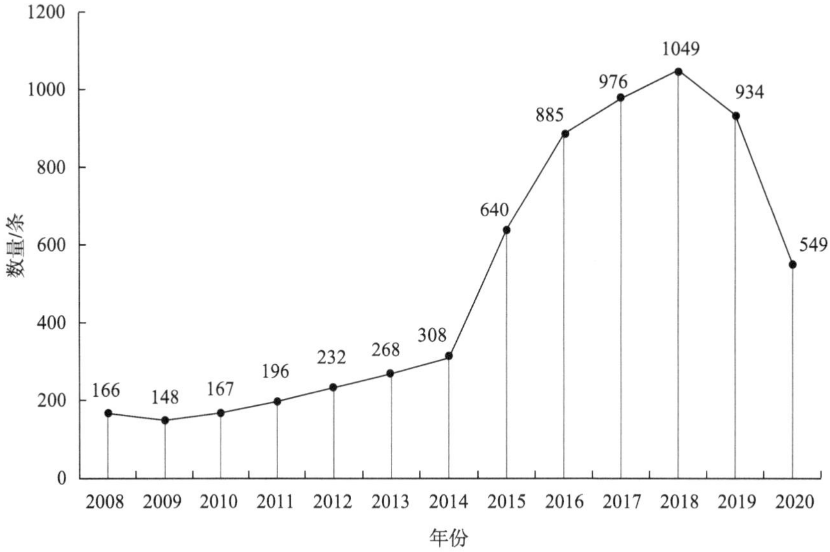

图 3-6　2008—2020 年专利分布数量

（2）专利实体抽取

1）数据标注准备

对专利摘要数据进行二次数据预处理，并且在 4507 条数据中随机选取

100 条专利摘要作为专利实体抽取的训练集进行标注，标注实验借助开源标注工具 doccano。

doccano 是一种开源文本标注工具，具有文本分类、序列标注及序列到序列的标注等强大功能，可以为情绪分析、命名实体识别、文本摘要等创建标记数据。只需完成环境搭建并创建项目，即可上传数据并开始人工标注。

首先搭建实验所需环境，操作平台为 Windows10，浏览器为谷歌浏览器（chrome），需要的 python 版本为 python3.6.5。利用 Anaconda 创建虚拟环境，并安装相应的依赖包，包括 Django 等。注册完成后，在谷歌浏览器中打开 http：//127.0.0.1：8000 并登录，即可运行 doccano。

接着将选取的 100 条专利摘要数据以 TXT 形式导入，即可进行专利实体的标注工作。本次实验中，选用 BIO 标注方法，其中 B 代表实体开头，I 代表实体中间和结果，O 代表无关部分，分别用灰、白、黑 3 种颜色表示，标注结果如图 3-7 所示。

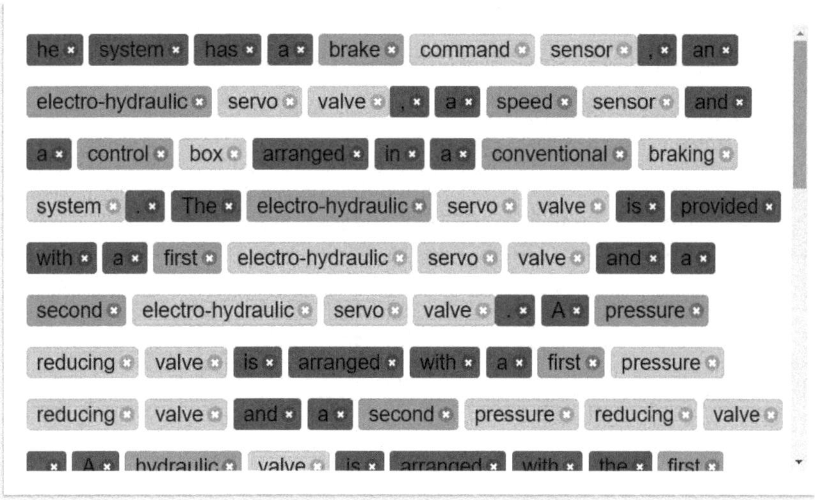

图 3-7　利用 doccano 标注数据

标注完成后，即可直接导出，得到一个包括 100 条专利数据及每个单词所对应的标签数据的初步训练集，部分结果如图 3-8 所示。

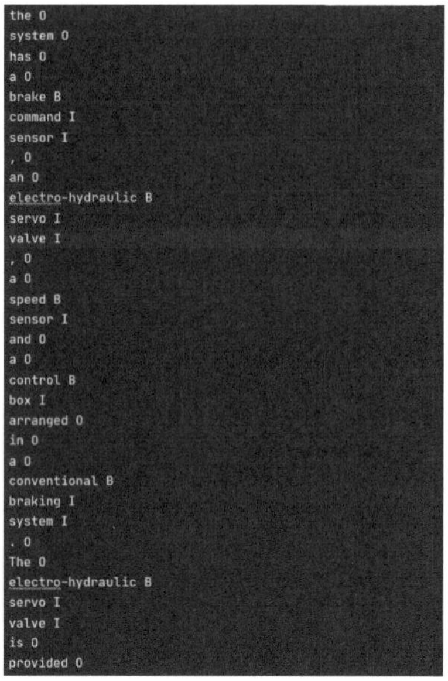

```
the O
system O
has O
a O
brake B
command I
sensor I
, O
an O
electro-hydraulic B
servo I
valve I
, O
a O
speed B
sensor I
and O
a O
control B
box I
arranged O
in O
a O
conventional B
braking I
system I
. O
The O
electro-hydraulic B
servo I
valve I
is O
provided O
```

图 3-8　doccano 导出的标注数据

2）小数据集上的模型训练

人工标注完成后，将其按照 8∶2 划分为训练集和测试集，并基于 python3.6.2 版本的 keras[253] 包实现 BiLSTM-CRF 模型的构建。

对于 BiLSTM 层和 CRF 层，经多次训练调参后，参数选取如表 3-4 所示。

表 3-4　模型中的主要参数设置

参数	含义	设定值
Batch_size	每次梯度下降训练的样本数	20
epoch	训练的迭代次数	100
Learning_rate	学习率	0.001
dropout	丢失率	0.5

经过 100 次训练迭代后，模型在训练集上的准确率超过 90%，损失率下降到 5.8 以下，且两者都趋于稳定。基于此，本书认为可以有效地进行余下专利数据的实体抽取任务。

3）整体数据集上的专利实体抽取

基于小数据集的 BiLSTM-CRF 模型训练完成后，本书将其应用于整体数据集，以对余下专利数据进行专利实体的单词标签预测。由于词语标签序列不能直接转化为专利实体，本书建立简单的匹配规则将词语组合成专利实体。

本书设计了如下 3 种匹配规则。第 1 种是预测结果同时包含标签“B”和“I”，在这种情况下，标签“B”对应的单词直接与标签“I”对应的相邻单词组合；第 2 种情况是预测结果只包含多个“I”，这意味着标签“B”缺失，在这种情况下，首先将标签“I”对应的单词直接组合；然后进行人工判断；第 3 种情况是预测结果为空或仅包含一种类型的标签，在这种情况下，直接删除结果。专利实体部分抽取结果如表 3-5 所示。

表 3-5　专利实体抽取结果

ID	专利实体
1	Image analyzing unit
2	Automatic piloting unit
3	Four rotary wing unmanned aerial vehicle
4	Flight stability condition efficiently
5	automatic avoidance module
6	spring fixing function
7	machine intelligent spray system
8	Electric loading/charging device
9	double vertical tail design
10	drone for observing scene
11	Management of flight module
12	multifunction data acquisition unit
13	Electric energy monitoring module
14	Automatic taking off process
15	Target structure painting system
16	Battery automatic change system
17	available battery life
18	Motor collective unmanned aerial vehicle
19	UAV configurable hardware modules
20	working distance maintaining unit

由表 3-5 可知，本书比较完整地抽取了除却具有丰富语义含义的专利实体，极大限度地保留了专利实体的专业性和完整性。

3.4.2 无人机领域的专利技术实体语义表示

获得每个专利实体后，利用 Word2vec 及向量平均法获取每个专利实体的向量表示。此外，为了消除向量中不同量纲的特征对聚类效果的影响，加快 K-means 聚类收敛的速度及效果，对所有向量进行归一化处理，最终表示结果如图 3-9 所示。

uav recovery system	-0.71396101	-0.36148526	0.71284347	0.38837655	0.64201843
small air/submarine launched uav	0.16211763	-0.20719976	0.78403493	0.27418809	0.67523550
uav fuselage	-0.25796422	0.54878825	0.21478591	0.21478591	-0.44911978
generated multi-rotor uav	0.02157145	-0.02958778	0.00523921	-0.21977860	0.07056160
uav operation signals	-0.16479148	-0.06944223	0.06872799	0.49096080	0.21206408
delivery management service	0.18042174	-0.18189536	0.16898134	0.15731029	0.25604171
uav flying system	0.10291060	-0.17354462	0.27102665	0.20033685	0.29067087
controllable clutch assembly	0.01991126	-0.01541813	0.03186072	0.03006795	0.02149010
tripod head	0.23223495	-0.23116301	0.27135407	0.19398869	0.31752463
transportable ground station	0.03029315	-0.01738979	0.04095134	0.03399104	0.03372387

图 3-9　专利实体向量表示

3.4.3 基于 K-means 聚类的无人机领域技术主题识别

首先基于 K-means 算法对各个时间窗口下的专利实体进行聚类。本书基于 python3.6.2 版本的 Scikit-learn 库实现。Scikit-learn 是基于 python 的机器学习库，支持分类、回归、降维及聚类四大机器学习算法。本书利用 K-means 聚类算法，基于余弦相似度对专利实体进行聚类，并通过轮廓系获得每一个时间窗口下的最优聚类数目。

基于对近十年每年专利发布数量的统计，本书以 2015—2017 年为例，首先按年份进行聚类，得到 2015 年、2016 年、2017 年主题个数及每个主题下的专利实体，其中 2015 年专利实体个数及主体内容如表 3-6 所示。

表 3-6　2015 年专利实体个数及主题内容

主题序号	主题包含的专利实体个数 / 个	主题内容
1	1701	无人机机身、零部件机械自动化
2	1389	无人机通信介质及通信功能
3	1680	无人机功能模块
4	62	零部件安装方位词
5	1862	无人机搭载软件系统
6	1708	无人机动能装置

由表 3-6 可知，2015 年无人机运输领域的主题内容包括零部件、通信等几个重点，每个主题包含的专利实体较为平均，除了零部件安装方位词，该主题包含的专利实体较少，大多是机械装置零部件的方位等词。“Bottom of drone”“Above the drone body”等词较多地重复出现在摘要的“NOVELTY”部分，可能是因为无人机是一个由各种零部件组成的机械装置，加上是近几年的研究热点，当相关专利申请开始爆发时，优化、增加或者减少相关无人机硬件装置的专利数量占比极高，因此会不断出现这些机械装置方位词。

2016 年专利实体个数及主题内容如表 3-7 所示。

表 3-7　2016 年专利实体个数及主题内容

主题序号	主题包含的专利实体个数 / 个	主题内容
1	833	相机装置及图传系统
2	2407	无人机相关控制系统
3	2437	无人机自动通信
4	2473	无人机应用领域
5	23	装置次序表达
6	2325	动能装置自动化
7	2598	无人机软件平台
8	64	零部件安装方位词

如表 3-7 所示，主题的个数在增加，专利实体的个数也在增加。这一聚类结果与之前基于时间维度对专利发布量的研究是符合的，无人机运输领域在这个时候开始进入井喷式阶段。图传系统及通信系统不管是在硬件的更新改良上，还是软件的扩大使用上，都有比较明显的发展趋势。

2017 年专利实体个数及主题内容如表 3-8 所示。

表 3-8　2017 年专利实体个数及主题内容

主题序号	主题包含的专利实体个数 / 个	主题内容
1	3163	无人机通信应用
2	157	无人机相机装置
3	1771	无人机图传系统
4	3211	无人机自动通信装置

续表

主题序号	主题包含的专利实体个数 / 个	主题内容
5	3209	无人机控制系统装置
6	32	机械装置方位词
7	3158	无人机软件平台

由表 3-8 可知，主题个数在减少，专利实体个数也存在一定的分布不均现象。2017 年是无人机运输领域专利井喷式申请的最后一年，具体表现为图传系统等趋于平缓衰落，自动通信及控制系统等方向的研究大幅上涨，平台化的软件成为主流，还迎来了无人机集群技术时代。

3.4.4 基于知识流动的无人机领域主题演化路径识别

主题演化路径的识别中，首先基于语义相似度检测主题之间的语义公共实体，然后通过语义公共实体计算的知识流识别主题演化的类型，如果识别出不同类型的主题演化，即发展、分裂、融合、消亡和新兴，则判定二者间具有主题演化路径。本次实验中，将用于判断语义公共实体的阈值设置为 0.7。这一阈值设定的原因在于：一方面，随机选取的阈值大于 0.7 的专利实体对具有几乎相同的语义；另一方面，随机选取的阈值小于 0.6 的专利实体对具有明显不同的语义。本书选择两个案例进行详细描述，即 2015—2016 年的主题演化和 2016—2017 年的主题演化。

（1）2015—2016 年的主题演化结果

如表 3-9 所示，第 1 行中的 T_1 ~ T_8 代表 2016 年各主题的编号，括号内的数字代表该主题的专利实体个数；第 1 列代表 2015 年各主题编号 T_1 ~ T_6，括号内的数字代表该主题的专利实体个数。例如，第一列中"T_1（1701）"表示在 2015 年中第一个主题包含了 1701 个专利实体；第一行中"T_1（833）"表示在 2016 年中第一个主题包含了 833 个专利实体。

同时，本书计算主题对之间的知识流入和知识流出比例并填入表内，前者为知识流入，后者为知识流出，通过比较两者数值即可判断两个主题之间的演化关系。如表 3-9 所示，有下划线的数字代表知识流入，例如，表格中第一个元素"5%/2%"表示 T_1^{2015} 中 5% 的知识流出到 T_1^{2016}，即 T_1^{2016} 中 2% 的知识来源于 T_1^{2015}。

表 3-9　2015—2016 主题演化知识流入和知识流出

单位：个

2015年	2016年							
	T_1（833）	T_2（2407）	T_3（2437）	T_4（2473）	T_5（23）	T_6（2325）	T_7（2598）	T_8（64）
T_1（1701）	5%/2%	14%/6%	32%/22%	12%/10%	0%/0%	20%/15%	16%/8%	0%/0%
T_2（1389）	40%/66%	21%/12%	24%/14%	7%/4%	5%/3%	10%/6%	1%/0%	6%/2%
T_3（1680）	4%/0%	24%/17%	18%/11%	20%/14%	0%/0%	14%/6%	19%/5%	0%/0%
T_4（62）	100%/7%	11%/8%	12%/7%	0%/0%	37%/100%	1%/0%	0%/0%	100%/96%
T_5（1862）	3%/0%	23%/17%	18%/2%	13%/7%	0%/0%	17%/10%	24%/17%	0%/0%
T_6（1708）	5%/2%	14%/2%	8%/4%	34%/23%	0%/0%	23%/16%	16%/10%	0%/0%

在表 3-9 中，每一行元素代表 2015 年的一个主题的知识流出到 2016 年的其他主题中的比例。以第一行为例，其中数值表示 2015 年的主题 T_1 中分别有 5%、14% 和 32% 的知识流入 2016 年的主题 T_1、T_2 和 T_3 中。因此，能够发现很多的分裂演化，例如，T_1^{2015} 分裂到 2016 年中的 T_2、T_3、T_6 和 T_7 中，并且知识流出的阈值大于 14%，T_2^{2015} 分裂到 2016 年中的 T_1、T_2 和 T_3 中，并且知识流出的阈值大于 20%。这些结果和实际情况是一致的。例如，T_2^{2015} 分裂到 2016 年中的 3 个主题揭示了无人机通信功能的实际演化：无人机通信在 2015 年获得了越来越多的关注，并且 2016 年细分为 3 个具体的设备或系统，即无人机摄像设备、图片传输系统和无人机控制系统。

相似的，每一列代表了 2016 年主题中的知识从 2015 年的多个主题中流入。以第一列为例，它代表 2016 年的主题 T_1 中有 2%、66% 和 7% 的知识分别来源于 2015 年中的主题 T_1、T_2 和 T_4。因此，能够发现很多的融合演化。例如，2015 年的 T_2、T_3 和 T_5 以超过 20% 的知识流动融合为 T_2^{2016}，2015 年的 T_1 和 T_2 以超过 14% 的知识流动融合为 T_3^{2016}。这些结果的有效性能够通过主题之间的从属关系来验证。例如，2015 年的 3 个主题：T_2（无人机通信媒介和通信功能 UAV communication media and communication functions）、

T_3（无人机功能模块 UAV function module）和 T_5（无人机软件系统 UAV software system）是 T_2^{2016}（无人机控制系统 UAV control system）中的一部分。

同时考虑知识流出和知识流入，可以发现其他类型的主题演化，例如，100% 的 T_4^{2015} 知识流向了 T_8^{2016}，并且 96% 的 T_8^{2016} 知识来自 T_4^{2015}，这代表着在它们之间存在着发展演化。这能够被主题的描述所证明，T_4^{2015} 涉及 "location of component installation"，T_8^{2016} 涉及 "AV parts installation position"，两者都是关于 "UAV installation position" 的不同描述。

并且，一个主题知识流入的总的比例能够用来判断该主题是不是一个新兴主题。例如，T_7^{2016} 总的知识流入比例是 40%，代表着这个主题中大部分的知识都是新的，因此被看作一个新兴主题。这个结果和实际情况也是相符的：随着 UAV 硬件和功能模块的成熟，"UAV transportation software platform" 被认为是 2016 年无人机领域的下一个热点和尖端。

（2）基于传统主题演化方法的 2015—2016 年主题演化结果

传统的主题演化方法通常基于主题之间共同的关键词实现。为验证本书提出的主题演化路径识别方法的有效性，实验中选用传统的主题演化方法作为结果对比。使用公共实体的数量计算知识流出和知识流入，并按照与本书相同的方式进行主题演化的识别，具体结果如表 3-10 所示。

表 3-10　传统方法下的 2015—2016 年主题演化知识流入和知识流出

单位：个

2015 年	2016 年							
	T_1（833）	T_2（2407）	T_3（2437）	T_4（2473）	T_5（23）	T_6（2325）	T_7（2598）	T_8（64）
T1（1701）	3%/6%	2%/2%	3%/2%	2%/1%	0%/0%	2%/2%	1%/1%	0%/0%
T2（1389）	14%/23%	4%/2%	4%/2%	2%/1%	0%/0%	3%/2%	2%/1%	1%/6%
T3（1680）	3%/6%	2%/2%	2%/2%	2%/1%	0%/0%	2%/1%	2%/1%	0%/0%
T4（62）	19%/1%	1%/0%	0%/0%	0%/0%	37%/99%	0%/0%	0%/0%	41%/39%
T5（1862）	3%/7%	2%/1%	2%/2%	2%/1%	0%/0%	3%/2%	2%/1%	0%/0%
T6（1708）	3%/6%	3%/2%	3%/2%	2%/1%	0%/0%	2%/1%	2%/1%	0%/0%

由表 3-10 可知，使用传统方法计算的知识流出和知识流入值小于本书提出的方法，从而导致从表 3-10 中很难识别出主题演化，例如，难以判断 2015 年 T_1、T_3、T_5 的演化类型，难以判断 2016 年中 T_2、T_3、T_4、T_6 的主题来源于哪里。原因在于传统方法难以识别出含有相同语义信息但有不同表示的专利实体。如表 3-11 所示，本书列举了一些具有相同语义但不同表示的专利实体。

表 3-11　2015 年 T_2 主题与 2016 年 T_1 主题里语义相同但表示不同词表

2015 年 T_2 主题	2016 年 T_1 主题	相似度
Unmanned flight vehicle	UAV	0.98
Three dimensional	3D	0.96
Aerial photography	Camera assembly	0.91
Unmanned flight vehicle	Unmanned aerial vehicles	0.90
Imaging device	Video device	0.83
Global positioning system	GPS	0.90
Digital inflight message	Communication devices	0.80
Four-rotor	Quadrotor	0.84

由表 3-11 可知，每一对实体的语义几乎相同，但表示不同。例如，“3D”“UAV”“GPS”分别是“Three dimensional”“Unmanned flight vehicle”“Global positioning system”的缩写。同时，“Four-rotor”与“Qudrotor”、“Digital inflight message”及“Communication devices”有相同的含义。这些实体对在精确的主题演化识别中有重要作用。

（3）2016—2017 年的主题演化结果

2016—2017 年各主题的知识流出和流入如表 3-12 所示。其中 T_i 表示不同年份中的第 i 个主题，每个元素分别代表了知识的流出和流入。

表 3-12　2016—2017 主题演化知识流入和知识流出

单位：个

2016 年	2017 年						
	T_1（3163）	T_2（157）	T_3（1771）	T_4（3211）	T_5（3209）	T_6（32）	T_7（3158）
T_1（833）	9%/6%	64%/100%	89%/42%	8%/0%	2%/0%	9%/1%	2%/1%

续表

2016 年	2017 年						
	T_1（3163）	T_2（157）	T_3（1771）	T_4（3211）	T_5（3209）	T_6（32）	T_7（3158）
T_2（2407）	30%/22%	0%/0%	13%/6%	19%/9%	24%/18%	0%/0%	14%/9%
T_3（2437）	22%/22%	0%/0%	18%/11%	38%/28%	12%/11%	0%/0%	11%/8%
T_4（2473）	29%/22%	0%/0%	6%/4%	17%/12%	21%/16%	0%/0%	27%/21%
T_5（23）	0%/0%	13%/7%	64%/1%	0%/0%	0%/0%	93%/91%	0%/0%
T_6（2325）	21%/15%	0%/0%	8%/3%	27%/19%	29%/21%	0%/0%	15%/5%
T_7（2598）	11%/9%	0%/0%	2%/1%	14%/9%	29%/21%	0%/0%	43%/35%
T_8（64）	4%/2%	73%/30%	65%/1%	3%/1%	0%/0%	0%/0%	0%/0%

在表 3-12 中，每行代表着 2016 年各主题到 2017 年其他主题的知识流动情况，因此能够发现其中的一些分裂演化。例如，T_1^{2016} 主要流向 2017 年的 T_2 和 T_3，T_2^{2016} 主要流向 2017 年的 T_1、T_4 和 T_5。这些结果的有效性可以通过对主题的描述得到验证，T_1^{2016}（UAV camera device and picture transmission system）很显然地分为 2017 年中的两个主题，如 T_2（UAV camera unit）和 T_3（UAV image transmission system）。

相似的，每一列代表了 2017 年主题中的知识来源于 2016 年中的多个主题，因此可以发现其中大量的融合演化。例如，2016 年的 T_2、T_3、T_4 和 T_5 融合为 T_1^{2017}，2016 年的 T_3 和 T_6 融合为 T_4^{2017}。这些结果与实际情况一致，例如，2016 年的 4 个主题融合为 T_1^{2017}，揭示了 UVA 应用实际演化情况，即无人机的各个部件在 2016 年应用于不同领域，而在 2017 年则集成到一个完整的无人机应用系统中。

同时考虑知识流出和流入，能够发现从 2016 年至 2017 年的其他演化类型，例如，T_1^{2016} 中 64% 的知识流向 T_2^{2017}，T_2^{2017} 中 100% 的知识从 T_1^{2016} 流入，这意味着它们之间存在发展演化，同样也可以将其看作是一个消亡的过程，因为当流向下一年时部分知识消亡了。这与实际情况是一致的，因为“UAV camera device”和“picture transmission system”在 2016 年逐渐成熟。类似的，在 T_5^{2016} 和 T_6^{2017} 之间也有发展的演化。这能够被关于主题的描述所证明，T_5^{2016} 涉及“UAV installation sequence”，T_6^{2017} 涉及“Location of UAV mechanism”，它们都是安装位置的表达方式。

3.4.5　无人机领域主题演化路径识别结果可视化

主题演化路径识别完成后，本书采用可视化的方式，以更好地理解整个过程。如图 3-10 所示，连线代表知识流动，并在此过程中发生融合、发展、分裂、消亡等多种演化关系，连线的粗线代表知识流动的多少。

从图 3-10 中可直观地观察到知识在不同时间序列上、不同主题之间的流出与流入情况。由图 3-10 可知，2015—2017 年存在主题演化路径。例如，T_7^{2016}（UAV transportation software platform）中只有一小部分来自主题 T_5^{2015}（UAV-software system），这意味着 T_7^{2016} 是一个新兴主题；之后，主题 T_7^{2016} 流向了 2017 年的主题 T_5 和 T_7，发生了下一个时间上的主题演化。

此外，2015 年的 T_2“UAV communication media and communication functions”和 T_1“UAV body，parts and components”两个主题，融合到主题为“UAV automatic communication”的 T_3^{2016} 中，再之后 T_3^{2016} 分裂为 2017 年中的两个主题 T_4 和 T_1。并且，还可以找到其他复合路径，例如，T_4^{2015} 发展到 T_8^{2016}，再之后 T_8^{2016} 分裂为 2017 年中的 T_2 和 T_3，2015 年的 T_2 和 T_4 融合成 T_1^{2016}，再之后 T_1^{2016} 消亡或发展为 T_2^{2017}。

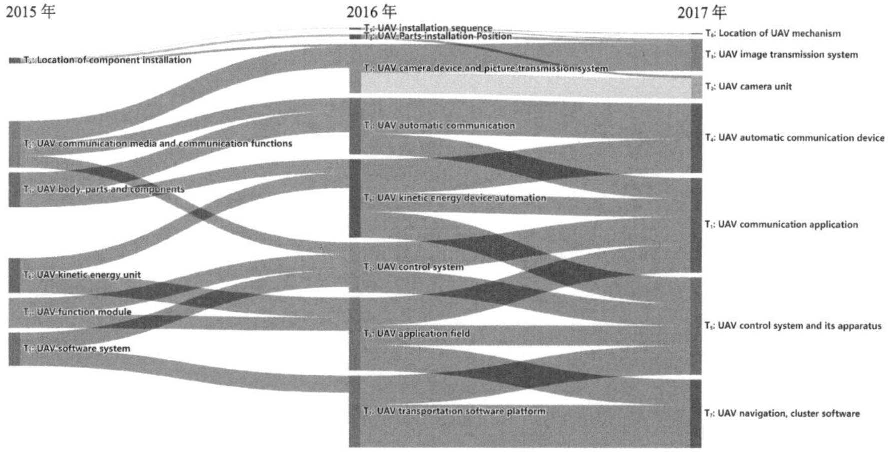

图 3-10　2015—2017 年主题演化路径可视化

由图 3-10 可以更加直观地看出，这个阶段的专利主题大多处于一个主题融合的态势。从主题所代表的实际意义可以看出，2015 年到 2016 年主要是关于通信及图像传输等方面的主题融合，同时进行了无人机搭载相机的各种优化提升。这也符合当时的技术发展，因为无人机的出现首先就是在军事或者农业等领域，通过航空拍图等手段进行各方面的操作。同时也可以看出无人机动能装置也占据很多专利申请。这时候的无人机专利软件更多的是各个模块部分的专利文件，相互之间的互联互通并不多。随着时间的推移，图传系统趋于成熟，软件功能的相关发展超越了硬件方面。首先是由于无人机本身并不是非常大或者十分精密的大型机器，相关的机械设备的技术发展及专利申请有限，其次是因为无人机由单个机器完成相关任务发展成为集群性质的无人机，这方面的技术对软件要求迅速提升，包括机身搭载的相关软件及控制平台的相关软件。

第 4 章

实体关系抽取 + 技术挖掘：数智赋能下的技术主题演化语义关联发现

数智赋能下，知识关联发现逐渐从词汇外层配对转向词义内层匹配，从比较笼统的共现关系分析转向更加具体微观的细粒度语义关联发现。得益于数智时代多种知识单元语义关系抽取和表示方法，实体关系抽取可以改进应用于技术挖掘，实现技术主题之间的细粒度语义关联发现。首先，该部分总结数智赋能下实体关系类型定义和抽取的基本理论、方法和技术；其次，从多种数据来源、多样共现关系、多种可视化技术等方面归纳技术主题之间演化关系发现的研究基础，从中发现当前演化关系主要侧重于发现是否存在演化关系，存在哪种演化关系，难以发现主题之间的语义关系及其演化成因，而基于实体关系抽取能够更细粒度地发现技术主题之间的语义关联，更利于解释演化发生的原因；再次，提出基于实体关系定义和抽取的技术主题演化语义关联发现方法，即依据特定领域数据特征和专家经验知识，对专利技术实体间的语义关系进行预定义，标注部分实体语义关系，利用最新的实体关系抽取算法训练模型，达到最优后抽取全部数据集上的专利技术实体语义关系，设计主题演化语义关系判别指标，根据主题包含的专利实体间语义关系确定两个主题之间的语义关系；最后，选取无人机领域，定义该领域的实体关系，训练模型抽取全部实体关系，得到了无人机领域的主题演化语义关系，对结果进行了可视化，对不同主题之间发生演化的原因进行了解释和分析。

4.1 语义关系抽取赋能技术挖掘

随着以大数据和人工智能为代表的数智技术的发展，知识组织研究逐渐迈向语义层，且知识细粒度化的智能理解逐渐成为研究重点[3]。数智赋能的知识组织促使知识关联发现从词汇外层配对策略转向词义内层匹配策略，从语义关联发现的角度把握知识及其实体之间的关系。所以在数智化阶段，各类面向自然语言处理和语义理解的算法面临着全面升级，特别是算法的智能化进阶，进而深刻影响赋能及其价值创造的过程[13]。

4.1.1 语义关联发现视角下的数智赋能

准确把握知识间的关联关系，不仅可以提高知识管理的有序性，还能够实现检索过程中不同领域知识间的快速延伸。在大数据、人工智能、云计算、物联网、移动互联网、区块链等新一代技术思维和技术应用的发展背景下，人们的思维观念和理念逐渐发生改变，从面向原来的小数据到大数据，再到现在的智慧数据，深度解读数据逐渐成为必要之需。因此，多个学科领域参与了“数智”语境的研究，引入“数智”新技术新方法，不断勾勒出科学新图景[1]。例如，刘颖[254]提出基于语义关联技术实现数字图书馆的智能检索，范青等[255]通过文化资源的本体建设和基于语义的实体关系发现，促进数字文化资源的传播及智能知识服务。这些研究体现了研究人员资源观随着数智技术发展而升级更新，正在跳出过去文献资源等固化、单一、封闭的逻辑导向，以强调语义互联和自动知识推理的智慧数据资源观迎接“数智”机遇[256]。不仅是文献资源，这种现象还体现于各类图片及文本的语义匹配任务中，例如，Chen 等[257]利用不同图像中局部语义特征之间的关系来发现图像之间更复杂的关系，Zhang 等[258]则通过从局部角度捕捉关键词和短语信息，提高了句子语义匹配任务的质量。

针对含有多类型数据源的知识，学者们往往利用知识图谱语义模型对其进行智能化管理，因为知识图谱作为一种能够体现异构数据之间潜在关联关系的语义网络，能够有效地建立不同信息间的逻辑关联。雷洁等[259]通过识别和抽取科研档案核心知识资源中的各类实体，构建科研档案知识图谱语义模型并计算其语义关系，实现科研档案的智能化管理；朱庆等[260]则面向智能化、精准化的施工管理，提出了一种基于语义关系的铁路隧道钻爆法施工安全质量进度知识图谱构建方法。综上所述，为了更好地适应数据量的发展，各个领域的学者都在积极地利用数智技术对知识组织过程进行优化赋能，实现数据的智慧化管理及高阶智能的知识管理能力。

4.1.2 实体关系抽取视角下的数智赋能

为了理解实体之间的相互关系，研究人员提出了一系列实体关系抽取方法，主要包括 3 类：基于规则和模板的方法、基于机器学习的方法、基于深度学习的实体关系抽取方法。其中，基于规则和模板的方法最为常见，但多数规则的制定都需要专家进行指导，需要耗费大量的人力、物力资源，且不涉及实体之间的语义关系。为了解决这个问题，学者们提出结合统计语言模型，将实体关系抽取问题转化为分类问题，通过提取文本的语义、句法和词法特征实现实体关系分类[261]。但是，这种方法对实体间关系的理解依赖人工特征选择，不能充分提取文本潜在语义特征。因此，随着深度学习技术的发展，神经网络模型越来越受到实体关系抽取任务的欢迎，利用神经网络自动学习文本特征，发掘文本中实体之间潜在的语义联系，例如，高丹等[262]针对文本语法结构和多对实体关系提出了一种基于 CNN 和改进核函数的算法，通过自动化提取文本特征实现多对实体关系抽取。

但是，为了满足数智环境下智慧数据的管理模式的需求，需要更加深入地挖掘各类资源中实体间的潜在语义关系。例如，为了充分利用语句的语义信息和句法信息，衡红军等[263]提出了一种加强语义和句法信息的二元标记实体关系联合抽取模型；雷景生等[264]将句子级和实体间的文本语义特征直接加入实体关系表示中，再进行联合预测；Wu 等[265]研究了包含显性和隐性语义信息的联合实体关系抽取，并且通过集成全局语义信息和局部上下文长度表示，进一步提高了模型性能。同样的，为了对海量多源异构异质的数据进行语义互通，研究人员也利用数智技术提出了多种深度挖掘知识图谱中各个实体间语义关系的方法与模型。徐涌鑫等[266]基于实体关系的时间特性提出了一种时序知识图谱表示学习方法，王寅秋等[267]融合 RNN 和多尺度 CNN 来捕捉专业医疗知识图谱中的上下文和局部信息，并结合注意力机制来更有效地识别医疗实体关系。但这些方法一般都以语义分离的方式表示实体和关系，忽略了其交互关系，所以 Chen 等[268]提出了一种实体—关系交互机制，用于相互学习上下文间的实体和关系表示，从而更好地发现实体之间的潜在语义关系。目前，面对大量半结构化和非结构化数据，实体及其关系抽取是利用计算机技术进行高效处理和管理前的必要环节，所以需要更加重视基于各种数智技术的实体语义关系智能理解，这样才能更好地对海量数据进行管理和应用。

4.1.3　数智赋能下的主题实体间演化关系抽取

主题演化路径描述了主题在一个科学或技术领域中的出现、演变和消亡，为整个技术发展趋势的评估提供了参考和数据支撑。在其基础上，利用文本中包含的结构化信息进行主题演化路径的语义关联发现，不仅能够帮助研究人员更好地理解导致主题演化的因素和原因，还能更准确地发现技术研究领域的主题发展态势，更有效地选取研究技术主题、选准优势发展方向，为我国的科研事业添砖加瓦[269]。

主题演化路径的语义识别实质上是对主题演化路径研究的进一步深入，也是结合语义关联发现进行的一种创新，这种交叉创新的逻辑和思维正是数智赋能所带来的变化之一[270]。然而，当前研究通常止步于发现主题的演化关系，而不追踪影响其演化的因素及最终导致演化的原因，所以在主题演化路径语义识别方面还有继续研究的空间。目前，研究人员一般基于研究领域论文数据的引文或文本信息来构建主题演化路径。其中，由于引文信息中的研究对象只有论文，且关系单一，无法发现其潜在的关系，而文本信息中含有多种实体及丰富的关系，因此，可以利用当前比较热门的方法对其进行实体和关系抽取，如循环神经网络（recurrent neural network，RNN）和长短期记忆网络（long short-term memory，LSTM）等，通过捕捉各个主题下文本实体之间的语义关系，来发现主题演化路径中的语义关联。这种通过挖掘文本实体达到的"数"的规模扩张，以及利用深度学习技术识别实体间潜在的语义关系而实现的"智"的深度升级，体现了以大数据和人工智能为代表的数据思维和技术应用的深度融合[220]，符合数智时代下知识细粒度化智能理解的发展趋势。

4.2 技术主题演化路径语义关联发现的研究基础

构建主题演化路径并分析主题之间的关联关系，有利于研究人员把握演化规律和研究趋势，实现科技创新。目前，通过演化路径来分析主题之间关系的研究大多止步于发现两个主题之间是否具有演化关系，如分裂和融合等，没有进一步了解主题之间的语义关联及其演化原因。因此，在数智赋能的背景下，可以在构建技术主题演化路径的基础上，利用专利文本中包含的结构化信息发现主题之间的语义关联，具体、全面地分析主题之间的关系，从而帮助研究人员更好地理解技术主题的演化原因[271]。

4.2.1 基于特征指标的主题演化关联发现

当前主题演化路径识别的相关研究大多运用相邻时间窗口主题下相同主题词的数量来构建路径，并通过一系列指标判断其演化关系。宫小翠等[272]结合医学领域文献的相关特点，利用 LDA 方法进行主题的识别，提出了关于主题之间多对一及一对多的关系的研究，同时提出了识别演化的主路径后需要设置相关的指标判断主题的分裂或者融合关系，分化了单一的主题演化关系，通过一些指标对单一的演化关系进行分类，分出分裂、融合等关系。沈思等 [273] 延续了宫小翠的相关指标，并在专业领域医学科技报告中进行了主题的分裂、融合等主题之间的关系发现；Li 等 [274] 基于 web of science 的论文数据进行了主题的演化与分析，研究中同样涉及了主题演化中不同主题之间的演化机制的区分，并提出了新兴主题、消亡主题等。综上所述，根据知识流入和流出的不同情况，可将主题演化关系主要分为发展、分裂、整合、消亡和新兴 5 种类型 [275-276]。

为了更好地把握主题演化关系，Marrone 等 [277] 把实体关系抽取与主题演化研究融合到了一起，通过抽取出的实体识别主题，并通过实体之间的链接关系进行进一步的主题分析；廖列法等 [278] 在技术领域中，利用 LDA 主题模型进行专利文献主题的识别，并且引入 IPC 分类号度量技术主题强度来更好地把握专利技术随时间的演化规律，但其研究并没有深入主题之间的语义关联；祝娜 [279] 在研究中还融合了主题演化和知识关联两部分研究方法，提出不同主题之间存在着普遍的、相互交叉的关联关系。主题之间的关联关系的分析可以细化到知识的流动分析，即基于知识的流动去辅助判断主题之间的关联关系，并在 3D 打印领域得到实证。

4.2.2　基于结构化信息的语义关联发现

随着互联网、物联网的发展，各个领域及行业数据结构不断丰富，其中半结构化和非结构化数据占据了较大的比例。为了利用计算机高效处理并充分挖掘这些信息，通过从中提取结构化元组从而转化为结构化信息逐渐成为当前相关研究的重点。例如，张纯鹏等 [280] 利用 BERT 预训练语言模型提取出非结构化人员简历文本信息，并构建了人物关系图谱；李永卉等 [281] 基于宋代镇江的诗词本体构建了知识图谱，其检索和分析等功能为诗词数据的存储奠定了基础；淮晓永等 [282] 则是提出了一种可以适应不同网页分类的结构化信息提取算法，对提高网站信息结构化采集处理的自动化水平及处理效率具有重要作用。

通过将这些半结构化和非结构化数据的精炼方法与当前的热点研究问题进行交叉融合，能够更好地实现很多语义级任务，如语义级中文文本的自动校对 [283]、本体语义挖掘与功能语义检索 [284] 等。但以上利用算法和模型精炼文本及其他格式数据的方法大多基于论文数据展开研究，基于专利领域数据的研究较少 [228]。这是因为目前在技术领域中，往往利用直接专利文本中大量成形的 SAO（subject-action-object）结构及实体与实体间关系等结构化信息，通过发现其中的语义关联来研究技术发展现状及趋势。例如，翟东升等[285]通过识别专利摘要中的SAO结构来获取技术词和功效词，实现了技术功效图的自动构建；李欣等结合基于时间切片的专利地图和SAO结构的语义分析进行了新兴技术的识别[286]，并在此基础上揭示了新兴技术形成过程中技术性能的渐进变化脉络和技术演化轨迹所具有的规律性特征[287]。另外，在其他一些文本结构化比较突出的领域，如医学[288]、生物学[289]等，也有许多学者展开了对实体间的语义关联发现研究。

4.2.3 融合语义关系的技术主题演化关联发现

在技术主题演化研究中，大部分学者还是停留在利用概率等机器学习的模型构建主题层面，并且通过相同词的个数去研究技术主题之间的关系，但这种主题之间的关系并不具有丰富的语义信息。针对目前融合语义关联进行技术主题之间关系识别研究较为薄弱的情况，可以借鉴和应用实体间语义关系发现的理论和方法，将技术主题之间关系识别的过程表述为一个多类分类问题，其中每个类对应一个预定义的关系类型[290]，换句话说，基于各个主题中专利实体之间的语义关系实现演化过程中技术主题之间关系的识别。

对于实体之间的语义关系，学者们在不同的领域和字段中已经预定义了多种类型的实体关系。Uzuner 等[291]率先在性别研究中提取医疗实体关系，详细定义了医疗实体之间的六类关系，包括目前的疾病治疗、可能的疾病治疗、疾病检测、疾病症状、目前的症状治疗和可能的症状治疗。在生物医学领域，Bachman 等[289]提出了以下 3 种类型的关系，即药物与疾病、化合物与蛋白质、基因相互作用；Ben 等[288]在薄膜头部技术领域预先定义了 15 种实体间关系，包括空间关系、部分关系、操作关系、生成关系、方式关系、制造关系、比较关系、测量关系、因果关系、形成关系和目的。以上研究证明，实体之间的关系应该根据特定的领域来定义，不同的领域可能有不同类型的关系。

实体间关系的抽取方法大致分为两类：非神经方法和神经网络方法[290]。在非神经方法中，需要为每对实体生成一组特征，然后训练分类器对任何新的关系实例进行分类。Kambhatla[261]用 49 种类型的关系训练一个最大熵模型（maximum entropy model，MEM）分类器；Zhou 等[155]研究了一种支持向量机（support vector machines，SVM）分类器，该分类器结合了不同的词汇、句法和语义知识，用于关系提取。神经网络方法可以自动生成特征并获得越来越多的关注；Wang 等[292]将多层注意模型与 CNN 结合，以捕获特定于关系提取的注意；Takase 等[293]使用 RNN 提取关系，考虑基于组成词的语义构成的关系模式的意义；Liu 等[294]提出了一种融合了实体特征、实体位置特征和词性特征的 LSTM 关系提取模型；Zhang 等[295]首次将胶囊网络用于关系提取任务，在聚类层使用注意力和胶囊网络。在这些方法中，基于神经网络的实体关系提取已被证明是最有效、性能最好的方法。它不仅考虑了本地和全局上下文信息，而且实现了灵活和自动的特征设计[296]。这类方法已广泛应用于知识图谱、智能问答和神经机器阅读理解等研究中。

因此，可以通过预定义特定领域下的专利实体间关系，利用相邻时间窗口下的专利实体之间的关系来确认主题之间的语义关联，从而实现融合语义关联的技术主题之间关系识别。

4.3　基于实体关系抽取的技术主题演化语义关联发现方法

融合语义关联进行技术主题演化关系识别，不仅能够更加具体全面地了解技术主题之间的相关性，还有助于更好地理解技术主题演化的原因。基于实体关系语义表示的技术主题演化语义关联发现方法主要包括 3 个步骤：专利实体间关系预定义、专利实体间关系抽取和主题之间语义关联发现研究。

首先，根据实证数据领域特征和专业知识，对专利实体之间的关系进行预定义；其次，基于已标注专利实体的数据集标注实体间的关系，并利用该数据集进行 OpenNRE 模型的训练，通过量化指标对其进行评估后，利用该模型预测所有专利实体之间的关系；最后，根据所有专利实体对之间的语义关系确定两个主题之间的语义关系，并进行结果可视化。研究框架如图 4-1 所示。

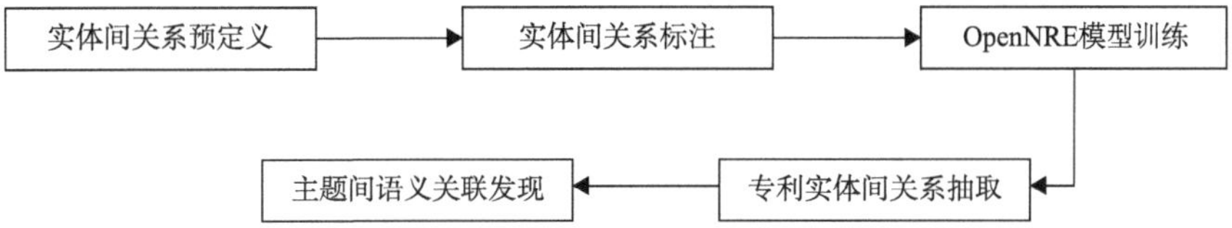

图 4-1　主题之间语义发现研究框架

4.3.1　专利实体间关系预定义

由于专利文献的特殊性，其文本较日常语言更加规整，从中抽取的实体大多是专业性术语，如果根据语句中的自然语言抽取关系，可能反而会产生更多的冗余数据。例如，“无人机安装了自动发射平台”和“无人机拥有一个自动发射装置”，这里的“安装”和“拥有”，其实都是一种机械组装的关系。而且，考虑到实体间的关系比日常语句中的实体关系简单，加之专利文件用语的规范性，所以归纳某一特定领域下的专利实体间关系较为容易。因此，事先预定义关系进行高质量的关系标注，更有利于挖掘专利实体间的关系。

综上所述，依据领域特性、广泛的文献回顾及专家咨询和专利数据集理解，将专利实体间的关系预定义为“机械关系”“功效关系”“应用领域关系”“功能实现关系”“控制关系”这 5 种类型，如表 4-1 所示。

表 4-1　5 种语义演化关系

语义演化关系	解释
机械关系（MR）	指一些机械零件的包含关系、位置关系等
功效关系（ER）	指功效增强的关系
应用领域关系（FA）	指某些机器或系统的应用领域或功能领域
功能实现关系（FR）	指一些实现某些功能的专利设备或系统
控制关系（CR）	指系统或零部件之间的控制关系

这种精细的技术信息分类模式可以帮助用户为感兴趣的实体和语义关系分配清晰、专业的标签，从而提高专利分析的效率和质量。然而，值得注意的是，获得一个合适的技术信息分类模式并非易事。根据经验，通常需要进行 3 ～ 4 次反复的试错过程。

4.3.2　专利实体间关系抽取

作为实体关系抽取的第二步，关系抽取的目的是挖掘实体间的语义关系。比如，如果想从句子“自动发射控制系统平台安装在无人机”中抽取出规范化的信息，有效的方法可以得到＜自动发射控制系统平台，安装，无人机＞这样一个关系三元组的结构。

目前，实体关系抽取技术已经较为成熟，但没有专门针对专利文件特征考虑的信息抽取模式。因此，需要根据实证研究的技术领域内容，对专利实体间的关系进行预定义。由于专利文档中的语义信息通常不遵循大多数通用工具中的语言逻辑模式，特别是当涉及细粒度的信息提取，以及特定领域的实体和语义关系时，通用工具几乎是无能为力的。为了解决这一问题，本书预先对实证领域的语料进行了全面的注释，即除标注实体之外，还标注了实体之间的语义关系。该方法基于预先定义的实体关系，通过实体间的语义关系来揭示主题之间的语义关系，使得主题之间演化关系不仅仅停留在主题相似的层面。

本书采取半监督的实体关系抽取方法，其主要思想是根据人为预先设计好的关系类型，通过人工标注合适的少量的实体对作为训练语料，利用模式学习方法进行不断迭代学习，最终生成关系数据集和训练好的序列模型。

（1）数据预处理—主语替换

德温特专利数据语句较为规整，从整体上来看，语句的语法具有规律性。通过对无人机专利数据的观察可以发现，在每一篇专利数据摘要中，“NOVELTY”“USE”“ADVANTAGE” 3 个部分的写作都很规范，有较为固定的句式。NOVELTY 部分用于解释这个专利拥有哪些零部件或系统哪些部分，但其中的主语出现了指代词；在 ADVANTAGE 部分也经常会出现类似笼统的指代词。如果保留指代词进行关系数据标注，会导致部分三元组的前一个实体成为指代词，显然这样的信息提取是达不到预期效果的，并且会混入很多无效信息。所以需要预先把这些指代词替换成它原本的词，本书将采用基于正则表达式匹配的技术主题抽取。

由于德温特数据的规范性，一篇合格的专利文本通常需要有标准的撰写格式，其中专利的标题撰写格式更为规整。而正则表达式正是一种文本规则筛选，可以用来判断语句单词之间的包含关系、替换具有匹配关系的字符串等。结合部分人工筛选，保证专利语句中尽可能较少出现指代词，为之后高质量的关系标注和实体间关系抽取做好准备。

（2）专利实体间的关系标注

基于预定义的 5 种实体间关系，对已标注实体的数据集进行实体间关系的标注，如图 4-2 所示。

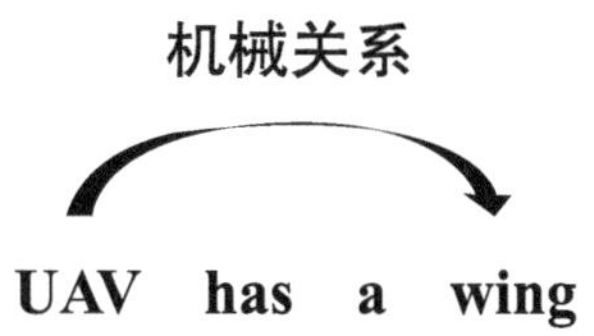

图 4-2　实体间关系标注

图 4-2 中所示的专利语句的示例，其含义是“无人机上安装有一个超声波反射装置和一个探照灯”，显然这里实体“UAV”与实体“wing”之间

是机械关系，代表着无人机上装配有一个翅膀。

（3）OpenNRE 神经网络模型训练

关系抽取是为了在专利实体抽取的基础上，进一步得出两个专利实体间的语义关系。例如，三元组信息〈无人机，安装，摄像头〉提取自句子“无人机上安装了摄像头”。由于实体关系抽取的方法可以提取各种结构化信息，所以逐渐成为现在研究的重点。同时，随着神经网络技术及机器学习技术的快速发展，神经网络关系提取（NRE）[297] 模型显示出强大的关系抽取能力，并取得了很好的表现，因此，这里选用以卷积神经网络为基础的 OpenNRE[298] 来处理标注好的三元组。

OpenNRE（https：//github.com/thunlp/OpenNRE）是清华大学自然语言处理与社会人文计算实验室（THUNLP）推出的一款开源的神经网络关系抽取工具包。作为一个开源和可扩展的工具包，它提供了一个统一的框架来实现关系提取（NRE）的神经网络模型。具体来说，通过实现典型的 NRE 方法，OpenNRE 不仅允许开发人员训练自定义模型从文本中提取结构化关系事实，而且还支持研究人员的快速模型验证。

远距离监督关系抽取已被广泛应用于从文本中发现新的关系事实。然而，人工信息标注不可避免地存在标注错误问题，而关系抽取模型的结果很容易受这些噪声数据的影响。因此，NRE 模型提出了一种基于句子层次注意力的方法。在该模型中，使用卷积神经网络 CNN 来嵌入句子的语义，如图 4-3 所示。该模型输入了句子的文本信息及位置信息，然后利用该方法实现了句子级别的注意力机制，期望可以较大幅度地减少部分有噪声的实例所占的比重。

通过利用之前已标注实体及其关系的训练数据对 OpenNRE 模型进行训练，多次修改参数后得到最优性能的模型，用于预测该领域其他专利实体间的关系。模型输出的预测结果就是预定义的机械关系（Mechanical-relationship）、功效关系（Efficacy-relationship）、应用领域关系（Function-area-relationship）、功能实现关系（Function-realization-relationship）和控制关系（Control-relationship）这 5 种关系中的一种，并且赋予该结果一个概率值，表示模型所预测的该实体关系的概率。

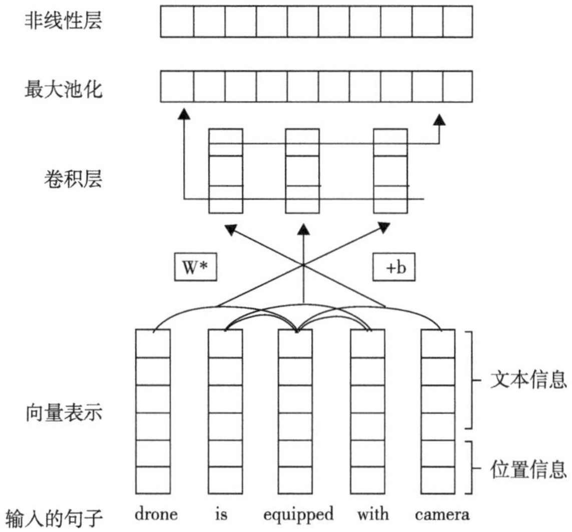

图 4-3　卷积神经网络 CNN 嵌入句子语义示意

4.3.3　技术主题演化语义关联发现方法

基于技术主题演化路径及能够有效预测两个专利实体间关系的神经网络模型，利用专利实体之间的语义关系，得到两个主题之间的语义关系，从而实现主题之间演化语义关系发现研究。首先，在每对主题之间构建其实体之间的语义关系矩阵；然后，提出一个指标来发现主题之间的语义关系。

（1）构建专利实体对语义关系矩阵

因为主题之间语义关联发现是基于两个主题之间已经具有某种演化关系，所以认为只有具有演化关系的两个主题之间才会形成一个有效主题对。举例说明，假设时间窗口 t 下的主题 T_i^t 包含 x 个专利实体，时间窗口 $t+1$ 下的主题 T_i^{t+1} 包含 y 个专利实体，则这两个主题之间可以形成大小为 $x \times y$ 的专利实体相似度矩阵，如式（4-1）所示。

$$\begin{bmatrix} a_{11}=M & a_{12}=FA & a_{13}=/ & \cdots & a_{1j}=/ & \cdots & a_{1y}=M \\ a_{21}=E & a_{22}=/ & a_{23}=E & \cdots & a_{2j}=M & \cdots & a_{2y}=M \\ a_{31}=FA & a_{32}=C & a_{33}=M & \cdots & a_{3j}=/ & \cdots & a_{3y}=M \\ \vdots & \vdots & \vdots & \ddots & \vdots & \ddots & \vdots \\ a_{i1}=E & a_{i2}=/ & a_{i3}=FA & \cdots & a_{ij}=FA & \cdots & a_{iy}=FA \\ \vdots & \vdots & \vdots & \ddots & \vdots & \ddots & \vdots \\ a_{x1}=E & a_{x2}=M & a_{x3}=/ & \cdots & a_{xj}=/ & \cdots & a_{xy}=E \end{bmatrix}。 \quad (4-1)$$

在该矩阵中，行表示 t 时间窗口下主题 T_i^t 的 x 个专利实体 $\{a_1, \cdots, a_i, \cdots, a_x\}$，列表示 t+1 时间窗口下主题 T_i^{t+1} 的 y 个专利实体 $\{a_1, \cdots, a_j, \cdots, a_y\}$，$a_{ij}$ 表示主题 T_i^t 中的实体 a_i 与主题 T_i^{t+1} 中的实体 a_j 之间的语义关系。

但是，在上述 $x \times y$ 这个专利实体相似度矩阵中，并不是所有的专利实体对都是有效的，需要进行一个初步的筛选。

①专利实体对中的两个专利实体出现在一篇专利文本中；

②利用 OpenNRE 模型对两个专利实体进行关系预测时，概率值要达到一定阈值。

只有同时达到以上两个要求，才可以被认定为一个可用于确定其所属主题之间语义关系的有效专利实体对，进行实体间关系预测。

（2）技术主题之间的语义关联发现

主题演化的语义关系取决于每对主题中专利实体之间语义关系的最高比例。首先计算专利实体之间 5 种语义关系的比例，然后选择最高的专利实体关系作为该主题对的语义关联关系。在上述 $x \times y$ 语义关系矩阵中，某一语义关系所占的比例等于该语义关系的个数除以所有语义关系的个数。计算方法如式（4–2）所示。

$$P_{SM}=\frac{N_{SM}}{x \times y}。 \tag{4-2}$$

其中，P_{SM} 表示某一语义关系的占比，N_{SM} 表示两个主题之间某一语义关系的个数，$x \times y$ 表示所有有效语义关系的个数。

分别计算预定义的 5 个语义关系的比例后，以最高的语义关系确定两个主题之间的语义关系，从而得到了主题演化的语义关系，如表 4–2 所示。

表 4-2 主题之间语义关联关系、示意图及含义

语义关联关系	示意图	含义
机械关系（MR）		在两个主题之间形成的专利实体对语义关系矩阵中，机械关系（MR）所占比重最为突出时，认为两个主题之间可能是某种基于机械关系的演化，如无人机在其搭载相机上进行了诸多优化

续表

语义关联关系	示意图	含义
功效关系（ER）	T_i^t —ER→ T_i^{t+1}	在两个主题之间形成的专利实体对语义关系矩阵中，功效关系（ER）所占比重最为突出时，认为两个主题之间可能是某种基于功效关系（ER）的演化，如某个专利主题在某个功效方面进行了提升，则会在两个主题之间产生基于功效关系的主题演化关系
应用领域关系（FA）	T_i^t —FA→ T_i^{t+1}	在两个主题之间形成的专利实体对语义关系矩阵中，应用领域关系（FA）所占比重最为突出时，认为两个主题之间可能是某种基于应用领域关系（FA）的演化，如某个专利主题主要应用于某个专业领域，以无人机为例，其主要应用于军事领域
功能实现关系（FR）	T_i^t —FR→ T_i^{t+1}	在两个主题之间形成的专利实体对语义关系矩阵中，功能实现关系（FR）所占比重最为突出时，认为两个主题之间可能是某种基于功能实现关系（FR）的演化，如某个专利主题大多数用于实现某种功能。同样以无人机为例，其通信平台用于实现控制无人机轨迹的功能
控制关系（CR）	T_i^t —CR→ T_i^{t+1}	在两个主题之间形成的专利实体对语义关系矩阵中，控制关系（CR）所占比重最为突出时，认为两个主题之间可能是某种基于控制关系（CR）的演化，如某个专利主题与另一个专利主题产生控制关系

4.4　无人机领域的技术主题演化语义关联发现应用

无人机（UAV）是一种无驾驶舱和无人驾驶的航空飞行器，通过无线远程控制技术和自主控制技术来执行不同任务。无人机产业包括从人工智能到核心软件和硬件工程的各个知识领域，是典型的多学科融合、跨领域集成的新兴产业。因此，本书以无人机领域专利数据为例，对运输领域无人机的技术主题演化语义关联进行研究。首先，对无人机领域中的专利实体关系进行预定义；其次，利用神经网络方法抽取所有专利实体之间的关系；最后，根据技术主题内专利实体之间的语义关系，确定技术主题演化的语义关联。

4.4.1 无人机领域的专利实体间语义关系抽取

首先，将一小部分专利实体关系手工标记在无人机领域的小数据集上，作为训练集，这与之前用于提取专利实体的数据集相同；其次，在此数据集上训练神经网络模型；最后，通过该模型抽取整个无人机领域数据集中每对专利实体之间的关系。

（1）在小数据集上标记专利实体关系

在手动标记实体关系之前，需要进行数据预处理，包括分词、词元化和格式转换，以及删除重复的记录和没有摘要的记录等。此外，基于写作规范性，专利文本在写作中有大量语句会用到指代词。这样的指代词会为后续自动标注专利实体间关系添加难度，也会导致获得的三元组不准确，影响后续的实验准确度，所以需要基于正则表达式匹配，将抽象中的代词替换为原来的主语或宾语。

同时，由于专利文献撰写得十分规范，无人机专利的标题大多数会非常直接地传达出这个无人机专利的类型、技术主题及应用领域等相关信息，且不同位置的词汇所扮演的语义角色大多是具有规律的，也具有相似的语义性质。以实证研究的无人机领域的某个专利标题“Automatic parachute ejection system for unmanned aircraft，has parachute that is ejected by unit of propulsion such as springs，and compressed gas and is inflated to delay uncontrolled fall of aircraft.”为例，其中“Automatic parachute ejection system for unmanned aircraft”是该专利的技术主题，同时也是专利摘要中的主语。显然，通过对技术主题的简单挖掘，就可以得到十分准确的可供替换的主语。

因此，可以基于正则表达式构建如下规则，将之用于主语替换：当专利标题中含有“system”“method”“machine”“device”等类似的词语时，将在该词语之前的所有词抽取出来当成是这个专利文本可替换的主语。本次实验通过 Python3.6.2 版本的 re 包调用正则表达式模块，首先通过“system”“device”“method”等线索词匹配出满足正则表达式抽取情况的所有专利标题，然后再抽取这些线索词前面的词作为技术主题，最后利用抽取的技术主题对所有专利语句的指代词主语进行替换。部分没有满足正则表达式抽取情况的，利用人工完成主语的替换，从而保证后续关系数据标注的三元组数据的完整性，防止之后在标注过程中出现＜ the model，机械关系，parachute ＞等类似容易造成信息混淆的三元组。

然后，基于已经标注好专利实体的 100 条专利文本数据，使用快速标注工具 brat[299] 人工标记专利实体之间的关系，包括“机械关系”“功效关系”“应用领域关系”“功能实现关系”“控制关系”这 5 种预定义的实体关系，并导出相应数据的 ann 文件，如图 4-4 所示。

```
T1  Head 0 55   Unmanned aerial vehicle sprinkling pesticide box device
T2  Tail 62 85  damping wheel mechanism
T3  Tail 102 124    medicine box main body
R1  Mechanical-relationship Arg1:T1 Arg2:T2
R2  Mechanical-relationship Arg1:T1 Arg2:T3
end
T4  Head 145 167    medicine box main body
T5  Tail 185 206    medicine falling port
R3  Mechanical-relationship Arg1:T4 Arg2:T5
end
T6  Tail 210 216    handle
T7  Head 259 276    medicine box body
R4  Mechanical-relationship Arg1:T7 Arg2:T6
end
T8  Head 280 304    pesticide injection plug
T9  Tail 327 349    medicine box main body
R5  Mechanical-relationship Arg1:T8 Arg2:T9
end
T10 Tail 353 365    moving wheel
T11 Head 386 409    moving wheel fixing rod
T12 Tail 456 484    movable wheel supporting rod
R6  Mechanical-relationship Arg1:T11 Arg2:T10
R7  Mechanical-relationship Arg1:T11 Arg2:T12
end
T13 Head 488 520    medicine falling frame mechanism
T14 Tail 546 578    automatic closing door mechanism
R8  Mechanical-relationship Arg1:T13 Arg2:T14
T15 Tail 590 632    unmanned aerial vehicle clamping mechanism
R9  Mechanical-relationship Arg1:T13 Arg2:T15
end
T16 Head 692 747    Unmanned aerial vehicle sprinkling pesticide box device
T17 Tail 759 784    pesticide spraying device
R10 Mechanical-relationship Arg1:T16 Arg2:T17
```

图 4-4　导出的实体间关系标注数据

（2）抽取整个数据集上专利实体之间的关系

在 100 条标注数据中，5 种关系标注的原始占有比例分别为：机械关系占 68.09%；功效关系占 9.49%；应用领域关系占 5.24%；功能实现关系占 10.19%；控制关系占 6.99%。标注关系占比如图 4-5 所示。

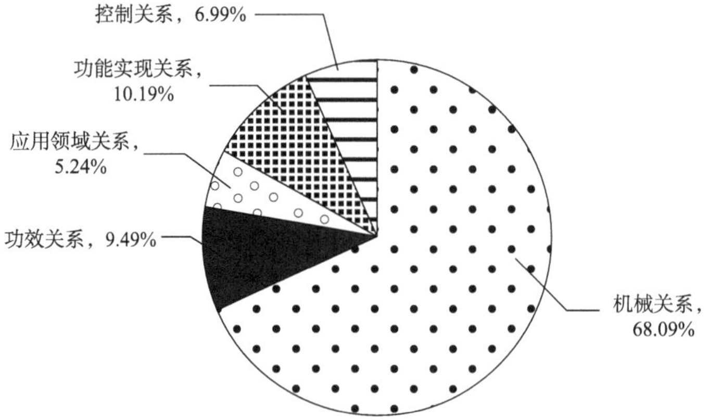

图 4-5　标注关系占比

从图 4-5 中可以发现，在运输领域的无人机专利文献中，大部分专利数据是基于零部件等机械装置上的优化或者发明，因此机械关系在实体关系间占据了主导部分。其他 4 种关系大多出现在摘要的“USE”和“ADVANTAGE”两部分，这两部分大多是介绍该专利的应用领域及优势。

人工标注完成后，基于以下参数值，利用开源实体关系抽取工具对 OpenNRE 进行模型的预训练。在 Python 语言环境中，OpenNRE 模型基于 TensorFlow[300] 和 PyTorch[301]。经过较多的反复实验，最终采取表 4-3 的参数设定值进行模型训练。

表 4-3　OpenNRE 模型相关参数设置

参数名称	参数意义	设定值
Batch size	一次训练所选取的样本数	32
Learning rate	学习率，用来调整权重	$1e^{-1}$
Weight decay	权值衰减，用来防止过拟合	$1e^{-5}$
Maximum sentence length	最大的句子长度	40
Max number of training epochs	最大训练次数	100

经过 100 次训练迭代后，模型在训练集上的 accuracy 超过 97%，并且趋于稳定，结果如图 4–6 所示。

图 4-6　OpenNRE 模型训练结果

训练好模型后，即可利用该模型预测两个专利实体之间的关系。首先，需要进行关系配对，这是因为在之前的研究中把专利实体从专利文本中抽取出来并进行了时间窗口下的聚类，专利实体脱离了文本，所以当需要预测两个主题之间的关系时，要先将两个主题之间所有的专利实体进行一一配对，形成一个矩阵。

但并不是所有的专利实体（专利实体）之间的配对都是有效的，所以认定只有当两个专利实体同时出现在专利文本中的一句话以内，且预测结果概率大于 70% 时，才是一个有意义的预测。将两个主题之间有效的专利实体配对后进行关系预测，部分关系抽取结果如表 4-4 所示。

表 4-4　专利关系抽取结果

ID	专利实体	关系	专利实体
1	Automatic spraying agricultural unmanned aerial vehicle	Mechanical-relationship	Wing
2	Method for automatically inspecting power circuit of unmanned aerial vehicle	Function-area-relationship	Inspection work of the power circuit
3	Unmanned aerial vehicle navigation device	Control-relationship	Background operation system
4	Identifying module	Function-realization-relationship	Automatic mounting
5	Static electric strawberry pollination device	Efficacy-relationship	Pollination efficiency

4.4.2　无人机领域的技术主题之间语义关系发现

根据主题下实体对的关系，可以进一步发现主题之间的语义关系。具体来说，即通过两个主题下的所有专利实体对应形成的专利实体对，计算专利实体之间的语义关系，基于此确认主题之间的语义关系，得到 2015—2016 年结果和 2016—2017 年结果，具体分别如表 4-5、表 4-6 所示。

表 4-5 2015—2016 年主题之间语义关系结果

单位：个

2015 年	2016 年							
	T_1（833）	T_2（2407）	T_3（2437）	T_4（2473）	T_5（23）	T_6（2325）	T_7（2598）	T_8（64）
T_1（1701）			ER			ER		
T_2（1389）	MR	ER	ER					
T_3（1680）		ER		FA				
T_4（62）	MR				MR			MR
T_5（1862）		ER					ER	
T_6（1708）				FA		FA		

表 4-6 2016—2017 年主题之间语义关系结果

单位：个

2016 年	2017 年						
	T_1（3163）	T_2（157）	T_3（1771）	T_4（3211）	T_5（3209）	T_6（32）	T_7（3158）
T_1（833）		MR	ER				
T_2（2407）	MR				ER		
T_3（2437）	MR			ER			
T_4（2473）	MR				ER		ER
T_5（23）			FA			MR	
T_6（2325）	ER			ER	MR		
T_7（2598）					ER		MR
T_8（64）		MR	MR				

不难看出，首先，2015 年 T_2 号主题（无人机通信介质及功能）和 2016 年 T_1 号主题（相机装置及图传系统）是分裂关系，且语义关系是“Mechanical-relationship”。这说明无人机通信介质及功能方面的专利随着时间的推移，有很大一部分研究主题分裂成图像方面的信息传输，与领域内的发展十分吻合。无人机除了必要的飞行控制器、动力系统，还附加了实现图像传输、视觉导航、信息数字化等功能的各种附件。图像传输是无人机领域研究爆发中的热点，民用领域的航拍、军用领域的侦察等都涉及通过无人机进行拍摄图像并传输的技术。同时，通过主题之间的语义关系可以得知，它们之间的演化偏向于机械装置的改良，如让无人机搭载更高清的摄像头，以及摄像头方向的旋转、传输天线等的机械安装等。

其次，2015 年 T_3 号主题（无人机功能模块）、2015 年 T_6 号主题（无人机动能装置）和 2016 年 T_4 号主题（无人机应用领域）是融合关系，主题之间语义关系是“Function-area”。很显然在无人机运输领域的专利申请中，有很大一部分是关于无人机系统应用，包括地质勘测、森林防火及预警、自然地理勘测及地图绘制、水资源巡检保护、环境科学与生态学、农业等行业应用的关键技术。由此可见在无人机专利申请井喷的两年间，大家从对无人机功能及动能装置的研究很快转向对应用的探索，无人机技术迅速投入应用市场。

再次，2015 年 T_4 号主题（机械装置方位词和功能词）和 2016 年 T_8 号主题（机械装置方位词和功能词）两个主题之间产生的是发展关系，主题之间语义关系是“Mechanical-relationship”。由两个主题构成的三元组可以得知，这两个主题集中表达了在无人机专利申请中，专利文献对于无人机装置各部件的相对位置进行了较多描述，如＜ platform upper，Mechanical-relationship，wing ＞，＜ airplane，Mechanical-relationship，upper ＞等，由此可以得知无人机零部件相关在专利申请中是较为稳定发展的。查阅相关分析无人机领域研究热点文献 [302]，其中提到了“这意味着无论无人机技术的最新进展如何，与飞机相关的地面装置、交通控制系统和飞机配合的动力装置或推进传动装置这些技术组合一直在稳定融合发展。”

最后，可以看到 2016 年 T_3 号主题（无人机自动通信）和 2016 年 T_6 号主题（动能装置自动化）融合成为 2017 年 T_1 号主题（无人机通信装置），语义关系是功效关系。无人机通信装置是无人机的重要组成部分，也是无人机发展历程中的核心发展内容。2017 年是无人机发展的顶峰，无人机动能装置自动化促进了无人机通信装置的发展，例如，无人机的自动升降，使得无人机在获取信息、传输信息这样的任务链中更加智能。因此，结合语义关联的主题演化结果符合领域内技术发展。

4.4.3　无人机领域主题演化语义关联结果可视化

对实验结果表 4-5 和表 4-6 进行可视化展示，如图 4-7 所示。图中连接线的粗线代表着前一个时间窗口的主题演化至下一个时间窗口的主题的概率；连接线的颜色代表主题之间的演化关系（融合、发展、分裂、新兴、消亡）。主题之间的语义关联关系也已经在图中标出：MR 代表机械关系，ER 代表功效关系，FA 代表应用领域关系，FR 代表功能实现关系，CR 代表控制关系。

由图 4-7 可以更加直观地看出，T_7^{2016} 来源于具有功效关系的 T_5^{2015}，并在 2017 年被划分为分别具有功效关系和机械关系的 T_5 和 T_7；2015 年的 T_1 和 T_2 被整合为具有功效关系的 T_3^{2016}，并在 2017 年被划分为分别具有功效关系和机械关系的 T_1 和 T_4。

2015—2016 年，专利主题之间的演化主要基于功效关系。从 2015 年研究无人机通信介质及通信功能到 2016 年研究自动通信的发展演化，从无人机功能模块和搭载软件系统到无人机相关控制系统的融合演化，都是基于其研究对应的功效关系所展开的。通过融合通信和图像传输之间的机械知识，实现了无人机搭载的相机的各种优化提升。2016—2017 年，基于功效和机械的语义关系齐头并进，多方面实现专利主题的发展、融合和分裂演化。随着时间的推移，无人机的相关技术趋于成熟，各个系统和装置划分明确，如图传系统、相机装置、通信装置、控制系统及软件平台等，而单一领域的发展往往是对系统或装置内部的基础功能及衔接关系进行优化，所以很少出现基于功能实现和控制语义关系的主题演化。

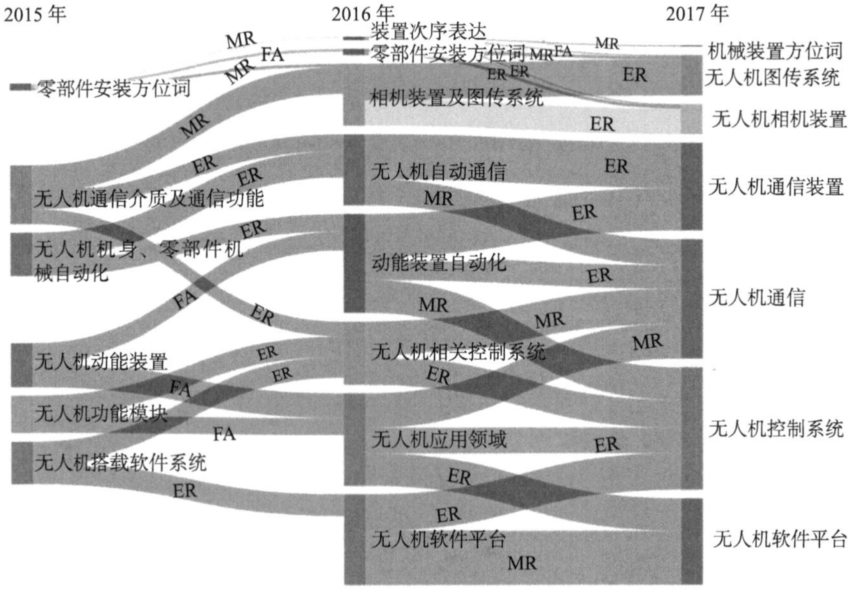

图 4-7　2015—2017 年主题演化可视化结果

总之，首先，根据无人机运输领域当前的研究文献综述、技术行业报告、专家意见等，对专利实体间的语义关系进行预定义，包括“机械关系”“功效关系”“应用领域关系”“功能实现关系”“控制关系”5 种关系；

其次，基于这 5 种预定义关系对 100 条训练集进行实体关系标注，以及神经网络 OpenNRE 的训练，并通过通用的评价指标对训练好的模型进行评估，得到所有数据集的实体关系；最后，将相邻时间窗口具有演化关系主题的专利实体构成专利实体对，利用训练好的 OpenNRE 模型对其语义关系进行预测，获得主题之间的所有三元组，并根据所有三元组之间的关系占比，确认主题之间的语义关系。

第 5 章

复杂网络 + 技术挖掘：数智赋能下的技术融合关系预测

数智赋能背景下，技术的表达形式由非结构化的专家定义转向结构化的元数据表达，从宏观模糊的段落概念转向更加具体可视化的关键词组合。

基于数智时代知识单元的多种表达形式如网络节点表示和空间向量表示，复杂网络理论可以用于改进技术融合关系预测，实现智能化、流程化的技术融合关系预测。该部分，首先，总结数智赋能背景下复杂网络理论中的基本概念、方法和技术；其次，从特征来源和预测方法等方面归纳技术融合关系预测的研究基础，并从中发现当前技术融合关系预测方法中，主流的网络分析方法在衡量专利分类间相似性时，忽略了专利分类间的关联强度，且在涉及文本语义方法时，忽略了同一专利中多个专利分类间的重要性区别，影响了技术融合的准确表示和表达。而复杂网络理论能够充分融合网络结构与语义信息，使得技术融合关系预测结果更加全面。因此本书提出了考虑关联强度、区分技术重要性的技术融合关系预测方法，即区分专利与专利分类间的关联强度，构建专利分类共现网络，获取专利分类间的网络结构相似性特征，并根据关联强度赋予专利分类以专利文本，最终融合多种指标构成特征向量，计算技术融合概率，排序得到候选技术融合关系集合。最后，选取物联网领域，抽取该领域的技术节点，构成技术网络，形成多种技术网络指标并预测潜在的技术融合关系，对其进行分析解释。

5.1 复杂网络赋能技术挖掘

在大数据、5G、区块链、物联网、人工智能等新理论新技术，以及经济社会发展的驱动下，技术创新正在引发链式突破，推动经济社会各个领域从数字化、网络化向智能化加速提升[303]。由此产生的新的行业领域给现有的企业带来了一系列的机会和威胁。一方面，新的商业和经济增长领域出现了大量的机会；另一方面，在竞争中抓住新机会并将之转化成自己的优势是非常有挑战性的，因为企业不能再简单依靠传统单一技术发展模式，而是必须拓宽原有知识范畴，开展跨领域技术融合 [304]。创新是社会进步、国家发展的核心驱动力。对企业来说，创新是企业在行业竞争中保持优势或实现弯道超车的核心竞争力，是决定企业经济可行性的关键因素 [305]。提前识别高价值技术融合关系，实现技术创新有助于实现对现有技术的创新突破，实现各方面资源的高效配置，对政府与企业制定科技政策、分配研发资源、抢占发展先机至关重要。

机器学习的应用领域十分广泛，根据数据类型的不同有不同的建模方式，按照学习方式的不同，机器学习主要分为监督学习、非监督学习和强化学习。随着大数据时代各行业对数据分析需求的持续增加，通过机器学习高效地获取知识，已逐渐成为当今机器学习技术发展的主要推动力。大数据时代的机器学习更强调“学习本身是手段”，机器学习成为一种支持和服务技术。如何基于机器学习对复杂多样的数据进行深层次的分析，以及更高效地利用信息成为当前大数据环境下机器学习研究的主要方向 [306]。

5.1.1　技术融合预测

技术融合这一概念最初由美国学者 Rosenberg 提出，他认为产品生产过程中不同产业依赖相似的科学技术基础诀窍的过程便是技术融合 [27]。技术融合是一种创新模式，与科学突破的创新模式相比，该模式下不同技术之间通过自身的有机组合实现技术创新，以提升原有应用的性能或实现新的应用 [307]。科学家和公司就通过提交专利申请来保护自己的发明创新，但这些专利可能短期内没有展现出商业价值，所以专利通常被认为是技术发展的前兆 [308]。基于专利大数据研究技术融合的主要方法有专利系数分析法、社会网络分析法和关联规则挖掘等。吴晓燕等 [309] 从整体和局部两个层面构建了技术融合的分析框架，整体层面主要针对技术领域融合网络进行研究，局部层面主要根据计量学指标筛选出热点技术、关键技术、新兴技术，预测未来发展前景；Park 等 [310] 通过构建专利引文有向网络，通过链接预测方法对潜在的技术知识流，并探讨了生物技术与信息技术之间的技术融合程度；周磊等 [311] 基于专利 IPC 分类号间的差异性，识别无线网络领域的突破性创新。

5.1.2　复杂网络的基本理论与方法

现实生活中，许多复杂系统都可以建模成一种复杂网络进行分析，如常见的电力网络、航空网络、交通网络、计算机网络和社交网络等。复杂网络不仅是一种数据的表现形式，也是一种科学研究的手段。复杂网络方面的研究目前受到了广泛的关注，复杂网络研究正渗透到数理学科、生命学科和工程学科等众多不同的学科当中，对复杂网络的定量与定性特征的科学理解已成为网络时代科学研究中一个极其重要的挑战性课题。关于复杂网络，钱学森给出了一个严格的定义，即“具有自组织、自相似、吸引子、小世界、无标度中部分或全部性质的网络”。换句话说，复杂网络是一种呈现高度复杂性的网络，其特点主要体现在以下 3 个方面。

第一，小世界特性（small world theory），又被称之为六度空间理论或者六度分割理论（six degrees of separation）。小世界特性指出，“社交网络中的任何一个成员和任何一个陌生人之间所间隔的人不会超过 6 个”。复杂网络的小世界特性与网络中的信息传播有着密切的联系。实际的社会、生态等网络都是小世界网络，在这样的系统里，信息传递速度快，并且只需少量改变几个连接就可以剧烈地改变网络的性能，例如，对蜂窝电话网进行调整，仅需改动很少几条线路，就可以显著提高网络性能。

第二，无标度特性（scale-free），现实世界的网络大部分都不是随机网络，少数的节点往往拥有大量的连接，而大部分节点却很少，节点的度数分布符合幂率分布，而这就被称为是网络的无标度特性。通常，我们将度分布符合幂律分布的复杂网络称为无标度网络。无标度网络中幂律分布特性的存在极大地提高了高度数节点存在的可能性，因此，无标度网络同时显现出针对随机故障的鲁棒性和针对蓄意攻击的脆弱性。这种鲁棒性和脆弱性对网络容错和抗攻击能力有很大影响。研究表明，无标度网络具有很强的容错性，但是对基于节点度值的选择性攻击而言，其抗攻击能力相当差，高度数节点的存在极大地削弱了网络的鲁棒性，一个恶意攻击者只需攻击网络中极小一部分的高度数节点，就能使网络迅速瘫痪。

第三，社区结构特性，人以群分，物以类聚。复杂网络中的节点往往也呈现出集群特性。例如，社会网络中总是存在熟人圈或朋友圈，圈中的成员之间相互认识。集群程度的意义是网络集团化的程度，这是一种网络的内聚倾向。连通集团概念反映的是一个大网络中各集聚的小网络分布和相互联系的状况。例如，它可以反映这个朋友圈与另一个朋友圈的相互关系。

网络表示学习可以将网络中的节点表示为低维、密集，且具有一定推理能力的向量，从而可以解决当前大规模复杂网络特征语义表示的问题。网络表示学习可以有效地从网络原始数据中挖掘出丰富的网络结构信息，并且已经被广泛运用于节点分类、链路预测和节点可视化等具体应用任务中[57]。根据网络中节点和连边类型的不同，可分为同构网络表示学习和异构网络表示学习两种。Perozzi 等受 Word2vec[59] 的启发，通过随机游走生成节点序列，将网络中的节点视为单词，生成的节点序列视为语言模型中的句子，然后使用 Word2vec 来学习节点的表示；Grover 等设计了一种名为 node2vec 的灵活邻域采样策略，该策略通过引入宽度优先采样和深度优先采样来改善随机游走的过程，广度优先采样倾向于让结构上更近的节点具有相似的特征表示，深度优先的采样有利于发现具有相同结构和功能的节点；Tang 等提出了 LINE 线性模型，该模型解决了随机游走的方式在网络结构中没有明确目标函数的问题，在对节点间的关系进行建模时提出了两层相似性的概念，因此，保留了网络中节点的一阶相似性和二阶相似性。该模型可以处理任何规模的网络结构，包括无向的和有向的、有权重和没有权重的。随后，Cao 等为了更好地捕捉网络中节点的全局特征，在 LINE 模型的基础上构建了更高层次的相似性关系，形成了 GraRep 算法。该算法为了构建这种关系，设计了一种特殊的关系矩阵，并利用奇异值分解的方法对这一关系矩阵实现降维，从而得到 k 阶的向量表示。Wang 等提出了一种半监督的 SDNE 深度学习模型，该模型利用拉普拉斯映射有监督的训练节点的一阶相似性，利用自编码器无监督的训练节点的二阶相似性，最终用自编码器的中间层来作为节点的向量表示。

在异构网络中，节点代表的实体可以有多种类型。其实，现实生活中的大部分网络组件中也都会包含着一些丰富的外部信息，如节点的属性特征、标签类别和文本的内容等，而同构网络表示学习方法主要依赖于网络拓扑信息，忽略了这些外部信息，相较于其不能真实反映现实世界中节点和连边的类型多样，异构网络表示学习算法可以有效地解决网络的异质性，通过异构网络表示学习强大的建模能力，将网络中丰富的结构和语义信息嵌入低维节点中。其中，Tang 等认为网络中有多种类型的节点和边，因此将 LINE 扩展到异构网络中，针对文本标签预测任务提出了半监督的 PTE 模型，该模型将部分标签已知的文档集合数据转换为一个包含文档、词语和标签 3 类节点的异构网络，然后学习不同类型节点的向量表示；Yu 等受同构网络中 node2vec 算法的启发，提出了 Metapath2vec 算法，该算法通过在异构信息网络中进行随机游走来获取节点的邻居节点集合；Shi 等提出的 HERec 模型基于元路径从异质信息网络中抽取同类节点序列，相当于从异质信息网络中抽取出多个同质信息网络，并提高了推荐效果；王建霞等介绍了异构网络表示学习相关方法的模型，包括基于网络结构的嵌入方法和图神经网络方法，其中基于网络结构的嵌入方法又包含了基于随机游走方法和基于一阶、二阶相似度方法，图神经网络方法包含基于图注意力网络方法和基于图卷积网络方法。

5.1.3 复杂网络视角下的技术融合关系预测

专利信息因反映技术传承关系、容易获取、便于定性定量化研究等特点，已越来越多地应用于技术融合的分析研究中[312]。由大量专利构成的专利网络表示学习是利用专利信息中的关键词、发明人、专利号等信息构建专利复杂网络，并以此与深度学习交叉融合，将网络节点转化为低维稠密实数向量，进而进行专利信息的分析和挖掘。

随着复杂网络理论的发展应用，研究人员开始将复杂网络理论方法应用于技术融合研究中。专利引文分析需运用数学及统计学的方法和比较、归纳、抽象、概括等逻辑方法，对专利文献中的引用与被引用现象进行分析，挖掘出有关专利引用的深度信息，从而揭示其数量特征和内在规律。结合专利文献的引证关系进行聚类分析，能够挖掘出技术融合的创新方向、应用领域。专利引文网络反映了专利文献的引用与被引用关系，有利于挖掘出有关专利引用的深度信息，从而揭示其数量特征和内在规律。例如，No[313] 利用专利引用网络绘制技术演化轨迹，根据专利的前向后向引用探究技术间的相互影响。Kim[314] 选择印刷电子技术领域的专利数据构建专利引用网络进行网络分析，发现中心度较高的核心技术对技术融合发展过程起重要的促进作用；Zhou[315] 在论文引用网络的基础上应用聚类方法来展开知识融合过程，以发现新兴技术。

除了专利引用网络，专利共现网络也是技术融合关系预测时的常用方法。专利共现探索专利所属的技术领域和主题，揭示技术演进和技术创新体系，从技术网络结构中挖掘技术分布。专利共现主要通过 IPC 聚类和词语共现实现。IPC 表示专利的分类号，专利中每种技术类别代表一个学科，而每个专利所属学科代表专利拥有来自学科的知识。如果一个专利有两个或两个以上的技术类别，则代表该专利蕴含学科交叉技术知识。陈悦等[316] 将人工智能作为嵌入式技术，通过分析专利 IPC 代码共现，揭示人工智能领域技术融合态势；王友发[317] 通过技术主题词共现分析，研究人工智能领域技术融合现状。获得专利的表示后如何进行技术融合预测，当前方法主要有两种 [318-319]：一是专利引文分析，Kim 等 [320] 基于引用矩阵和 DSM 排序算法研究了信息技术和生物技术的融合；二是专利共类分析，苗红等 [321] 通过 LDA 从专利中提取主题特征，并结合 SVM 分类器进行技术分类，筛选出融合特征较强的专利子数据集。有学者将两者结合起来，翟东升等 [322] 综合运用 IPC 分析和专利网络分析，建立专利引文网络并将其扩展为技术类别之间的引用网络，然后通过分析网络中的知识流，实现技术融合创新的轨道和强度的识别。词语共现中以主题词、关键词和术语等作为分析对象，将词语之间的联系与分布可视化形成专利共现网络。专利技术普遍具有融合性、新颖性、扩张性、影响力 4 种特征，通过对共现网络中信息的深度挖掘，发掘出技术分布情况，能够识别专利技术的这 4 种特征，可以掌握专利技术是不是在特定领域的创新。例如，Kim[323] 分别选择日韩两国柔性显示屏领域的专利数据，构建了专利分类共现网络，并在此基础上进行聚类分析和浓度指数分析，发现日韩两国分别专注于特定领域和从事分布式技术融合。Yan[83] 提出需要正确衡量专利分类系统中不同类别的专利之间的距离，并使用不同距离测度来度量专利距离，从而量化了领域间知识库的邻近性。

基于复杂网络视角下的技术融合预测，一方面，可以方便地从整体的角度把握信息之间的联系，减少信息的遗漏；另一方面，专利网络在获取单个专利信息时，能直观理解专利之间的结构，并从多个方向预测专利技术的发展与创新。通过复杂网络分析的方式能够获得专利信息发现的微观视角，通过专利网络与专利信息深度挖掘的结合，可以使技术与关系同时呈现，通过不同的网络描述专利权人之间的合作、专利之间的引用与转让等多重关系，能够解释技术发展的路径及未来技术发展的趋势，不仅考察了既存技术，而且为新技术的产生提供了有价值的参考。

5.2　技术融合关系预测的研究基础

5.2.1　基于复杂网络的技术融合关系预测

技术融合是指利用两种以上的现有技术来创造一种具有新功能的新技术 [324]，它被认为是技术创新的一种主要形式 [7]，它不仅创造了发展新技能和知识的机会，还可以推动公司在新市场方向上的变化。简单地理解，技术融合是两种现有技术的重叠、交叉 [325]。其中，技术可以用一个文档表示 [326-327]，也可以用一些数据的聚类来表示 [310，328-330]，而最常见的是用 IPC

来表示技术[331-335]。

早期的技术融合方法研究以文献计量分析方法为主，Luan[336]以太阳能技术领域为例，设计平均技术共类伙伴和平均技术共类指数，对技术间关联关系演变做出分析；Jeong[337]通过应用文献计量分析方法，发现在技术生命周期的早期阶段、技术准备水平较低时更容易发生技术融合；Caviggioli[338]选用 EPO 的专利数据进行计量分析，发现当焦点技术领域联系密切时（两种技术拥有较多的交叉引用），技术融合更为频发。

随着复杂网络理论的发展应用，研究人员开始将复杂网络理论方法应用于技术融合研究中。Park[310]、NO[313]、Kim 等[314]基于专利引用网络进行了一系列技术融合相关研究，例如，No[313]利用专利引用网络绘制技术演化轨迹，根据专利的前向后向引用探究技术间的相互影响；Kim[314]选择印刷电子技术领域的专利数据，构建专利引用网络进行网络分析，发现中心度较高的核心技术对技术融合发展过程起重要的促进作用；Park[310]将专利引用网络和技术知识流动网络结合起来，预测不同技术之间的知识流动；Zhou[315]在论文引用网络的基础上，应用聚类方法来展开知识融合过程，以发现新兴技术；Kim[320]在专利引用网络的基础上，使用结构依存矩阵和神经网络方法来识别关键融合技术。除了专利引用网络，Jeong[339]、Kim[323]、Feng 等[340]还使用专利分类共现网络来研究技术融合模式，例如，Jeong[339]基于专利分类共现网络，从技术领域的角度探索技术融合的产生，对韩国整体的技术发展阶段展开分析；Kim[323]选择日韩两国柔性显示屏领域的专利数据，构建了专利分类共现网络，并在此基础上进行聚类分析和浓度指数分析，发现日韩两国分别专注于特定领域和从事分布式技术融合；Feng[340]使用专利分类共现网络对电动汽车领域的技术融合加以探索，期望发现潜在的技术融合机会和技术融合关系。

5.2.2　基于机器学习的技术融合关系预测

近年来，随着数据挖掘方法和自然语言处理的不断发展和应用，技术融合领域出现了新的方法，例如，Cho[341]、Lee[342]基于关联规则挖掘方法构建技术网络，进而使用链路预测等方法预测技术融合模式；Daim[343]借助专利分类号表征技术，将专利分类号对应的所有专利文本合并后作为技术文本，通过计算技术文本间的相似性来预测技术融合关系；Kong[344]使用基于图神经网络模型的深度学习方法，将专利引用信息和文本语义信息结合起来，以识别技术融合轨迹并判断子技术在此过程中所发挥的作用；Eilers[345]利用技术领域中包含的所有专利文本信息进行技术关键词的提取，用以表征技术，并在此基础上计算不同技术的技术关键词相似性，识别可能的技术融合关系；Kim[346] 将文本语义分析和链路预测方法等多种研究方法结合起来，构成输入向量来训练机器学习模型，以期实现技术融合关系的预测。

基于专利引用网络和专利分类共现网络的技术融合预测方法在多个领域中取得了较好的效果，但是在衡量专利分类间相似性时，忽略了专利分类间的关联强度，影响了技术融合的准确表示和表达；此外，应用文本语义方法进行技术融合关系预测时，将专利分类号对应的所有专利文本统统赋予专利分类，忽略了同一专利中多个专利分类间的重要区别，并且现有方法未能充分融合网络结构与语义信息，使得技术融合关系预测结果不够全面。

5.3　基于复杂网络的技术融合关系预测方法

5.3.1　技术融合关系预测的特征构建

（1）专利分类共现网络构建

尽管专利引用网络在以往的技术融合研究中有着广泛应用，但是不可避免地也存在着一些问题，例如，并不是每个专利都包含有效的引用信息，部分专利引用信息不足甚至缺乏引用信息；引用信息本身所带来的时滞性问题，必须经过一定时间的沉淀后，新旧专利间才会产生引用关系，而同一时间申请的专利即使非常相关也无法产生引用关系。因而，本书除利用专利引用网络的信息外，还会利用专利分类的共现信息来构建专利分类共现网络。当一个专利涉及多个专利分类时，涉及的专利分类互相之间就有了共现关系，而根据全部的专利进行汇总处理，就可以构成专利分类共现网络，如图 5-1 所示，其中点 *A*、点 *B* 等为专利分类节点，*w*1、*w*2 等为节点间连边权重。所谓连边权重，即两专利分类共现于同一专利的次数。

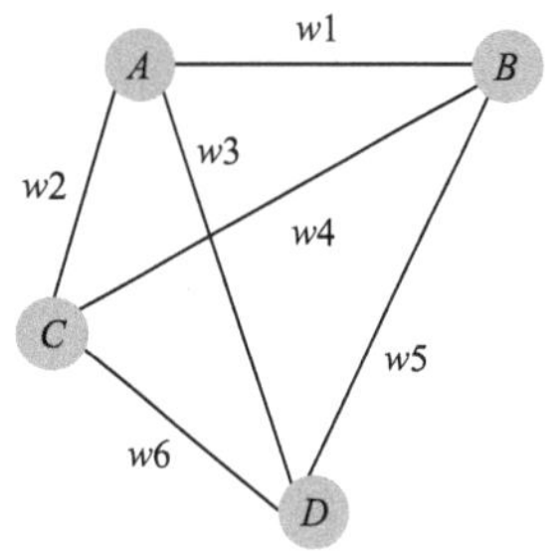

图 5-1　专利分类共现网络

（2）基于传统方法的特征构建

1）基于关联重要性的专利分类相似度

链路预测是一种常见的用于预测新的网络关系的方法。在以往的技术融合预测研究中，链路预测常与专利引用网络结合使用，用以预测网络中尚未产生的连边，从而预测出潜在的技术融合关系。本书考虑以链路预测方法中的网络节点相似度为机器学习预测方法的输入特征之一，并与其他特征结合，共同预测潜在的技术融合关系。资源分配指标（RA）由 Zhou 提出，在多种网络中的实验结果表现较好，是一项经典的节点相似度指标。资源分配指标基于共同邻居指标（CN）进行改进，共同邻居指标的核心是两个目标节点所拥有的相同邻居节点越多，则两个目标节点越相似，而资源分配指标则在此基础上引入了节点度的概念，认为一个邻居节点的度越大，则其对目标节点的贡献越小。资源分配指标如式（5-1）所示。

$$RA_{m\&n}=\sum\nolimits_{z\in\Gamma(m)\cap\Gamma(n)}\frac{1}{k(z)}\text{。} \tag{5-1}$$

其中，$\Gamma(m)$表示节点 m 的邻居节点集合，$\Gamma(n)$表示节点 n 的邻居节点集合，$k(z)$表示节点 z 的度。

2）基于中心度理论的专利分类平均活跃度

中心性是社交网络分析中常用的一个概念，用以衡量网络中某个节点在整个网络中的中心程度，某种角度上代表了该节点在网络中的重要程度。测度中心性的方法有 3 种，分别是度中心度、接近中心度和中介中心度。

度中心度的定义最为简单，即一个节点与其他节点直接连接的综合，当在有向网络中使用时，又可以分为出度中心度和入度中心度。出度中心度描述了一个节点对网络中其他节点的关注程度，它是该网络较为活跃的、积极与其他节点产生交集的节点，而入度中心度则体现了一个节点在网络中受关注的程度，是一个节点吸引力的体现。

接近中心度计算的是一个节点到其他所有节点的距离总和，该总和越小则说明该节点到其他所有节点的路径越短，即距离其他节点越近。接近中心度的定义是距离总和的倒数，如式（5-2）所示，其中 $d(y,x)$代表点 x 与点 y 的距离，$C_c(x)$为点 x 的接近中心度。同样的，接近中心度也可以分为入接近中心度和出接近中心度。

$$C_c(x)=\frac{1}{\sum_y d(y,x)}\text{。} \tag{5-2}$$

中介中心度是指经过目标节点的最短路径的数量，该数量越高则中介中心度越高。中介中心度如式（5-3）所示，其中 δ 代表点 y 和点 z 间最短路径的数量，$\delta(x)$为其中经过点 x 的最短路径的数量，$C_B(x)$为点 x 的中介中心度。中介中心度高的节点将多个子网络连接起来，在网络中起打破子网络边界的作用。由于专利分类引用网络衡量了技术间的知识流动关系，本书选择在专利分类引用网络上应用上述 3 种中心度概念，以期获取可用的特征并输入预测模型中进行预测。

$$C_B(x)=\sum_{x\neq y\neq z}\frac{\delta(x)}{\delta}。\tag{5-3}$$

（3）基于表示学习方法的特征构建

在计算专利分类的语义相似性之前，首先要确定每个专利分类对应的文本信息，然后利用表示学习方法获取专利分类文本的向量表示，在此基础上进行相似性计算。因此，基于文本表示学习的语义相似性计算包含两部分：专利分类文本赋予和专利分类间的文本相似性计算。

专利分类文本赋予首先需要确定专利与专利分类的关联强度，然后设定阈值以决定专利分类可获得的专利文本。为了更细致地刻画专利分类语义信息，区分专利分类号在专利中的权重信息，本书提出专利分类与专利之间的关联强度计算方法，通过考虑不同专利分类在同一专利中出现的频次信息，对专利与专利分类的关联强度加以计算，如式（5-4）所示。其中，$W_{I\&P}$ 为专利和专利分类间的关联强度，N^x 为专利 x 中出现的 IPC 的总频次，N^x_A 为专利 x 中专利分类 A 出现的频次。

$$W_{I\&P}=\frac{N^x_A}{N^x}。\tag{5-4}$$

在为专利分类赋予文本后，利用 Doc2vec 方法获取专利分类的文本语义表示，将专利分类号类比于模型中的文本 ID，专利文本中的每个词类比于“word”序列。本书选择模型中包含的 DM 模型进行应用，因为 DM 模型更适合处理小型语料。训练时，模型将句子中的每个词及专利文本对应的专利分类号作为输入一起训练。模型训练结束并应用到所有专利后，既可以得到每个词的词向量表征，又可以得到整个文本的向量表示，即每个专利分类的语义表示。

实现基于文本内容的专利分类语义表示后，给定两个专利分类，其向量可以分别表示为 $x_i=(x_1, x_2, x_3, \cdots, x_n)$ 和 $y_i=(y_1, y_2, y_3, \cdots, y_n)$。通过计算向量间的余弦相似性，获得每一对专利分类之间的语义相似性，将其作为特征之一输入预测模型中进行预测，具体计算方法如式（5-5）所示。

$$\cos(\theta)=\frac{\sum_{i=1}^{n}x_i\times y_i}{\sqrt{\sum_{i=1}^{n}(x_i)^2}\times\sqrt{\sum_{i=1}^{n}(y_i)^2}}。\tag{5-5}$$

5.3.2 基于复杂网络的技术融合关系预测

在前述各项特征全部采集完成后，在多种机器学习方法中选择随机森林（RF）方法进行技术融合关系的预测。随机森林是一种经典的机器学习模型，它是在决策树的基础上改进而来。虽然决策树模型对结果有较好的可解释性，但决策树模型对各种可能结果的发生概率的判断较为主观，可能出现决策失误，而随机森林模型作为机器学习模型中经典的集成学习方法，在对决策树进行改进后，不仅克服了主观性强的缺点，还能够清晰说明各项特征对预测过程的贡献度，从而可以实现在后续的过程中对特征输入的不断优化与改进。

将每一对专利分类表示为一个实例，实例中包含该对专利分类融合与否的信息标签和由网络结构相似性、网络活跃度及文本语义相似性 3 类特征构成的特征向量。将实例集合输入随机森林模型中进行训练，模型对输入的数据集合随机划分，通过信息增益逐一判定特征向量中每个特征对融合与否的影响力大小，在每个划分后的数据集中，根据每个特征的信息增益大小排序生成不同的决策树，最终根据这些决策树的预测结果投票确定最终预测结果。在这一过程中能够实现多种特征的融合，充分利用多种信息，实现技术融合关系较高准确率的预测。

5.4 技术融合关系预测应用

5.4.1 技术融合关系预测的特征构建结果

（1）数据获取

从德温特数据库上下载其收录各个国家地区的关于物联网领域的专利数据，检索式为“‘Internet of things’ OR ‘IOT’”，对应时间段为从 2015 年年初到 2018 年年末。同时，对拥有多个专利号的同一专利，还需要对其专利号进行去重处理，形成每篇专利的唯一标识码，以用于后续网络构建，去重示例如图 5-2 所示。处理后的专利数据项描述如表 5-1 所示，在 2015 年和 2016 年两年间，物联网领域的专利数量虽有明显的增长，但数据量仍较少；在 2017 年和 2018 年两年间，专利数量仍在增长，但是涉及的 IPC 数量已经趋于稳定，因此我们在后续的实验过程中重点考虑使用 2017 年和 2018 年两年的数据。

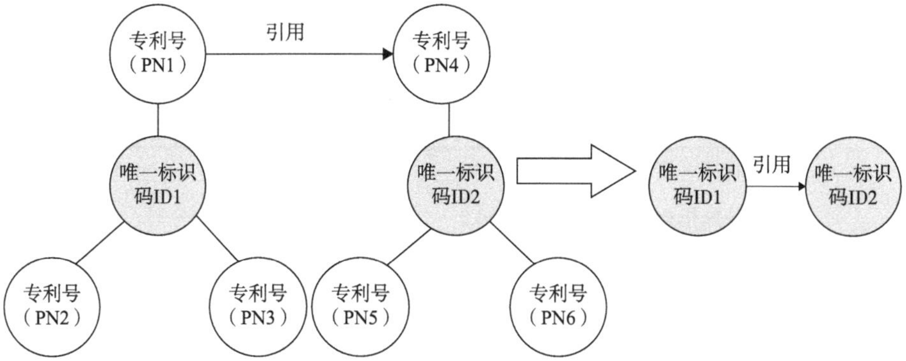

图 5-2　专利去重

表 5-1　数据描述

单位：个

	专利数量	专利引用关系数量	涉及 IPC 数量	IPC 共现关系数量
2015 年	1673	145	189	463
2016 年	3012	473	233	916
2017 年	6848	1222	317	2026
2018 年	10 603	1605	380	2862

（2）基于传统方法的特征构建结果

技术融合关系预测的特征构建包括基于关联强度的网络结构相似性、基于中心度的网络结构相似性和基于文本表示学习的语义相似性 3 部分。由于基于关联强度的结构相似性特征在节点相似性的基础上进行改进，因此首先要确定改进是否有效，然后在此基础上将 3 类特征融合，构成技术融合关系预测的输入向量。

首先，以 2016 年的专利数据为例确定改进是否有效。具体方法为构建专利分类共现网络，进行节点相似性计算，对比改进前后节点相似性所预测技术融合关系的准确率。以 Top K 为指标，分别查看当 K 取 10、50、100、500 时，改进前后的 Top K 准确率。改进的共同邻居指标和资源分配指标较未改进指标的提高效果如表 5-2 所示，只有在 K 取值为 10 时，改进的资源分配指标不如改进前，二者相差 0.1，而在 K 取值为 50、100 和 500 时，无论是改进的共同邻居指标还是改进资源分配指标，其 Top K 准确率都要高于未改进的对应指标。因此，在后续的多特征融合方法中，本书将使用改进后的节点相似性作为网络结构特征。

表 5-2　节点相似性指标改进效果

预测方法	Top10	Top50	Top100	Top500
共同邻居指标	0.8	0.7	0.68	0.52
改进共同邻居指标	0.9	0.72	0.71	0.54
资源分配指标	0.9	0.66	0.6	0.51
改进资源分配指标	0.8	0.68	0.68	0.53

其次，基于中心度理论计算专利分类平均活跃度。中心性是社交网络分析中常用的一个概念，用以衡量网络中某个节点在整个网络中的中心程度，某种角度上代表了该节点在网络中的重要程度。分别计算每个潜在技术融合关系对的度中心度、中介中心度、接近中心度，共同构成其分类平均活跃度。部分计算结果如表 5-3 所示。

表 5-3　专利分类平均活跃度

潜在技术融合关系	基于中心度的结构相似性		
	度中心度	中介中心度	接近中心度
['G05B-015'，'G08B-021']	0.11	1.65	0.04
['G05B-019'，'H02J-013']	0.15	1.69	0.10
['G07C-001'，'G07F-007']	0.02	1.39	0
['G08G-001'，'H04N-007']	0.08	1.61	0.04
['G01D-021'，'G06Q-050']	0.11	1.70	0.03
['G06Q-020'，'G06Q-030']	0.06	1.54	0.02

（3）基于表示学习方法的特征构建结果

在为专利分类赋予文本后，利用 Doc2vec 方法获取专利分类的文本语义表示，将专利分类号类比于模型中的文本 ID，专利文本中的每个词类比于“word”序列。选取模型中的 DM 模型，首先选取部分数据用于训练模型，将句子中每个词及专利文本对应的专利分类号作为输入，输出每个词的词向量表征，融合后作为整个文本的向量表示，从而得到专利分类的语义表示。然后，将训练好的模型应用于整个专利分类数据集，得到每个专利分类的语义表示。

实现基于文本内容的专利分类语义表示后，给定两个专利分类，通过计算向量间的余弦相似性，获得每一对专利分类之间的语义相似性，将其作为特征之一输入到预测模型中进行预测。部分相似性计算结果如表 5-4 所示。

表 5-4　专利分类语义相似度

潜在技术融合关系	语义相似性
['G05B-015'，'G08B-021']	0.66
['G05B-019'，'H02J-013']	0.65
['G07C-001'，'G07F-007']	0.66
['G08G-001'，'H04N-007']	0.66
['G01D-021'，'G06Q-050']	0.66
['G06Q-020'，'G06Q-030']	0.66

在确定针对节点相似性改进有效后，将语义相似性与两类网络结构相似性相结合构成向量，输入随机森林模型中，进行多特征融合的技术融合关系预测。如表 5-5 所示，每一行实例视为一个向量。以“['G05B-015'，'G08B-021']”为例，G05B-015 和 G08B-021 表示一对潜在技术融合关系中的二者，对二者相应的专利文本进行表示学习，计算得到二者语义相似性为 0.66，在专利分类共现网络中求其基于关联强度的结构相似性，计算得到改进后的共同邻居和资源分配指标计算分别为 7.25 和 12.75，对二者的中心度进行计算并求均值，得到其度中心度为 0.11、中介中心度为 1.65、接近中心度为 0.04。

表 5-5　技术融合关系预测的输入向量

潜在技术融合关系	语义相似性	基于中心度的结构相似性			基于关联强度的结构相似性	
		度中心度	中介中心度	接近中心度	改进的共同邻居指标	改进的资源分配指标
['G05B-015'，'G08B-021']	0.66	0.11	1.65	0.04	7.25	12.75
['G05B-019'，'H02J-013']	0.65	0.15	1.69	0.10	2.22	7.03
['G07C-001'，'G07F-007']	0.66	0.02	1.39	0	1.02	1.55
['G08G-001'，'H04N-007']	0.66	0.08	1.61	0.04	5.17	9.32
['G01D-021'，'G06Q-050']	0.66	0.11	1.70	0.03	8.74	19.46
['G06Q-020'，'G06Q-030']	0.66	0.06	1.54	0.02	3.23	4.84

5.4.2　技术融合关系预测结果

在技术融合关系预测实验中，本书使用 2016 年的数据对随机森林模型进行训练，在得到训练好的模型后，使用 2017 年的数据进行预测，并使用 2018 年的真实数据对预测结果进行验证。

以基于单一特征的预测方法作为基线方法，对提出的融合多特征的随机森林方法进行预测效果的验证比较，对比结果如图 5-3 所示。可以看出，基于专利分类网络的节点相似性方法效果在 *K* 取值较小时较好，而基于专利分类文本的语义相似性方法，效果则相对较差；随着 *K* 取值的增大，语义相似性方法准确率逐渐超越节点相似性方法的准确率；而本书选用的多特征融合方法，无论 *K* 取值多少，其效果都是最优的，较之基线方法至少提高 20%。在 *K* 取 10、50 时，多特征融合方法的 Top *K* 准确率均能达到 100%，此时节点相似性方法可以达到 70% 以上，而语义相似性方法则表现最差，不足 10%；当 *K* 取 100、500 时，本书提出的多特征融合方法也能够达到 90% 以上，而语义相似性方法和节点相似性方法的 Top *K* 准确率则处于 47% ~ 70%。因此，融合网络结构特征和文本语义特征形成的特征向量，可以更加有效地利用多种信息，实现技术融合关系预测准确率的提高。

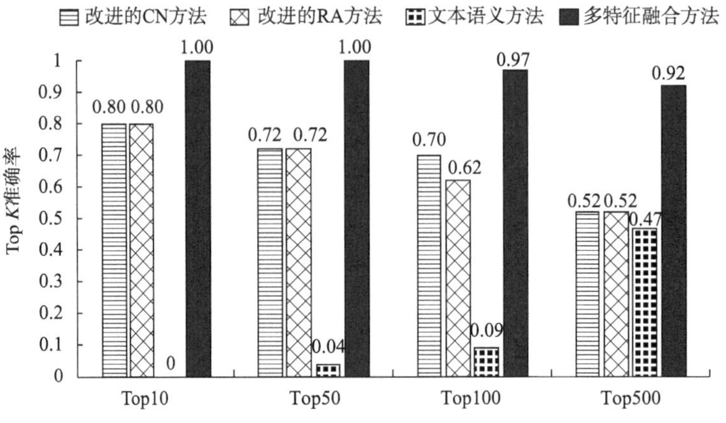

图 5-3　不同预测方法预测效果比较

各项方法的 AUC 评分得分如表 5-6 所示，提出的多特征融合方法的 AUC 为 0.93，较之文本语义方法提高了 0.1，较之网络结构相似性方法提高了 0.27，显然，在 AUC 得分方面，也是多特征融合方法表现最佳。结合上述的准确率分析比较，可以认为本书提出的多特征融合方法预测效果是优于基于单一特征的预测方法的。

表 5-6 不同预测方法 AUC 比较

方法	文本语义方法	改进的 CN 方法	改进的 RA 方法	多特征融合方法
AUC	0.83	0.66	0.66	0.93

对随机森林方法的各项输入特征进行贡献度分析，得到的结果如图 5-4 所示。其中，专利分类间的文本语义相似性贡献最高，达到了 34%，说明专利的文本语义信息对预测技术融合关系有着不可或缺的作用；共现网络度中心度贡献次之，占比 20%，说明在共现网络中越活跃的专利分类，越容易与其他专利分类产生共现，从而实现技术融合；而改进的共现网络资源分配表现最差，占比为 7%，说明网络结构相似性在多种特征共同作用时，其对整体预测结果的贡献逐渐减弱。

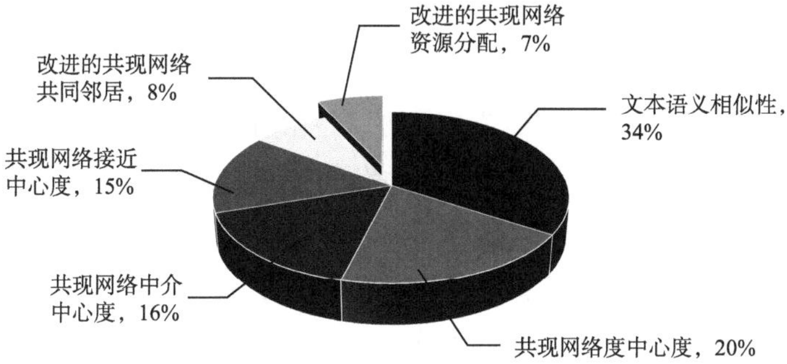

图 5-4 多特征融合方法中各特征贡献度

第6章 机器学习+技术挖掘：数智赋能下的技术融合价值评估

数智赋能下，技术价值评估逐渐从专家主观定性评估转向流程化、规范化的定量指标评估。得益于数智时代技术价值评估定量指标的提出与应用，机器学习方法可以应用于改进技术价值评估，实现技术价值评估定量化、智能化。首先，该部分总结数智赋能下机器学习的基本理论、常用方法和适用场景；其次，从技术融合的研究侧重点、技术融合的价值评估指标等方面，归纳技术融合评估的研究基础，并从中发现当前技术融合研究主要侧重于技术融合关系的预测，忽略了对预测所得技术融合关系的价值评估，且不能实现多维度的价值评估；最后，提出基于机器学习方法的技术融合价值评估方法，即根据数据特征从多角度出发设计技术价值指标，利用机器学习方法实现定量、多角度的技术融合价值评估。

6.1 机器学习赋能技术挖掘

随着科技进步加速和生产力的不断提高，世界各国、各地区的经济活动联系越来越紧密、深入，国际分工不断深化。在此过程中，新科技革命和产业变革将是最难掌控且必须面对的不确定性因素之一，抓住了就是机遇，抓不住就是挑战。如何抓住机遇，实现技术创新，形成并不断增强自身的核心竞争力，对实现产业结构优化、经济换挡、转型和升级具有重要意义。为了抓住这一重大机遇，需要加强重大基础前沿，科技战略制高点和颠覆性、突破性关键技术的前瞻布局和科技攻关，以重点领域的新突破带动科技创新的全局发展。而在科技创新中，技术融合被认为是技术创新的一种主要形式，应被重点关注。

大数据、人工智能的快速发展，对数据的处理提出了更高的要求。当前机器学习在数据挖掘、计算机视觉、自然语言处理、生物特征识别、搜索引擎、医学诊断、信用卡欺诈检测、证券市场分析、DNA 序列测序、语音和手写识别、战略游戏和机器人等领域得到了综合的运用。通过机器学习进行技术融合关系预测能够提前发现高价值技术融合关系，有助于企业实现现有技术的创新突破，增强企业的行业竞争力，并且更可能打破行业壁垒，做到在行业竞争中先人一步，发现蓝海赛道，实现企业各方面资源的高效配置。

6.1.1　技术融合价值评估

当前关于技术融合的研究主要集中于对新生技术融合关系的预测。现有的研究方法分为定性和定量方法，定性分析方法主要是以德尔菲法为代表的专家分析方法，定量分析方法则有网络分析、语义分析、关联规则挖掘等。随着可用数据的持续增长，定量分析方法逐渐成为主流方法。但是当前研究主要关注技术融合模式的识别与预测，预测所得技术融合关系并不一定都会产生价值，因而需要对预测结果进行价值评估，筛选获得高价值的技术融合关系。技术价值的评估涉及许多指标，因此准确识别影响技术价值的关键指标有利于进行更加准确和有效的价值评估 [347]。

近年来国内外学者在专利价值评估指标体系方面取得了不少研究成果，Park 等 [348] 提出了影响专利价值评估的主要因素，另外还出现了 CHI 专利价值评估指标体系和佐治亚太平洋评估体系 [349] 等相关指标体系。

（1）CHI 评估指标体系

CHI 评估指标体系是美国知识产权咨询机构 CHI Research 公司开发的用于对专利技术进行定量分析的工具。20 世纪 80 年代，美国 CHI Research 公司开创性地把文献计量学的方法用于专利价值的统计分析，并提出了专利引用（包括前引和后引）、科学关联指数、技术生命周期、科学关联性及科学力量等 7 项经典的专利价值评估指标。CHI 以其提出的指标对专利技术的技术强度，专利生命周期等进行分析。但 CHI 指标过于从技术的角度探讨专利的价值，缺乏市场角度的分析。

（2）佐治亚太平洋指标体系

佐治亚太平洋（Georgia Pacific）指标是借助专利许可费评价专利价值的重要参考指标体系。1996 年，通过 Georgia Pacific 公司和 United States Plywood 公司之间的审判案例，美国联邦法院确立了在确定专利许可使用费时需要考虑的十五项指标，即佐治亚太平洋指标体系。该指标体系包括：专利权人的许可使用费、其他可参考的专利许可费用、许可的种类和范围、许可人的营销策略及许可政策、被许可人与许可人之间的关系、专利产品对非专利产品销售的影响、专利的权利期限及许可期限、专利技术制造的产品的受欢迎度及历史商业获利状况、专利技术产品相比于先前可以到达相似结果的技术产品的便利及优势等 15 项指标。

我国研究者们提出了影响专利价值评估的关键指标，构建了专利价值评估指标体系。例如，国家知识产权局于 2012 年出版了《专利价值分析指标体系操作手册》，该体系主要包括技术价值、法律价值及经济价值 3 个因素一级指标及一系列二级指标，为专利价值评估提供指导性的先验信息。

综上所述，虽然国内外学者在技术价值评估构建指标体系方面取得了不少成功，但是在实际的应用中还未形成统一的评估模型及标准。由于我国专利数据库不完善、未标准化，使得很多国外的研究成果不适用于我国的专利价值评估。并且专利价值评估过程中过于依赖人为评价，主观性太强，缺乏公正、合理和易操作的评估方法。在这一背景下，利用跨领域的新方法对专利价值评估指标体系进行进一步研究将具有重要的理论意义和实践价值。

6.1.2　机器学习的基本理论与方法

机器学习是一门多领域交叉学科，涉及概率论、统计学、逼近论、凸分析、算法复杂度理论等多门学科。机器学习是人工智能的核心，通过研究计算机怎样模拟或实现人类的学习行为，以获取新的知识或技能，重新组织已有的知识结构使之不断改善自身的性能。面对大数据问题，机器学习凭借出色的性能备受青睐。在机器学习过程中，其知识来源主要有两种：一是外部信息源提供给系统的知识，这其实是一个学习过程，即从外界环境获取信息，然后将获得的信息加工成知识，并将知识放入知识库[350]，其中环境向学习系统提供的信息质量优劣将直接影响学习部分实现的难易；二是知识库，因为知识库中已经存放了指导执行动作的原则，需要注意的是对于不同的知识库其有不同的表示特征。

机器学习凭借对于各类型数据的快速、精准识别，以及高效的自主学习能力与数据处理能力，得到了迅速发展。随着人工智能、大数据等信息技术的发展，数据的产生速度持续加快，数据的体量也有了前所未有的增长，而需要分析的新的数据种类也在不断涌现，如文本的理解、文本情感的分析、图像的检索和理解、图形和网络数据的分析等。由于机器学习几乎涵盖了所有科学领域，对科学和社会产生了巨大的影响，因此被用于解决各种问题，包括推荐引擎、识别系统、信息学和数据挖掘及自主控制系统。

机器学习领域通常分为 3 个子域：监督学习，无监督学习和强化学习。

简而言之，监督学习需要使用具有输入和所需输出的标记数据进行训练。与监督学习相比，无监督学习不需要标记的训练数据，环境仅提供没有所需目标的输入。强化学习能够从通过与外部环境交互收到的反馈中学习。基于这 3 个基本的学习范式，学者们提出了许多用于处理数据任务的理论机制和应用服务。例如，谷歌将机器学习算法应用于从互联网上获得的大量混乱数据，用于谷歌的翻译、谷歌的街景、Android 的语音识别和图像搜索引擎。从数据处理的角度来看，监督学习和无监督学习主要集中在数据分析上，而强化学习是决策问题的首选。

尽管最近在机器学习方面取得了巨大的成就，但随着大数据的出现，还需要做更多的工作来解决大数据带来的许多挑战，包括对大规模数据的学习，对不同类型的数据的学习，对高速流数据的学习，对不确定和不完整的数据的学习，以及从海量数据中提取有价值信息的学习。

（1）对大规模数据进行学习

大多数传统的基于机器学习的系统，在设计时都默认所有收集到的数据可以直接加载到内存中以进行集中处理。然而，随着数据量越来越大，现有的机器学习技术在处理数据时会遇到很大的困难。现如今亟需开发高效和智能的学习方法来应对未来的数据处理需求。

大规模的数据量，无法通过直接导入机器的 CPU 和内存来训练机器学习算法，具有并行计算的分布式框架更加适合这种大批量数据的训练。ADMM[351] 作为开发分布式、可扩展的在线凸优化算法的有前途的计算框架，非常适合完成并行和分布式大规模数据处理。ADMM 的主要优点是它能够在优化问题中拆分或解耦多个变量，使人们能够通过协调较小子问题的解决方案来找到大规模全局优化问题的解决方案。通常，ADMM 对于凸优化是收敛的，但对于非凸优化则缺乏收敛和理论性能保证。然而，文献中大量的实验证据支持 ADMM 的经验收敛和良好性能 [352]。

除了运用机器学习的分布式理论框架来缓解与大容量相关的挑战外，研究者们还提出了一些可行的并行编程方法，并将其应用于处理大规模数据集的学习算法中。例如，MapReduc[353] 是一个功能强大的编程框架，可以在大型商用机器集群上自动并行和分发计算应用程序。更重要的是，MapReduce 可以提供强大的容错能力，这对于处理大型数据集非常重要。MapReduce 的核心思想是首先将海量数据分成小块，然后以并行和分布式方式处理这些小块，以生成中间结果。通过聚合所有中间结果，从而推导出最终结果。云计算辅助学习方法是数据系统在应对大数据量挑战方面取得的另一项重大进展，有望实现机器学习算法所需的可扩展性，它可以通过云基础设施增强计算和存储容量。

（2）学习不同类型的数据

由于数据通常来源不同，且类型不同，因此机器学习模型需要实现对多源、异构数据进行识别和表征。结构化、半结构化甚至完全非结构化的数据会导致不同表现形式的异构、高维和非线性特征的生成。

对于异构数据，可以使用数据集成方法将不同来源的数据组合到一起，形成统一格式的数据特征。而数据集成方法要求研究者从每个单一数据源中学习到良好的特征表示，然后形成不同粒度的数据表征。在此过程中，表示学习被证明是行之有效的方法。

而对于高维数据和非线性数据，常需要研究者对其进行特征选择、特征降维，目前的成熟方法主要包括主成分分析法（PCA）、线性判别分析（LDA）和拉普拉斯映射方法[354]。

（3）学习高速流数据

对于机器学习来说，大数据处理、训练速度是另一个新挑战。在现实世界的许多应用中，我们必须在一定时间内完成一项任务，否则机器学习的价值将会远远减少甚至消失，如地震预测、股票市场预测和基于代理的自主交换（买入/卖出）系统等。在这些时间敏感的情况下，数据的潜在价值取决于需要模型实时处理的速度。

从高速数据中进行学习的一个有效解决方案是在线学习方法。在线学习[355]是一种成熟的学习范式，其策略是一次学习一个实例，而不是以离线或批量学习的方式，这需要收集训练数据的完整信息。这种顺序学习机制适用于大数据，因为当前的机器无法将整个数据集保存在内存中。为了加速学习，有学者提出了一种用于单隐藏层前馈神经网络（SLFN）的新型学习算法，称为 ELM[356]。与其他一些传统学习算法相比，ELM 提供了极快的学习速度和更好的泛化性能，并且人为干预最少。因此，ELM 在处理高速数据方面具有很强的优势。

机器学习根据已有的数据进行算法选择，并基于算法和数据构建模型，最终对未来进行预测。常用的机器学习方法有决策树算法、朴素贝叶斯算法、支持向量机算法和随机森林算法。

①决策树算法是一类将输入空间分成不同的区域，每个区域有独立参数

的算法。决策树算法充分利用了树形模型，根节点到一个叶子节点是一条分类的路径规则，每个叶子节点象征一个判断类别。先将样本分成不同的子集，再进行分割递推，直至每个子集得到同类型的样本，从根节点开始测试，到子树再到叶子节点，即可得出预测类别。此方法的特点是结构简单、处理数据效率较高。

②朴素贝叶斯算法是一种分类算法。它不是单一算法，而是一系列算法，它们都有一个共同的原则，即被分类的每个特征都与任何其他特征的值无关。朴素贝叶斯分类器认为这些“特征”中的每一个都独立地贡献概率，而不管特征之间的任何相关性。然而，特征并不总是独立的，这通常被视为朴素贝叶斯算法的缺点。简而言之，朴素贝叶斯算法使用概率给出一组特征来预测一个类。与其他常见的分类方法相比，朴素贝叶斯算法需要的训练很少。在进行预测之前必须完成的唯一工作是找到特征的个体概率分布的参数，这通常可以快速且确定地完成。这意味着即使对于高维数据点或大量数据点，朴素贝叶斯分类器也可以表现良好。

③支持向量机算法基本思想可概括如下：首先，要利用一种变换将空间高维化，当然这种变换是非线性的，然后，在新的复杂空间取最优线性分类表面[8]。由此种方式获得的分类函数在形式上类似于神经网络算法。支持向量机算法是统计学习领域中的一个代表性算法，但它与传统方式的思维方法很不同，输入空间、提高维度从而将问题简短化，能使问题归结为线性可分的经典解问题。支持向量机算法常应用于垃圾邮件识别、人脸识别等多分类问题。

④随机森林算法控制数据树生成的方式有多种，根据前人的经验，大多数时候更倾向选择分裂属性和剪枝，但这并不能解决所有问题，偶尔会遇到噪声或分裂属性过多的问题。对于这种情况，总结每次的结果可以得到袋外数据的估计误差，将它和测试样本的估计误差相结合可以评估组合树学习器的拟合及预测精度。此方法的优点有很多，可以产生高精度的分类器，并能够处理大量的变数，也可以平衡分类资料集之间的误差。

数智时代的快速发展也促进了机器学习的迭代更新，深度学习是机器学习领域中一个新的研究方向，它被引入机器学习使其更接近于最初的人工智能目标。深度学习是学习样本数据的内在规律和表示层次，这些学习过程中获得的信息对诸如文字、图像和声音等数据的解释有很大的帮助。它的最终目标是让机器能够像人一样具有分析学习能力，能够识别文字、图像和声音等数据。深度学习是一个复杂的机器学习算法，在语音和图像识别方面取得的效果，远远超过先前相关技术。深度学习在搜索技术、数据挖掘、机器学习、机器翻译、自然语言处理、多媒体学习、语音、推荐和个性化技术，以及其他相关领域都取得了很多成果。深度学习使机器模仿视听、思考等人类的活动，解决了很多复杂的模式识别难题，使人工智能相关技术取得了很大进步。

6.1.3　机器学习视角下的技术融合价值评估

大数据时代，每天都会产生海量数据，各行业对数据分析的需求持续增加。传统的统计方法无法深入挖掘其中的重要价值。特别是数智时代背景下，技术发展日新月异。我们可以通过承载技术信息的专利来预测新的技术，但是新的技术并不意味着一定能够为企业资源配置开辟新赛道提供价值，因此，有价值的新技术才是创新的动力。传统的技术价值评估依赖于专家的主观意见，机器学习能够从数据中发现潜在规律，对如何选择技术价值评估指标提供解决办法。机器学习的本质其实就是将数据输入构建的模型中，然后输出数据。基于机器学习的技术融合关系预测就是将专利数据输入模型中，输出融合结果。机器学习中的预测问题主要分为回归和分类两种，即预测两个以上的专利融合后的新专利或者多个专利之间是否存在融合关系。

对专利包含的技术信息进一步分析的前提是学习专利的语义表示，一般通过专利号或者专利文本两种方式学习专利的表示。专利的文本表示学习是将专利转换成计算机能够处理的向量表示，传统的文本表示方法有向量空间模型、统计语言模型和主题模型等[68]。但是这些模型都无法充分利用文本中的语义信息，在文本表示上存在着诸多问题。为了解决这些问题，文本表示学习便随着表示学习的兴起而开始出现。Mikolov 等提出的 Word2vec 掀起了文本表示学习的浪潮，该方法通过神经网络模型训练语料库，并将每个单词的上下文信息组合在一起，最终将每个单词映射为固定维度的语义向量。它通过两种方法考虑单词的上下文信息，分别是 CBOW 模型和 Skip-gram 模型。基于词的文本表示学习模型显然无法适用于所有的文本表示任务，如基于句子级和基于段落级的文本表示任务[75-76]。于是，研究者更多地开始研究段落或者篇章级别的文本表示学习方法。Le 等提出了 Doc2vec 模型[77]、FastText 模型[78]；贾怡炜[357]利用 Word2vec 和 Kmeans 算法构建技术融合主题聚类模型，采用 t-SNE 对各阶段矢量化后的聚类数据进行降维和可视化分析，揭示人工智能与车联网技术主题关联态势。

由于技术价值具有时效性、不确定性和风险性，因此其评估比较困难。常用的方法就是定性和定量相结合，将经验判断程序化、量化，得到一个比较真实的数据[358]。技术融合关系的评价首先要选择评价指标，并将专利转换成机器学习模型可以接受的数据形式。对专利的处理第一种是对 IPC 号进行表示学习，Lim 等[359]根据多项朴素贝叶斯模型，使用多标签 IPC 对专利文献进行分类。他们使用专利文献中的技术和背景部分，将其转换为 IPC 自动分类的术语文档矩阵。另外还有一种对专利文本的表示学习，如专利标题、摘要和权利要求。Zhu 等[360]使用 SVM 和朴素贝叶斯将专利标题和摘要转换为术语文档矩阵，并将其用作分类模型的输入。

评估方法的选择是专利价值评估的关键问题，在上述对评估指标的筛选中，可以把专利价值评估视为一个强度分类问题。在机器学习中有很多用于解决分类问题的方法。例如，赵蕴华等[361]选取了专利信息数据中有利于价值评估的指标，将部分指标进行了数值化处理；然后采用决策树算法、支持向量机算法和神经网络算法，对整理后的指标数据进行专利强度分类实验。实验表明机器学习方法在专利价值评估中起到一定作用，并存在潜在的能够更好地解决专利价值评估问题的方法。

6.2　技术融合价值评估的研究基础

6.2.1　技术融合价值评估理论基础

由于在技术融合预测领域还缺少对于融合关系的价值评估研究，本书拟借鉴针对专利的价值评估体系来对融合关系价值进行评估。经济学领域一般使用成本法、预期收益法等实现专利价值评估，但这类方法易受外界因素干扰，当前情报学领域主要从技术价值定量分析角度实现专利价值评估，并已经成为主流趋势。

从技术价值角度展开的专利价值评估方法一般基于多种专利数据特征项，定量计算设计多维度指标进行专利价值评估[362]。Lanjouw 等[363]将专利被引频次、同族专利数和权利要求数作为评价指标，提出了综合专利价值指数；李清海[364]针对已有指标中的层次性、整体性问题进行了梳理，得到被引频次、权利要求数、专利家族规模等 7 个指标；李春燕[365]对现存的专利质量指标体系进行探索，筛选得到 6 类共 29 个专利质量指标；Lee[366]认为被引频次是衡量技术价值的重要指标，一项专利的被引频次越高，代表其对其所处技术领域产生的影响越大；Fischer[367]则认为被引频次与专利的经济价值呈正相关；Blackman[368]经过统计发现专利权利要求在技术发展、战略规划中所起到的作用日渐明显；Grimaldi[369]认为对专利权利要求进行分析可以得出专利创新点的技术重要性；Lanjou[363] 认为专利诉讼和专利的权力要求数相关，且被诉讼的专利往往具有更大的市场价值。

6.2.2 技术融合价值评估方法

随着机器学习方法的快速发展，学者们尝试将其应用于专利价值评估中。赵蕴华等 [361] 将专利价值评估问题看作强度分类问题，对专利数据中可用于价值评估的指标进行分析和选取，数值化处理后输入机器学习模型中，进行专利强度分类实验；邱一卉等 [347] 利用 CART 模型判断不同指标对专利价值评估的影响程度，降低评估指标体系规模，提高评价效率；Ercan[370] 利用 SVM 模型构建了一种专利价值评估的智能分类模型，并与贝叶斯分类算法进行比较，发现 SVM 可以达到 90% 的准确率；Bessen[371] 针对企业拥有的专利构建了一个专利价值回归模型，对企业专利价值做出量化分析；Shen[372] 使用 BP 神经网络算法对医药领域的专利数据进行了价值评估。

综上所述，当前对专利价值的评估主要依靠建立专利价值评估体系来实现，并研究不同指标权重的赋予方法，而针对专利技术中出现得越来越多的技术融合价值评估的相关研究还较少，基于此，需要结合当前的机器学习方法对关系价值进行评估，筛选高价值的技术融合关系，为技术前沿分析提供基础和条件。

6.3 基于机器学习的技术融合价值评估方法

6.3.1 专利分类引用网络构建

以往的技术融合研究可以分为两类：专利分类引用网络和专利分类共现网络。对专利分类引用网络的分析研究，能够识别不同技术之间的知识流动关系，跟踪技术轨迹、探索技术融合的不同模式。专利的后向引用数衡量了来自其他专利的知识流入情况，而前向引用数（被引数）则被广泛认为是衡量专利价值的重要依据。

根据专利和专利分类的对应关系，本书在专利引用网络的基础上构建专利分类引用网络，将每个四位 IPC 作为网络的节点，专利分类间的引用关系由其所对应的专利引用关系发展而来，由此构成网络中节点间的连边。如图 6-1 所示，其中点 A、点 B 等为专利分类节点，$w1$、$w2$ 等为节点间连边权重。与先前的研究不同，本书在计算

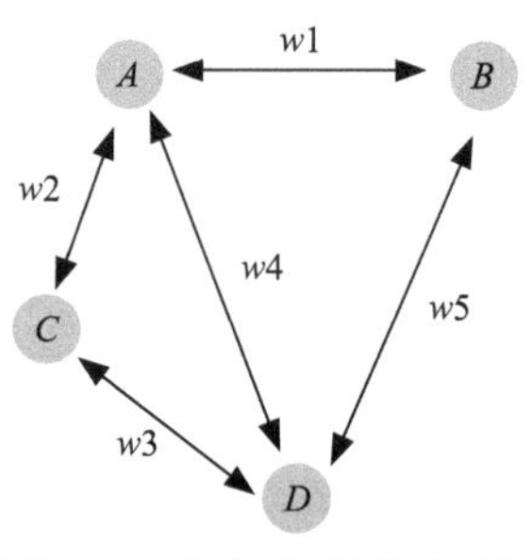

图 6-1 专利分类引用网络

连边权重时，不是单纯地将专利的引用次数的相加视为专利分类之间的连边权重，而是考虑了每个技术（专利分类）在一篇专利中所占权重，然后利用该权重与专利引用次数之积，构成专利分类引用网络中连边权重，具体如式（6-1）所示。

$$w_{A\ and\ B}=\sum_{l=1}^{k}\frac{N_B^l}{N^l}\times\frac{N_A^i}{N^i}。\tag{6-1}$$

其中，$w_{A\ and\ B}$ 为节点 IPC_A 和节点 IPC_B 之间的连边权重，N^l 为专利 1 中出现的 IPC 的总频次，N_B^l 为专利 1 中 IPC_B 出现的频次。

6.3.2　技术融合价值的评价指标构建

本书从影响力和成长潜力两方面对候选技术融合关系进行二维评价，以期得到高价值和具备发展性的技术融合关系。

（1）商业影响力

通过专利的权利要求数量来计算专利的商业影响力。专利权利要求是专利申请中一项重要内容，定义了其专利权保护范围，一项技术融合关系中所包含的权利要求数量可以体现出其商业价值。因此选择专利权利要求数作为技术融合关系价值的评估指标，数量越多商业价值可能越高。如式（6-2）所示，其中 x 为专利分类 V 中涉及的专利，$num(x)$ 为专利 x 的权利要求数量，num_of_claim 为专利分类 V 中对应专利的权利要求数量总和。

$$num\_of\_claim=\sum_{x\in V}num(x)。\tag{6-2}$$

（2）技术影响力

专利分类引用网络中节点的 PageRank 得分和中介中心度，反映了一项技术在整体的技术流动关系网络所具有的影响力，因而可以用作一项技术融合关系的技术影响力评判。专利分类节点的 PageRank 得分计算有两种方式，一种是在专利分类引用网络上直接计算；另一种是在专利引用网络上直接计算专利的 PageRank 得分，而后根据专利与专利分类的对应关系将其累加，得到专利分类节点的 PageRank 得分。在后续的实验中，根据实验效果选择其中一种使用或者二者共同使用。PageRank 得分计算方法如式（6-3）所示，集合 U 为目标节点的邻居节点集合，节点 y 为集合 U 中任一节点，$PR(y)$ 为节点 y 的 PageRank 得分。

$$PR(x)=\sum_{y\in U}PR(y)。\tag{6-3}$$

专利分类引用网络对技术之间的知识流动进行描述，专利分类在引用网络上的中介中心度，反映了其与其他专利分类进行知识交换的密切程度，衡量了专利分类的技术影响力。中介中心度如式（6-4）所示，其中 δ 代表点 y 和点 z 之间最短路径的数量，$\delta(x)$ 为经过点 x 的最短路径的数量，$C_B(x)$ 为点 x 的中介中心度。

$$C_B(x)=\sum_{x\neq y\neq z}\frac{\delta(x)}{\delta}。\tag{6-4}$$

（3）成长潜力

本书以一项技术融合关系目标阶段的融合次数增量与此前阶段的融合总数之比作为其成长潜力衡量指标。技术融合关系的价值形成是一个动态过程，成长潜力能够判断一项技术融合关系发展的稳定性，从而确定其未来发展前景。如式（6-5）所示，其中 $growth(n)$ 为一项技术融合关系在第 n 年的融合增长率，N_i 为该技术融合关系在第 i 年的融合次数。

$$growth(n)=\frac{N_{n-1}-N_{n-2}}{\sum_{i=1}^{n-2}N_i}。\tag{6-5}$$

6.3.3 技术融合价值评估

被引频次是衡量专利价值的公认指标，Lee[366] 认为专利的被引频次越高，其对其所处技术领域产生的影响越大。因而本书利用被引频次的历史数据训练得到技术融合价值评估模型，利用该模型对技术融合关系进行价值评估。

具体地讲，将每一对技术融合关系价值的评价指标作为自变量，技术融合关系的平均被引频次作为因变量进行多元回归分析，得到拟合后的线性关系，用于后续的候选技术融合价值评估。

线性模型形式简单、易于建模，同时蕴含着机器学习方法中一些重要的基本思想，许多更强大的非线性模型都是在线性模型的基础上引入层级结构获得。在本研究中，考虑到价值评估指标数量不如一般机器学习模型所需特征数量量级，以及价值评估结果的连续性，决定使用多元线性回归作为技术价值评估所使用的机器学习方法。

多元回归分析是指在相关变量中将一个变量视为因变量，其他一个或多个变量视为自变量，建立多个变量之间线性或非线性数学模型数量关系式，并利用样本数据进行分析的统计分析方法。另外也有讨论多个自变量与多个因变量的线性依赖关系的多元回归分析，称为多元多重回归分析模型（简称为多对多回归）。

除给定的价值评估指标以外，本书在多元回归过程中还将引入虚拟变量对模型进行优化，扩大评估方程的适用范围。当虚拟变量的引入形式只影响回归方程的截距时，我们称为加法模型。引入虚拟变量的另外一种形式是乘法模型，这时引入虚拟变量并不影响模型的截距，而是影响了斜率。本书在模型设定时同时引入加法和乘法，同时改变模型的截距和斜率。

针对上文得到的技术融合价值评估指标，根据多元回归分析的常用评价方法对其效果进行验证。本书选用均方根误差 *RMSE* 对所得价值评估方程进行评价。均方根误差 *RMSE* 能够测度真实值与评价值之间的差距，如式（6-6）所示，其中 y_r 是真实值，y_p 是评价值，m 是样本个数。*RMSE* 是对真实值与评价值之差平方后求和再进行开方，简单来说即线性回归的损失函数进行开方，它是多元线性回归中最为常用的测度拟合效果的评价指标。

$$RMSE=\sqrt{\frac{\sum_{i=1}^{n}(y_r-y_p)^2}{m}}。\tag{6-6}$$

由于 *RMSE* 衡量的是价值评估方法整体的评价效果，而本书注重价值评估方法在高价值技术融合关系上的应用，因此在实际实验中，本书同样以高价值技术融合关系的真实价值排名和其评价值排名作比较，利用平均绝对误差 *MAE* 来进行方法的效果评价，其计算过程如式（6-7）所示，其中 y_r 是真实值，y_p 是预测值，m 是样本个数。

$$MAE=\frac{\sum_{i=1}^{n}(y_r-y_p)}{m}。\tag{6-7}$$

6.4　技术融合价值评估应用

6.4.1　技术融合价值评估方程获取

将 2017 年的数据输入多元回归模型中进行训练以获得线性模型，得到被引频次与评价指标的关系，如表 6-1 所示。

表 6-1　回归方程的变量与系数

<table>
<tr><td rowspan="3">变量</td><td colspan="4">影响力评价</td><td>成长潜力评价</td><td>截距</td></tr>
<tr><td>商业影响力</td><td colspan="3">技术影响力</td><td rowspan="2">融合增长率</td><td>—</td></tr>
<tr><td>专利权利要求数量</td><td>引用网络中介中心度</td><td>引用网络 PageRank</td><td>聚合的 PageRank</td><td>—</td></tr>
<tr><td>系数</td><td>-9.28992111e+01</td><td>-7.55397484e-02</td><td>1.77529505e+03</td><td>7.27833399e+02</td><td>2.24326052e-01</td><td>2.43</td></tr>
</table>

对所得回归方程的各项评价得分如表 6-2 所示。在使用 2017 年的数据进行多元线性回归后，将训练所得回归方程应用于 2018 年的共 11 060 对技术融合关系中。应用的总体结果如表 6-2 所示，其中，2018 年技术融合关系的真实价值（被引数）波动范围为 0 ~ 621，平均价值为 51.31。

表 6-2 回归方程的各项评价得分

评价指标	*MAE*	*RMSE*
得分	11.73	18.17

6.4.2 技术融合价值评估结果

将技术融合关系的评估排名与真实排名的前 10 位进行对比，结果如表 6-3 所示。可以看出 2017 年训练所得方程在应用到 2018 年真实数据中时有着较为优良的效果，预测的影响力排名与真实的影响力排名非常接近，10 项对比中只有 1 项的排名误差达到了 11，其余均控制在 7 以内，前 10 对融合关系的平均排名误差为 3.20。此外，前 50 对融合关系的平均排名误差为 9.36，前 100 对融合关系的平均排名误差为 27.26，所以在对高价值的技术融合关系评价时，训练所得的评价方法有着较为良好的表现。

表 6-3 影响力评价方法的实验结果

评估结果	1	2	3	4	5	6	7	8	9	10
真实结果	2	1	3	5	12	17	8	4	6	7
排名误差	1	1	0	1	7	11	1	4	3	3

将所得到的价值评估公式应用于上一步所得的候选技术融合关系结果上，对预测所得技术融合关系进行价值评估。2018 年的真实技术融合关系共 11 060 项，以其中价值排名前 5%，即前 553 项技术融合关系作为高价值技术关系。此外，考虑到新出现的技术融合关系在 2017 年不应出现过，因此得到共 96 对新出现的技术融合关系，其结果如图 6-2 所示。

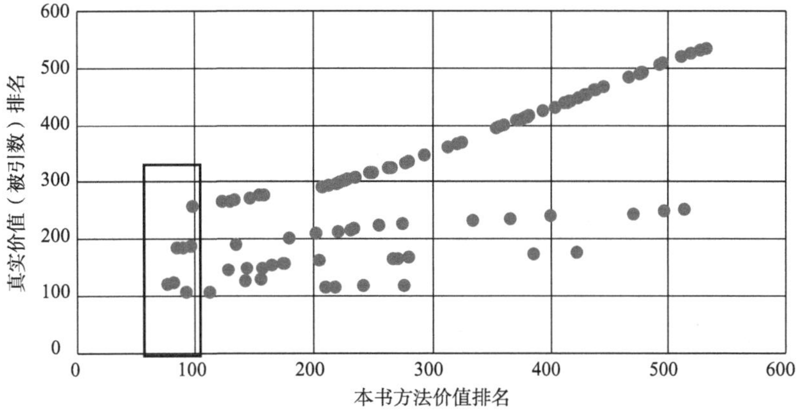

图 6-2　高价值技术融合关系筛选

以技术融合关系对的总被引数作为价值衡量标准，对数据中所有的技术融合关系进行价值衡量，我们认为价值排名中前 100 位的技术融合关系是高价值技术融合关系。在表 6-4 预测所得结果中，共找到 7 对高价值技术融合关系，以“['F21V-023'，'H04L-029']”为例，其预测价值排名为 77，而其真实价值排名为 120，两者相差 43。总的来看，价值评估的排名误差最低为 12，最高为 160，平均误差为 76.1，在总的技术融合关系共 11 060 对的情况下，我们认为所提价值评估方法在应用到真实数据上时，其结果也是相对准确的。

表 6-4　高价值技术融合关系

技术融合关系	预测价值排名	真实价值排名	排名误差
['F21V-023'，'H04L-029']	77	120	43
['H01Q-009'，'H04L-029']	83	122	39
['F21W-131'，'H04L-029']	86	183	97
['F21S-009'，'H04L-029']	91	184	93
['H01L-025'，'H04L-029']	93	105	12
['F21V-021'，'H04L-029']	97	186	89
['G16H-010'，'H04L-029']	98	258	160

第7章

深度学习+多源数据技术挖掘：数智赋能下的新兴技术识别

信息科学研究、计算机科学的兴起，推动由数据驱动的图情档领域知识发现的纵深化发展，实现了语义知识单元的细粒度化、知识组织的语义化、知识呈现的可视化。以大数据、人工智能等为代表的信息技术突破传统信息科学的思维模式，为传统情报研究提供了新方法、注入了新活力。传统研究中一些不能或难以解决的课题，在数智赋能背景支持下逐步找到新的解决路径。数据与智能技术的碰撞既带来了机遇，也带来了挑战。一方面，数智赋能为传统技术识别研究提供了新的思维模式和方法体系，拓展了新的研究工具和领域空间。另一方面，新范式冲击着传统技术识别研究的基本认知，存在着如学科边界模糊、缺乏领域共识的标准规范、缺失评价体系、缺乏验证机制等问题。面对数智赋能带来的机遇与挑战，不少学者反思：在多学科交叉、信息与技术深度融合的基础上，如何实现定性与定量分析方法的互补？如何实现数据驱动与论证驱动研究的融合？如何实现技术发现与预测研究从“解释型”向“求是型”的转变？[2]

对此，本研究将立足于数智赋能的信息科学发展历程，将研究视角聚焦到技术识别研究过程的基础要素上，如“数据基础”“技术支持”“应用场景”等，通过改进数据源、深化文本内容挖掘、更新模型，探索新兴技术识别的新方法体系，以期为高新技术产业发展、技术战略布局等提供更可靠、有效、客观的信息支撑。具体来说，该部分首先对多源异构数据融合视角下的数智赋能进行了论述，分别对多源异构数据的定义、数据融合方法和数据融合应用情况进行详细说明，以论证在数智赋能视角下多源数据融合的重要性和必要性。其次，对新兴技术识别研究基础进行总结与归纳，主要包括概念介绍、应用广泛的指标构建及已有研究方法述评。再次，提出基于多源数据及深度学习的新兴技术识别方法，即依据论文、专利和行业报告 3 类数据抽取技术表征词，对新兴技术属性和多源数据的特征间关系进行分析和挖掘，提取丰富的文本特征形成识别框架；利用余弦相似度计算不同数据源之间特征词的相似性，并判断相邻时间切片之间特征词的语义关系，获取具有时间连贯性的多条技术演化路径；设计基于 LSTM 的时间序列方法预测未来时间点的新兴分数。最后，选取人工智能领域进行实证研究，对实验结果进行评价，并对不同数据源组合影响预测的成因做了进一步解释和分析。

7.1　深度学习和多源数据赋能技术挖掘

探索数智赋能视域下的情报研究，可为“数据驱动、技术创新、应用引领”的技术预测发展提供参考。情报学的发展沿着科技情报工作时期、信息资源建设时期、信息管理与服务时期到情报服务拓展时期的演进路径，正向“数智”赋能的知识化与智能化时代迈进。“数智”赋能正逐步成为推动信息科学创新发展的新动力，大数据 +、人工智能等新技术不仅为情报学科发展带来了新机遇，与此同时也带来了数据分析技术手段变革的挑战[1, 3]。当前，5G 技术、大数据、物联网和人工智能等数字技术的发展，加快了我国社会转型的进程。同时，包括数据分析与挖掘在内的大数据理念和方法，引起了学术界、图书情报界的密切关注，成为情报学的热点话题。诸多学者认为大数据分析与情报分析有着天然的联系，两者既有共性，又存在一定差异。例如，共性表现之处在于均看重对数据的定量分析，关注多源数据融合和强调相关性分析等。同时，两者在数据对象、数据规模、分析任务与分析时机等方面又各有特点[1, 54]。在情报分析中，综合运用多源异构数据能够更加精准、全面地了解目标对象的情况，识别情报用户需求，支撑情报用户决策，进而能够为情报研究提供更为有效、智慧化的服务与支撑。

7.1.1　多源异构数据的定义

科技成果的产出通常以科技文献为载体，以论文、专利、研究报告、技术资料和实物等呈现。通常不同类型的数据源所反映的科技信息侧重点不同，例如，论文侧重基础科学研究产出，多是记录一项技术诞生的理论基础及技术价值描述，对于已出现的技术，阅读与其相关的论文可以了解技术的原理及产生过程；对于还未出现的技术，阅读与其相关的论文可以提前了解某项技术的理论及其价值意义。专利侧重技术创新，是技术研发最重要的产出成果，可反映技术的新颖性、创造性和实用性，在一定程度上体现了某个技术的发展潜力。但是以上二者并不能反映技术转移转化程度及产业发展与技术市场情况。而行业报告则侧重记录技术的产业、商业化进程等市场情况，其发布数量取决于公司对行业的关注程度与重要程度认定，其可提供市场角度的丰富技术信息，以弥补论文、专利等常用科技文献的内容描述侧重点空白。下面对几类常用科技数据进行说明。

①论文。论文一般分为期刊论文、学位论文和会议论文。首先，期刊论文出版周期短，能较为及时地反映国内外科学技术的新成果、新动向；且产出数量大，学术界中绝大多数基础研究的成果都会先以论文形式进行发表。且学位论文中硕士论文和博士论文一般会公开发表，其专业性强，讨论问题有一定深度。其次，学位论文的数量能反映机构在相关领域的人才培养情况。最后，会议论文即参加学术会议所发表的论文或报告，一般来说传递信息及时，内容新颖性高，具备一定的专业性和针对性。

②专利。专利文献不仅传递技术信息，还包含法律信息和经济信息等，是技术创新研究的重要结晶和载体。通常来说专利文献所记录的信息具有新颖性、创造性和实用性；可以很好地反映技术自身所具备的一些特点。

③行业报告。行业报告一般是通过专业调研机构的最新统计数据及市场调研数据，利用一些研究模型、分析方法，经行业资深人士的分析和判断对当前行业、市场的评估和预测，其内容具有较强的时效性，对市场环境方面的信息有较全面的记录。

④其他信息。除论文、专利和行业报告外，还有其他丰富的科技信息，如图书、基金项目文件、政策文件、行业标准文件等。从这些内容中也可获取技术研发动态、市场前景等信息。但由于其分散程度较大，且多为非结构化数据，从而在使用过程中存在诸多困难。技术信息服务需要及时总结发现各类技术性成果，这些工作都需要在充分搜集多种来源信息的基础上进行综合分析，以更全面地了解领域进展、揭示行业发展态势。而目前，在新兴技术发展趋势相关研究中，最常用的数据源为论文、专利和行业报告这 3 类较为集中且结构化程度高的数据。科技文献类型不断丰富，已成为十分有价值的计量分析数据。科技文献从不同角度可划分成多种类型。例如，按使用和加工等级，可分为一次文献、二次文献和三次文献；按编辑出版形式，可分为图书、期刊、科技报告、政府出版物、会议文献、技术标准、专利、产品样本、学位论文、技术档案等。目前科技文献数据已经发展成品种繁多、功能各异、相互交织、互为补充的重要文献体系。且随着科学技术的

快速发展，科技数据在形式、内容、出版、发行等方面出现了许多新的特点，如：①数量急剧增长；②内容交叉重复；③风格多样、类型复杂；④来源异常分散；⑤知识更新速度加快等。对不同来源、不同类型的科技文献进行信息融合分析，能为全面揭示新兴技术的发展现状及趋势提供有力的情报支撑。

7.1.2　数智赋能视角下的数据融合方法

数据融合的概念产生于 20 世纪 70 年代，发展于 20 世纪 90 年代以后。关于数据融合研究的范围现在尚无统一定论。数据融合的概念很容易理解，然而其准确的含义在科学界一直处于讨论之中，如合并（merging）、结合（combination）、协合（synergy）和综合（integration）。数据融合的基本目的是通过一定规则的多源数据组合，获取更多的信息，即利用多源数据的优势，提高数据的利用率，获得更为准确的结果。例如，与单传感器信号处理或低层次的多传感器数据处理方式相比，多传感器实现的数据融合有效地利用了多传感器资源信息提供的互补性，从而可以获得研究目标和环境更为全面的信息。数据融合方法研究的关键在于所处理的多源信息具有更复杂的形式，而且内容侧重点在不同的信息层次上出现，这些信息抽象层包括数据层、特征层和决策层等。

目前较为普遍的认识是，将不同信息渠道、通过多种采集方式获取到的具有不同数据结构的信息汇聚到一起，形成具有统一格式、面向多种应用的数据集合，这一过程称为多源数据融合。当前如何加工、协同利用多源信息，并使不同形式的信息相互补充、协同作用，以获得对同一事物或目标更客观、更本质的认识，是多源数据融合研究可以解决的问题。一方面，由于描述同一对象的数据由不同用户、不同网站、不同来源渠道产生；另一方面，由于数字化背景下数据的呈现形式愈加丰富，如音频、视频、图片、文本等，结构化、半结构化，甚至非结构化等，导致数据格式呈现明显的异构性，所以在相关任务中亟须对这种异构性进行消除，实现多源数据归一化，进而提升信息利用效果。

从应用角度来看，多源信息融合多用于目标识别、遥感、医学、高新技术等领域。从方法层次角度来划分，可以分为数据级融合、模型级融合（特征级融合）和决策级融合[177]。虽然，在情报学领域，多源信息的融合已有不少研究，但目前仍存在较多难点。越来越多的学者认为，在数据挖掘与分析过程中文本信息的丰富、全面性尤为重要。而选择多源数据是使信息内容形成互补，改善数据缺失、语义不完整、对象表征不均衡等问题的有效方法。

7.1.3 数智赋能视角下的多源数据融合应用

大数据正逐渐成为推动社会发展与现代化治理体系构建的新模式与新要素，对国家治理、科技决策、情报服务方式等都产生了巨大影响。有效利用海量的数据资源和大数据分析方法与技术为决策者提供决策支持已经成为情报服务研究领域的共识之一。新形势下，如何做好多源情报的分析对目前的情报工作研究也提出了新的挑战，如何满足社会决策需求及问题解决的情报服务成为大数据环境下的工作重点[373]。

在知识爆炸的信息时代，数据融合技术已愈发重要，它能避免数据富有但信息贫乏的情况发生。作为前沿领域技术，无论是军用还是商用，目前都正在趋向于采用数据融合技术来进行各种实际问题的分析处理。单一数据对科技决策支持的服务不充分、不全面，面对信息用户的决策需求愈加复杂的状况，增加了对用户情报需求的描述、情报需求的解读与情报服务的难度。协同利用多源数据，使不同来源的信息相互补充，主动探测情报用户需求，从而对用户需求的掌握更加客观、合理、有效，有助于丰富情报服务的模式，为情报服务变被动为主动提供新理念、新方法。同时，在诸多情报分析研究中，对多源数据加以利用能够更为全面、充分地了解状况，使研究更具说服力。例如，在技术预测中引入多源数据，可利用数据间语义上互为补充的优势，对技术语义信息进行扩充，解决文本挖掘过程中内容语义完整性不足、关键特征缺少、数据不均衡等问题，以加强识别方法与过程的科学性和准确性。同时，各信息源及不同方法分析结果间的交叉验证，也可进一步提高情报研究的有效性和可信度[177]。

所以，可以预见的是在有信息、有数据的地方，就会存在数据融合，融合的思路和技术将在更多的行业领域得到实际应用，创造更高的社会经济效益。

7.2 新兴技术识别的研究基础

随着国内外市场竞争愈发激烈，在全球范围寻求新技术来促进产业创新升级，实现高新技术科学前瞻显得尤为重要。对高新技术的发展进行准确识别与预测，能够帮助国家和企业管理者掌握技术未来发展方向，制定更加完备的技术发展规划，突破科技领域的层层封锁，为技术竞争占据有利地位。

并且在以科技发展为竞争力的国际环境下，前沿技术、突破性技术、颠覆性技术都是各国关注的重点，期望以此作为战略布局的决策依据，加强新兴技术的识别与预测方法研究，不断提升对各领域新兴技术识别与预测的准确性和效率，具有十分重要的战略与现实意义。例如，从国家层面来看，加强新兴技术识别有助于整体科研布局优化及做好长期规划；从企业层面来看，加强新兴技术识别有助于确定研发重点、投资方向及降低投资风险；从研究方法层面来看，通过多源信息融合，充分利用多种科技信息，设计全局视角下的指标，引入打破人类思维局限的神经网络模型，提高识别结果的准确性和可解释性。

随着技术演变的速度、广度和复杂度不断提升，以及技术之间的交叉性、相互依赖性的增强，从众多行业、领域的新技术中快速遴选出具有较大发展潜力的新兴技术的难度也在不断提升，因此近年来关于新兴技术的识别与预测成为诸多研究领域日益关注的热点研究主题。

7.2.1　新兴技术的概念与属性

新兴技术是一种在现有技术理论基础之上进行修改、整合而成的具有高潜力、不确定性和创新性的技术，能显著并快速地形成某种新想法和新技术，并且其可能创造一个新行业或改造某个老行业的新技术[52, 374]。技术预测则是通过数据和信息的收集、整理，运用相关工具、手段分析，从而对技术的未来状态进行估计和预测，预测的作用在于为重大决策提供依据，规避不确定性带来的潜在风险。当前被广泛认可的新兴技术的基本特征是高度创新、显著影响、复杂性和不确定性。此外，它们还具有许多其他特征，如相对快速的增长、破坏性、高潜力等[55, 375-377]。这些特征通常从多个不同的角度揭示技术的发展和演变轨迹，如基于科学知识角度、技术自身角度和市场发展角度。

在知识经济的时代，作为提升科技生产力和竞争力的主要战略，科技创新正在逐渐受到国家政府和科研人员的重视。新兴技术的概念即建立在技术创新背景基础上，同时，还有与新兴技术相似的概念不断产生，如前沿技术、颠覆性技术、突破性技术等，这些概念有相同之处，但也各有侧重，在发展过程中存在着重要的联系。例如，由于新兴技术在发展过程中可能成为领域内的前沿技术，也可能发展成为突破性技术或颠覆性技术[378-379]，所以针对新兴技术的识别方法在特定环境下可为前沿技术、突破性技术、颠覆性技术的研究提供相应的参考，也正因如此研究新兴技术通常是研究前沿技术、突破性技术、颠覆性技术的重要基础与前提。此外，新兴技术识别越来越受到各领域、各层面机构的关注和重视，并从各自目的出发组织开展了诸多的新兴技术识别活动。例如，在国家层面，新兴技术识别有利于加强国家科技战略规划和整体科研布局的科学性，在企业层面，新兴技术识别有利于确定企业技术研发重点及投资方向，预先掌握技术创新机会；在研究机构层面，新兴技术识别有利于寻找有潜力的科研方向并为科研的前瞻布局做准备。

7.2.2 新兴技术识别指标

随着数智赋能时代的到来，文本挖掘、自然语言处理等数据分析技术不断进步，利用数据挖掘理论与方法进行新兴技术识别已成为各界日益关注的研究热点。通过对大量文献进行回溯发现，当前新兴技术识别研究多通过挖掘科技论文、专利或其他信息内容的语义信息和文本特征，构建一系列定量指标来识别不同领域的潜在新兴技术，按数据源的类型其大致可分为以下3类。

（1）基于科学知识的识别指标

科学知识是新兴技术的重要来源，而新兴技术在知识视角下的特点通常由科学论文来表示。论文凭借其内容新颖、专业性强、针对性强的优势，不仅能反映科学技术的理论基础，还能反映技术的新成就和新趋势。因此，许多学者利用论文的语义信息和文本特征来构建部分技术识别指标。

例如，Schiebel 等 [380] 提出了一种基于论文的相关指标，包括高扩散率、低扩散率、相对频率等，识别光电子器件领域各个研究阶段重要术语的方法，然后构建术语演变的扩散模型，以进一步识别新兴技术；Lu-cheng 等 [376] 认为通过期刊规模、出版时间等其他文本特征，可以识别各个领域的新兴话题；Bai 等 [381] 提出了一种研究前沿识别方法，提取与主题相关的指标，如研究主题的相似性、主题强度和主题新颖性等，在数据方面集成了科技文本数据、基金项目数据和论文，以识别碳纳米管领域的新兴技术；Liang 等 [382] 从期刊论文中提取作者、关键词、资助机构等其他文本特征，构建新兴技术识别标准，如新颖性、影响力和增长率，然后，他们将深度神经网络和文献计量学方法进行结合，用于新兴话题预测，该方法在移植和遗传学领域得到了验证；Xu 等 [383] 提出一个基于主题模型的框架，通过设计 3 个指标，包括快速增长力、新颖性和影响力来检测和预测新兴技术；Mengge 等 [384] 开发了一种基于网络表示的多指标量化方法，该方法进一步细化了新颖性、交叉整合性和潜在影响 3 个指标，其在航空领域进行实验，最终识别出 10 项新兴技术，如人工智能目标识别和高光谱遥感探测等。

（2）基于技术本身的识别指标

专利是技术创新信息的重要载体，可以在一定程度上反映技术发展情况 [385]。因此，许多研究学者尝试通过从专利中提取丰富的文本特征来构建技术识别指标，以此开展定量研究。

例如，Li 等 [386] 通过选择授权时间、专利数量增长率和索赔数量作为核心特征来设计指标识别新兴技术；Choi 等 [387] 提出一种计算每个主题的专利市场份额变化率的方法，以识别物流中的新兴主题，其中主要使用主导、新兴、饱和及衰退来定义专利市场份额；Lee 等 [388] 则利用多项专利特征构建识别指标，包括潜在影响、新颖性、科学强度和增长速度，以识别新兴技术；Kim 和 Bae[389] 使用专利的正向引用、专利族和独立声明来确定某项技术是否正处于新兴状态，最终识别了医疗行业领域的一些新兴技术；Small 等 [54] 利用专利文本的直接引用和共引用关系建立网络，通过定义增长和新颖性指标识别出新兴研究主题；Kim 等 [320]、Lee 等 [388]、Park 和 Yoon[310] 通过提取多个专利指标，结合语义分析、链接预测、文献计量学等方法，对新兴技术识别、技术机会发现等问题进行研究，这些方法分别在制药技术、信号传输和机动车、生物学和信息技术领域得到验证；Lu 等 [390] 基于专利数据构建了加权网络链接模型，然后从新颖性和影响力两个方面分析技术新兴潜力；Altuntas 等 [391] 基于专利信息提出了一种基于聚类的方法，该方法考虑了权利要求、正向引用、反向引用、技术周期和技术得分等要素，用以确定候选新兴技术；Li 等 [392] 提出了一种基于多维属性变化的新兴技术识别方法，主要考虑了技术的新颖性、继承性、关注度、领导力和无序性。

（3）基于市场发展的识别指标

技术之所以出现是因为它将产生社会和经济效益。因此，新兴技术与市场有着密切的关系，可以从政策、环境变化、资源消耗等方面拓展技术评估体系，利用市场数据的特征及与技术之间的重要关系来提升新兴技术识别效果。

例如，Rojo 等 [393] 开发了一种方法（IPTS-TIM），通过对技术的商业化潜力预期评估，从现有和未来的技术中识别潜在新兴技术，该方法中涉及的具体市场指标包括发展水平、市场潜力、战略重要性等；Wang 等 [394] 利用市场客观数据，从新兴技术的成熟度、技术机会和技术状态 3 个角度综合判断新兴技术的商业化潜力；Lu[395] 提出了一个综合性评价和决策体系，包括技术指标和市场指标，其中市场指标主要考虑了市场规模、市场增长率和客户创造的价值；Song 等 [396] 将市场和消费者需求视为真正的潜在影响，基于技术和市场特征构建模型来评估潜在的新兴技术。

综上所述，不同的科技文献可代表技术发展的不同阶段，例如，论文能够表征技术研究的基础阶段，专利数据表征技术研究试验发展阶段，行业报告表征技术在市场环境下的应用阶段。很多研究中虽然已经从科学知识、技术本身和市场发展 3 个角度出发，但大多只考虑了某一类数据，即从单一视角对技术对象进行描述，从而导致评价指标和标准缺乏全面性，进而没能全方位实现对技术的表征。从基础研究理论知识的角度来看，技术在发展过程中所表现出来的某些特征可以通过论文中提取的特征来表示，这些特征可以反映科学知识对技术的影响。同样，专利可以在一定程度上反映技术自身发展特征，而行业报告则可以反映技术在行业和市场环境中的发展情况。然而当前研究仅从单一角度，如科学、技术本身或市场，分别使用相应的单一数据集，从而忽略了多角度的特征信息对技术发展分析有着重要影响。此外，从研究方法层面来讲，通过多源信息融合过程考虑多种科技信息，在全局视角下设计指标并引入神经网络模型，是能够提高识别结果的准确性和可解释性的。

7.2.3 新兴技术识别方法

新兴技术识别与预测方法的研究热度不断上升，受到较多领域的广泛关注。机器学习、文本挖掘等方法在近几年发展尤为迅速。此外，随着深度学习的应用价值被发掘，深度学习作为机器学习的替代技术，近两年正逐步开始出现在新兴技术识别研究中，其能有效提高预测效果。新兴技术识别作为整个新兴技术预测研究领域中最关键的部分，只有实现对新兴技术的早期识别，才能进行后续的未来预测工作，例如，对新兴技术未来发展目标、可能途径及资源条件等的预测及评估 [308]。在对以往研究成果进行梳理后，发现现有识别方法可分为两大类：主观判断和客观推导。其中，主观判断是最早的新兴技术识别方法，以专家讨论形式为主，依靠各领域专家的经验知识做出判断；客观推导主要是基于文本挖掘的一系列方法，如专利文本分析、文献计量分析及网络信息挖掘、机器学习等。

（1）主观判断方法

最早的新兴技术识别方法主要是以专家讨论的形式实现，该方法思路简单 [397]。例如，德尔菲发挥群体决策的优势，用函件进行集体匿名形式的交流，很好地消除了权威影响，但存在实施成本高、耗时长等缺陷。此外，基于德尔菲的改进方法也被提出，为新兴技术的识别提供了新方向。例如，Shen 等 [372] 采用模糊德尔菲法整合专家对技术识别标准的看法，然后采用层次分析法（AHP）构建新兴技术识别混合模型，最终在二极管技术领域进行了可行性验证；谈毅等 [398] 在梳理新兴技术理论框架的基础上，提出融合技术路线图和实物期权法的集成化新兴技术选择框架模型。除上述方法外，还存在诸多其他主观类判断方法，如前景分析、需求分析、头脑风暴等，这类方法均是以专家经验知识为主的识别方法，具有人工依赖性强、适用性低及实施成本高等缺点。

（2）客观推导方法

1）文献计量方法

近年来，随着文献计量工具的快速发展，基于文献计量学的方法在新兴技术识别研究中的应用越来越广泛。由于基础研究是创新的源头，且科学文献中往往蕴含着丰富的技术创新信息，因此，对多文本信息进行分析在一定程度上可以探测出各领域技术创新与发展的脉络。已有不少研究利用文献的部分特征进行网络构建或者定义指标，设计评判体系，通过对网络结构展开分析或定量技术指标值来探究技术发展脉络和状态，从而对新兴技术识别进行研究。

①基于文献计量的网络分析方法。C.Mund 等 [399] 提出通过期刊规模等文献计量指标计算识别各领域的新兴技术主题；Makovi 等 [400] 认为在专利共引网络中以专利相似性聚类可得出新兴技术集群；Fujita 等 [401] 以氮化镓、复杂网络和纳米碳 3 个领域内的引文网络为研究对象，通过分析引文网络权重随时间的变化来发现新兴技术主题；Fujita[402]、Small 等 [55] 提出基于引文数据直接引用和共同引用网络进行指标加权或差异函数，可遴选新兴技术主题，这类方法均以论文或专利作为唯一数据源，采用文献计量或网络分析方法对主题进行识别，思路简单易操作但结果准确度有待提升。国内部分学者，例如，黄璐等 [402] 提出基于专利数据的加权共词网络进行链路预测，构建动态网络进行新兴技术识别；李蓓等 [403] 也提出一种基于专利引用耦合聚类的新兴技术识别方法；李瑞茜 [404] 则以发明专利共类数据为样本，构建了非对称的技术知识流网络，采用社会网络分析方法和历时聚类分析方法识别领域新兴技术主题。这些方法均以专利作为唯一数据采用社会网络分析方法，但因网络节点含义简单且网络语义丰富度不高，识别结果精确度有待提升。

②基于文献计量的指标设计方法。基于指标设计的思路已有较多研究成果，例如，黄鲁成[405]利用Delphi调查方式，构建影响新兴技术商业化潜力的指标，该方法仅从商业潜力角度进行新兴技术识别；冯立杰等[406]利用新颖性评价指标对技术创新路径进行了识别，但仍是单一指标维度；李蓓等[397]结合新兴技术及专利文献的核心特征，建立了包括授权时间、专利数量增长率和权利要求项数等新兴技术识别指标，该方法从文本特征出发考虑技术特点；Lee等[388]基于专利数据，设计了多个专利指标来识别早期的新兴技术；Kim等[320]提出一种将专利特征指标化用以评估技术集群的识别方案，该方法均侧重于技术本身的特征；Small等[54]使用直接引用和共同引用关系建立网络，通过增长性和新颖性对新兴研究主题进行识别。

上述方法具有简单高效的优势，但由于不同数据源的信息侧重点不同，单一数据源会导致其特征应用不够全面，且基于特征的评估指标设计主观性较强所以缺乏通用性。

2）机器学习方法

在新兴技术识别方法中利用机器学习模型的方法较为普遍，目前是继文献计量分析方法之后的主流方法。国内的董放[407]通过LDA主题模型和SVM分类模型共同处理论文摘要数据，实现技术主题分类，并用ARIMA模型预测论文数量的变化趋势，以识别技术发展潜力；任智军等[408]融合内容性指标及趋势性指标构建特征向量，将LDA主题模型识别的技术主题与Gartner的新兴技术主题结合计算相似度，以此识别新兴技术；周源等[409]也提出一种基于主题模型的识别思路，这些方法均利用LDA的主题挖掘功能实现技术的识别；黄璐等[402]以德温特专利数据库为来源，构建加权网络链路模型，从新颖性和影响力两个角度展开分析，最终识别出柔性太阳能电池和量子点激光器两个新兴技术。国外的Choi等[387]基于LDA主题模型确定领域主题及相关术语，通过计算主题当前专利份额及专利份额随时间的变化来实现新兴技术识别；Kathi等[410]提出一种基于主题模型的文本挖掘和专家判断法，构建技术演进图，通过论文和专利之间的差距识别新兴技术；Schiebel等[380]通过论文数据构建领域术语演化扩散模型识别新兴主题；Xu等[383]也开发了一种基于主题的模型，通过计算3种类型指标（快速增长、新颖性和突出影响指标）来提取新兴技术主题；Yu等[411]则通过自组织地图（SOM）和生成地形图（GTM）方法识别新兴技术，该方法是从主题演化角度识别技术，较依赖专家知识；Cheng[412]提出基于美国专利分类

（USPC）建立新类别来标记新兴技术专利集群的算法；Zhou 等 [315] 利用拓扑聚类和可视化方法尝试揭示早期阶段识别新兴技术的过程；Lin 等 [413] 将半监督文本聚类模型和句子级语义提取相结合，以识别新兴技术主题。

3）深度学习方法

在机器学习方法基础之上，已有一些研究尝试利用深度学习模型进行新兴技术识别。例如，许学国等 [414] 构建基于深度学习的多模态输入文本分类模型，确定各主要研究领域的发展现状；然后，构建 EMD-LSTM 时间序列预测模型，对各研究领域的发展趋势进行预测。Liang 等 [382] 提出了一个解决新兴话题预测问题的两步解决方案。首先，采用基于深度学习模型的时间序列方式预测未来流行度分数；其次，基于文献计量指标从第一步预测中筛选最具新颖性的主题，以此实现新兴技术的识别。桂美增等 [415] 运用 AP（affinity propagation）聚类算法实现对技术领域的主题划分，运用 Doc2vec 算法计算专利文本相似度情况，进而识别出具有发展潜力的技术领域。再次，采用生成式拓扑映射（generative topology mapping，GTM）算法对发展潜力技术领域绘制专利地图获得技术机会。最后，构建基于深度学习的链接预测模型，对技术机会进行链接预测进而获得具有高发展概率的技术机会。Lee 等 [416] 则利用前馈多层神经网络的方法，并结合两个量化指标来识别新兴技术。区别于前面的方法，该类方法结合了主观判断和客观推导，正逐步成为主流研究方向。

综上所述，对以往研究进行总结归纳，可以得出以下观点：首先，以论文或专利等单一数据类型作为数据源，会出现主题、特征等内容的语义丰富度不高等问题，从而对研究对象表征程度较弱；其次，在已有研究中，无论是数据源、数据类型的选取维度，还是表征技术特点的识别指标选取维度，都较为缺乏全局性视角，例如，局限于从技术自身特征视角研究技术发展趋势，而忽略了市场环境等外在条件对技术发展的潜在影响力；最后，对机器学习方法的应用停留在表面，新兴技术预测的现有研究还较少使用深度学习方法，而是以文献计量和机器学习方法为主，忽略了神经网络强大的潜在关系挖掘功能，如 CNN、LSTM、BiLSTM、GCN 等。

7.3　基于多源数据及深度学习的新兴技术识别方法

7.3.1　基于技术属性的特征分类

技术属性是新兴技术固有的性质，随时间推移，在技术发展过程中属性强弱会发生变化；文本特征区别于技术属性，但可以对技术属性进行表征。不同数据源动态变化的特征，可以反映新兴技术属性在强弱上的独特变化[417]。因此，本书充分考虑多源数据的信息优势，通过建立技术属性与文本特征间的关联性，对多源文本特征进行分类，形成一个综合特征体系。

通过文献回顾，发现很多文献已经从单一数据源提出了多种指标来评估技术，通过引入与指标相关的特征进行人工计算的方式量化各技术评价指标。但这类方法只聚焦多个特征之间的线性关系，而忽略了可能存在的非线性关系。基于此，本研究设计了一种研究思路，采用来自多源数据的多个特征表征新兴技术的关键属性，具体包括新颖性、突破性、影响力和成长速度，此外还包括少量与技术属性无关的特征。这些类别从知识流向、技术本身和市场发展的不同角度出发，对技术属性进行表征，形成了技术动态发展特征的可计量体系。下面对 4 个类别展开详细说明。

①新颖性。新颖性通常可以用时间和数量来衡量。首先，从时间维度看，相关文献的时间跨度越短，新颖性越大；其次，从数量维度来看，如果前期相关文献数量相对较少，则新颖性会更大[418]。此外，还有部分学者提出从内容角度进行衡量，若引用内容越少则其内容新颖性程度越高。基于多源数据行业报告、专利和论文的特点，依次从市场新颖性、技术新颖性和知识新颖性 3 个角度对新颖性属性进行表示。所涉及的相关文献特征包括行业报告和论文的发表量、专利申请量、论文引用参考文献数等。

②突破性。突破性是指技术产生突变的能力。与旧技术相比，如果当前时间内技术涉及的范围更广，内容更新程度越大，则表明该技术主题的突破性可能会更大[419]。对此，从不同数据源中提取与技术研究范围相关的所有文献特征。例如，从行业报告中提取学科类别、从论文中提取 WOS 类别和研究领域数字段、从专利中提取分类号等特征信息。

③影响力。影响力作为技术的重要属性包含与多源数据相对应的三类影响，即知识影响、技术影响和市场影响。首先，知识影响力可以反映科学知识对技术的影响，通常用科技论文的相关特征来表示。研究表明，引文数量、使用情况、资助情况与论文影响之间存在显著关系，因此从论文数据中提取的这些特征被划分为知识影响力相关特征。其次，技术影响力可以反映技术本身的特点，通常用专利这一最重要的技术创新信息载体来表示。研究证明，专利权利要求描述了技术的应用并界定了专利保护的范围，该特征与技术影响力有重要关系。最后，市场影响力可以反映技术对市场的影响，这

通常由行业报告来体现。研究表明，行业报告的学科类别数、来源机构数等记录了技术在市场中的活动范围，因此将这些特征归类为市场影响力。

④成长速度。该属性通常用于反映技术的发展速度。从数据源角度可分为知识增长率、技术增长率和市场增长率。一般从数量角度进行衡量，即与一个主题相关的文档数量的增长率可以反映该主题的发展速度，并进一步反映技术的成长速度[420]。因此，将论文、专利和行业报告的文档数量相关特征，如申请量、发表量归类为该属性。此外，从内容的角度来看，研究范围的变化也可以显示技术的发展速度。因此，提取论文的 WOS 类别、研究领域数和行业报告的学科类别特征。

多源数据特征分类如表 7-1 所示。

表 7-1　多源数据特征分类

类别	类型	存在关联性的文本特征
新颖性	行业报告	发表量
	专利	申请量
	论文	发表量、引用参考文献数
突破性	行业报告	学科类别数
	专利	德温特分类代码、德温特手工代码、国际分类号
	论文	WOS 类别、研究领域数
影响力	行业报告	学科类别数、合作作者数、来源机构数
	专利	权利要求数、发明人、专利权人
	论文	被引数、WOS 类别、研究领域、基金 / 资助数量、使用次数
成长速度	行业报告	发表量、学科类别数
	专利	申请量
	论文	发表量、WOS 类别、研究领域数
其他	行业报告	页数
	专利	引用非专利数、引用专利数
	论文	页数

7.3.2　基于数据融合的新兴分数指标

在文献回顾中，一种普遍观点认为，新兴技术具有巨大的潜在影响和快速增长能力。诸多研究中已经提出一个指标，新兴分数用于衡量主题或技术的潜在新兴能力，该分数一般考虑影响力或增长率两个技术属性，可以直观地反映一个主题或对象的新兴程度。例如，Lee 等 [388] 提出专利的正向引用次数与专利的技术影响或经济价值之间存在显著的正相关关系，并由此提出基于专利引用次数来定义新兴度公式；Liang 等 [382] 则同时考虑影响力和增长率两个技术属性，设计了基于论文文档频率的流行度分数公式。

结合上述背景，本研究从多源数据类型角度出发，定义了综合考虑影响力和增长率的新兴分数指标，用以全面衡量和直观地反映技术术语或主题的新兴潜力。具体来说，引入多源数据的文档频率，通过与给定主题相关的不同数据源文档频率进行线性关系构建，来表示未来时间点技术主题的新兴潜力大小。

最终，新兴分数的定量计算方式为式（7-1）和式（7-2），其中 ADF_i 表示每个主题的调整（累积）文档频率，DF_i 代表给定主题在时间 i 的文档频率。此外，α 是一个衰减因子，控制当前时间的状态应考虑的历史影响程度，δ 则是确保函数有效性的平滑因子 [382]。

$$ADF_i=DF_i+\alpha\times ADF_{i-1}, \tag{7-1}$$

$$Emer\ ging\ score_i=\ln(ADF_i+\delta)\times\frac{DF_i+1}{DF_{i-1}+1}。 \tag{7-2}$$

7.3.3 基于多源数据的特征提取

对多源数据集中抽取出的技术表征词进行相似度计算，依据连贯性原则得到相邻时期主题的相似度值，依据语义相似度关系得到多条技术演化路径。然后，针对得到的技术演化路径，对不同时间轴上与新颖性、突破性、影响力和成长速度相关的文本特征进行统计。具体过程如下：

首先，依据技术主题的传承性构建技术演化路径，对技术路径上每个词的相关文档数进行统计。其次，根据多源数据特征分类结果，对不同数据源中可用特征进行抽取，如表 7-2 所示，在论文中主要提取页数、来源机构数、被引数、引用参考文献数、基金 / 资助数量、WOS 类别、研究领域数、使用次数、发表量等可量化特征；在专利中主要提取引用文献数、引用专利数、发明人、专利权人、权利要求数、申请量、专利号；在行业报告中主要提取页数、来源机构数、学科类别数、合作作者数、发表量。

表 7-2　基于多源数据的文本特征

数据类型	可计算文本特征
行业报告	页数、来源机构数、学科类别数、合作作者数、发表量
专利	引用文献数、引用专利数、发明人、专利权人、权利要求数、申请量、专利号
论文	页数、来源机构数、被引数、引用参考文献数、基金 / 资助数量、WOS 类别、研究领域数、使用次数、发表量

7.3.4　基于深度学习的新兴分数预测

LSTM 模型是一种基于递归神经网络（RNN）的有监督深度学习模型。一个 LSTM 模型包含许多 LSTM 单元，每个 LSTM 单元包含一个输入门、一个输出门、一个遗忘门和一个存储单元，它不仅可以保留历史信息，还可以控制每个层中历史信息的遗忘和更新 [421]。由于 LSTM 比普通递归神经网络具有更好的性能，并且在时间序列相关任务的多元输入拟合方面具有良好的灵活性和能力 [422]，LSTM 已被广泛应用于语音识别、语言建模、情感分析和文本预测。Li 等 [386] 引入了分层 LSTM 模型，注意在句子和单词级别嵌入文档；Tai 等 [423] 将 LSTM 推广到树状结构网络拓扑，以改进文档（段落）的语义表示；Jo 等 [424] 将潜在主题信息引入 LSTM 模型，用于死亡率预测；Jz 等 [425] 将用户的主题偏好和文本情感特征与 LSTM 模型相结合，预测社交网络用户的人格特征；Liang 等 [382] 使用 LSTM 挖掘多个特征之间的关系，预测新兴主题的主题流行度分数。

此外，许多研究人员从不同角度对 LSTM 进行了改进。例如，BiLSTM 是一种双向 LSTM 模型，它包含两个方向相反的独立 LSTM 神经网络 [149]，且通常与其他分类方法结合用于序列标记；Liu 等 [426] 引入深度迁移学习的思想，通过 BiLSTM 模型实现专利数据特征的迁移学习，将技术主题划分为不同的技术类别；Zhang 等 [427] 设计了一个新的主题增强 LSTM 模型，将注意力和潜在主题建模相结合，以生成文档的语义表示；Li 等 [428] 设计了一个基于注意机制的 CNN-LSTM 模型，用于电力负荷需求预测。

综上所述，LSTM 模型在时间序列任务中有着显著优势。一方面，LSTM 对变量之间的非线性关系等多变量具有强大的挖掘和拟合功能，这在多个任务和领域中得到了证明；另一方面，来自多源数据的特征可能具有复杂的非线性关系。采用神经网络模型，即长短期记忆网络（LSTM）作为预测模型，将多个特征组合成一个统一的输出，实现多变量输入和单变量输出的时间序列预测。此外，该模型可以捕获多个特征之间可能存在的非线性关系，特别是新兴分数和输入特征之间的关系。此外，该模型还可以通过序列到序列的结构学习来保留多个特征随时间的动态变化。因此，LSTM 是一个很好的选择，可以有效地捕获和拟合多维指标之间可能存在的复杂关系，并进一步将多个特征组合成一个统一的输出。

LSTM 模型框架如图 7-1 所示。首先，在每个时间窗口中，与主题属性对应的所有特征都被视为一个特殊序列，作为 LSTM 模型的输入，用 $X_t=\{X_1, X_2, \cdots, X_n\}$ 表示。此外，每个 LSTM 单元都由输入门、遗忘门和输出门组成，可以保持有序信息，从而产生更准确可靠的预测。例如，$h_{(t-1)}$ 表示 LSTM 单元的输出，$c_{(t-1)}$ 表示 LSTM 单元的状态值。其次，主题对应的新兴分数是 LSTM 模型的输出，用 y_t 表示，y_t 用于反映主题在 t 时刻的新兴程度。再次，LSTM 模型是通过由多个时间窗口中的特征和新兴分数组成的矩阵来训练的。最后，本书利用该模型可以计算出一个新主题的未知新兴分数，并通过分析其动态变化来识别新兴技术。

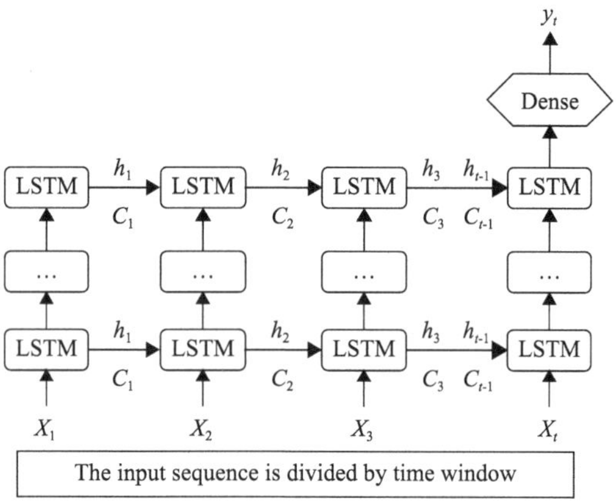

图 7-1　LSTM 模型框架

7.4　新兴技术识别应用

7.4.1　数据准备

该部分选择人工智能领域进行实证研究，以 Web of Science、Derwent Innovation Index 和 National Technical Reports Library 作为多源数据收集渠道。在充分考虑领域特点的情况下，制定论文和专利的检索式为“TS=(Artificial Intelligence technolog* OR Artificial Intelligence OR AI) OR TS=(Programming technolog* OR Genetic algorithm OR Artificial Neural network*)”，行业报告的检索式为“TI = (Artificial Intelligence technolog* OR Artificial Intelligence OR AI) OR TI= (Programming technolog* OR Genetic algorithm OR Artificial

Neural network*)”。时间跨度设置为 2016—2021 年，最终共检索到 59 538 篇论文、40 691 项专利和超过 6135 份行业报告。结合实验目标及数据量分布，确定以一年为一个时间窗口，将论文、专利和行业报告分别划分成 2016 年、2017 年、2018 年、2019 年、2020 年、2021 年 6 个数据集。

为满足实验需求，对这些数据集进行文本预处理工作，包括合并、去重、特征统计和名词短语提取。具体来说，首先，我们构建了多个文本语料库，包括论文、专利和报告的标题、摘要、关键词和部分可用的文本信息；其次，我们通过多个步骤对数据进行预处理，如大小写转换、分词和特殊字符去除等；再次，通过 python 的“textblob”工具包从不同数据源语料集中提取名词短语，经去重、相似度匹配等步骤得到多源数据集的共有名词短语；最后，将多源文本语料库中共有的 3949 个短语作为后续实验的候选技术表征词。

7.4.2　基于多源数据的对比设计

本研究根据前 N 年每个技术主题的多项特征来预测新兴分数。首先，根据相邻时间段技术主题的语义相似度关系建立技术路径，形成具有连续时间的技术演化路径；其次，利用文献计量方法依次统计各技术主题在不同时间点的相关多源数据文本特征值，用于构成输入数据；最后，基于第 7.3.2 小节中的公式批量计算各技术主题在不同时间点的新兴分数，以构成输出数据。此外，为实现对多源数据的预测效果进行验证，我们从数据源类型角度划分多个数据集，分别进行实验以形成对照。数据集具体划分方式如下。

首先，基于不同数据源构造多个数据源组合，包括 1 种数据源、2 种数据源组合和 3 种数据源组合。其中，1 种数据源和 2 种数据源组合分别有 3 组，而 3 种数据源组合仅有 1 组，如表 7-3 所示。这些数据集可用于分析不同数据源组合对新兴分数预测的影响。

表 7-3　基于多源数据的数据集划分

序号	1 种数据源	2 种数据源	3 种数据源
1	行业报告	论文 & 专利	论文 & 专利 & 行业报告
2	专利	论文 & 行业报告	—
3	论文	专利 & 行业报告	—

其次，定义了一个参数“timestep”来描述时间窗口，该时间窗口可

以根据预测的时间长度进行动态调整。例如，当时间步长等于 2 时，这意味着一个主题在间隔两年或第三年的新兴分数将通过前 N 年的数据进行预测。具体来说，在时间窗口“2016—2021”中，“2016、2017、2018”的所有特征将作为输入值，2021 的分数将作为输出值。然后，我们将技术路线上前 *N* 年的特征状态值作为输入数据，*n* 年后的得分（*n*=timestep）作为输出值。在获取全部数据后，根据有效数据集大小确定各参数值，其中 *N*=3，timestep=2，训练和测试数据集的划分阈值设置为 0.849。

最后，从误差角度定量评估不同方法的性能。本研究中选取了 3 个常用的误差度量指标，包括 *MSE*（均方误差）、*RMSE*（均方根误差）和 *MAE*（平均绝对误差），以测量不同级别的预测值与真实值之间的差异。*MSE* 使用式（7-3）计算预测值和真实值之间的平方差，其中$\hat{y}_i$是时间 *t* 时主题 *i* 的预测值，y_i 表示同一时刻的实际值。*RMSE* 类似于 *MSE*，它对误差更为敏感，根据式（7-4）计算。*MAE* 则测量预测值和真实值之间的平均距离，通过式（7-5）计算。

$$MSE=\frac{1}{n}\sum_{i=1}^{n}(\hat{y}_i-y_i)^2, \tag{7-3}$$

$$RMSE=\sqrt{\frac{1}{n}\sum_{i=1}^{n}(\hat{y}_i-y_i)^2}, \tag{7-4}$$

$$MAE=\frac{1}{n}\sum_{i=1}^{n}|\hat{y}_i-y_i|。 \tag{7-5}$$

7.4.3 基于深度学习的新兴分数预测结果

（1）基于单一数据源预测

由于论文、专利和行业报告对技术的表征视角不同，所以不同数据源所记录的信息侧重点存在一定差异。例如，论文侧重于从知识角度阐述技术，专利侧重于从技术本身角度阐述技术的发展，行业报告则聚焦于技术在市场环境下的状态。对此，我们将论文、专利和行业报告作为单一数据源分别进行实验，以分析、比较不同数据源因不同视角所产生的新兴度预测效果有何差异。结果如表 7-4 所示，从误差结果来看，基于专利的误差值 *MSE*、*RMSE*、*MAE* 均最小；其次是论文数据。这反映出专利、论文与技术的潜在新兴程度有更密切的关系，即选择从单一角度对技术的新兴度进行预测时，专利或论文数据更适合作为数据源。

表 7-4　单一数据源预测表现

数据类型	*MSE*	R*MSE*	*MAE*
论文	0.8717	0.9336	0.3417
专利	0.7588	0.8711	0.3308
行业报告	1.1531	1.0738	0.3709

（2）基于两种数据源预测

为了解相较于单一数据源，增加数据源类型对新兴技术识别有何种影响，以及不同数据源的组合是否会产生一定的效果差异，我们将 3 种数据源以两两组合的方式进行划分，共形成 3 类数据集，分别是论文 & 专利，论文 & 行业报告，专利 & 行业报告。在 3 类数据集上依次实验，以分析不同数据源组合产生的效果差异。如表 7-5 所示，从误差评价结果来看，论文 & 专利组合的误差值 *MSE*、*RMSE*、*MAE* 均最小，即该组合最有利于预测，其效果最优；其次是专利 & 行业报告组合。由此说明在两种数据源混合中，论文 & 专利组合更有利于新兴分数的预测，即论文、专利数据对研究对象未来新兴度衡量具有更大程度的正向影响。这一点与上述单一数据源的对比结果相吻合。此外，结合表 7-4、表 7-5 可以发现，在该任务中，对于专利，扩充数据源时选择增加论文比行业报告的效果更好，对于论文也有同样的规律。而对于行业报告，增加论文和专利时均对效果有提升作用，且专利提升效果更明显。由此说明，专利数据在技术预测中发挥着更显著的作用，这也证实了专利数据在科技文献中的重要价值。

表 7-5　两种数据源组合预测表现

数据类型	*MSE*	*RMSE*	*MAE*
论文 & 专利	0.6947	0.8335	0.3167
论文 & 行业报告	1.0956	1.0467	0.3443
专利 & 行业报告	0.8546	0.9244	0.3387

（3）基于 3 种数据源预测

为验证本书提出的多源数据方法，将专利、论文、行业报告 3 种数据源组合形成一个多源数据集，其中实验所需的所有特征值和分数均基于该数据集进行计算。表 7-6 中展示了 3 种数据源组合的实验结果误差评价。从误差结果来看，预测结果各项误差值均偏低，且结合表 7-4、表 7-5 可进一步发现，3 种数据源组合后产生的各项结果误差均有一定改善。由此，说明数据源的增加有助于提高新兴分数预测的效果。

表 7-6 3 种数据源组合预测表现

数据类型	*MSE*	*RMSE*	*MAE*
论文 & 专利 & 行业报告	0.5024	0.7088	0.3021

7.4.4 实证结果对比与分析

（1）不同数据源组合预测误差对比与分析

为进一步了解扩充数据源的数量是否对技术新兴度预测效果有积极作用，在上述对比实验基础上，将 3 种数据源策略下的最优组进行综合对比，如表 7-7 所示。从表 7-7 中可以发现：首先，在最优数据源组合中，专利数据出现次数最多，这说明专利作为从技术本身对技术相关信息进行记录的科技数据，在技术预测与识别任务中发挥着重要且不可替代的作用；其次，只使用专利数据时，预测效果明显不如专利 & 行业报告、论文 & 专利 & 行业报告这类组合，即单一数据源的效果是低于多源数据的；最后，论文 & 专利 & 行业报告组合的效果优于论文 & 专利组合，这再次证实随着数据源增加，模型的预测效果也越好，即扩充数据源确实对预测过程有积极影响。

表 7-7 最优组表现对比

数据类型	*MSE*	*RMSE*	*MAE*
专利	0.7588	0.8711	0.3308
论文 & 专利	0.6947	0.8335	0.3167
论文 & 专利 & 行业报告	0.5024	0.7088	0.3021

（2）不同数据源组合识别结果对比与分析

在误差评价基础上，对上述表现最优的数据源组合得到的结果进行分析。表 7-8 列举了排名前十的预测结果，其中 *Tn* 表示各数据源候选结果中的技术路径编号。

首先，从排序结果来看，在两两比较之中，可以发现相同技术路径的排名在不同数据源组合中存在差异，例如，*T*12 在论文 & 专利 & 行业报告数据组中排名第六，在论文 & 专利组中排名第十，在专利组中排名第七，这说明数据源数量发生变化对预测结果的影响是不同的。此外，对比论文 &

专利 & 行业报告组和单一专利组，可以发现论文 & 专利 & 行业报告组的结果中包含了 7 个专利组的提名结果；而对比论文 & 专利组和单一专利组，发现论文 & 专利的结果中包含了 5 个专利组的提名结果，该现象说明数据源类型越丰富，越有可能在识别出单一数据源的结果基础上，识别出更多新的结果。由此也证实了增加数据源可以扩充文本语义信息、丰富文本内容，进而扩大识别范围这一观点。

表 7-8　不同数据源组合提名的前 10 条技术路径

排名	论文 & 专利 & 行业报告	论文 & 专利	专利
1	*T*0	*T*0	*T*3
2	*T*3	*T*8	*T*4
3	*T*4	*T*9	*T*1
4	*T*1	*T*14	*T*11
5	*T*7	*T*7	*T*13
6	*T*12	*T*6	*T*7
7	*T*10	*T*10	*T*12
8	*T*13	*T*5	*T*10
9	*T*14	*T*2	*T*2
10	*T*9	*T*12	*T*5

技术内容主要通过对技术演化路径每个时间点的技术词和整个演化过程进行分析来确定。表 7-9 展示了前 10 条技术路径的技术特征词分布情况。下面以论文 & 专利 & 行业报告，论文 & 专利和专利的前 5 名为例，对其提名的技术内容展开具体分析。

首先，在论文 & 专利 & 行业报告组中前 5 名分别对应技术路径 *T*0、*T*3、*T*4、*T*1、*T*7，其中 *T*0 主要涉及与 AI 相关的算法话题；*T*3 与 AI 的应用相关，包括预测、检测、推荐等应用场景；*T*4 是与 AI 相关的各种网络，其中包括社交网络、神经网络，即可能是指物联网相关技术；*T*1 对应的技术内容主要是相似度算法和比较算法，其是目前诸多 AI 技术实现的基础，所以具有非常大的研究价值和研究潜力；T7 的技术词主要与数据应用有关，如 data distribution，以及数据对决策的辅助，即大数据开发相关技术主题。

其次，在论文 & 专利组中，前 5 名分别对应技术路径 *T*0、*T*8、*T*9、*T*14、*T*7，其中 *T*0、*T*7 在论文 & 专利 & 行业报告组结果中已被提名。除此之外，T8 是理论基础，该内容中没有具体的技术名词出现；T9 是与人机交互相关的话题；T14 则与社交媒体数据相关，如情感分析。从当前环境来看，无论是对于社会治理还是商业运营，媒体数据已经成为重要的信息资源，所以在当下网络大环境下对该方向的技术进行研究非常重要。

最后，在单一数据专利组的提名结果中，前 5 名分别对应技术路径 T3、T4、T1、T11、T13，其中 T3、T4 和 T1 在论文 & 专利 & 行业报告组和论文 & 专利组的提名结果中已出现。除此之外，T11 对应的技术内容主要是智能化集成系统，包括预警系统、智慧交通系统等；T13 则是与数据处理相关，如数据融合、数据采集，并进一步可具体到视频分析、文本分析等应用场景。

从上述技术内容分析结果可以看出，不同数据源组合中提名的技术内容均与我们选取的领域——人工智能技术存在高相关性，这再次验证了本书方法具有一定的有效性。

表 7-9 前 10 条技术路径在不同时间点的技术特征词分布

排名	论文 & 专利 & 行业报告	论文 & 专利	专利
1	Ai, artificial intelligence processor, machine learning algorithms, genetic algorithms, reinforcement learning algorithm, deep convolutional, neural networks	Ai, artificial intelligence processor, machine learning algorithms, genetic algorithms, reinforcement learning algorithm, deep convolutional, neural networks	Prediction, predictive model, time series, recommendation system, detection algorithms, demand forecasts
2	Prediction, predictive model, time series, recommendation system, detection algorithms, demand forecasts	theoretical foundation, base	Web, Network, social network, artificial neural networks, neural network
3	Web, Network, social network, artificial neural networks, neural network	human-machine, visual perception, computer vision, brain-computer, human-robot interaction, human-computer interaction	Compared, similarity measure, similarity algorithm, high resolution

续表

排名	论文 & 专利 & 行业报告	论文 & 专利	专利
4	Compared, similarity measure, similarity algorithm, high resolution	Media, social media, social media data, sensitivity analysis,	parallel processing, integration, warning system, intelligent transportation system, combinatorial optimization
5	Distributed, decision-making, data distribution	Distributed, decision-making, data distribution	text analytics, data acquisition system, trend analysis, signal processing, video analytics, data analytics, data fusion
6	Language, language models, automatic speech recognition, voice control	Structure, software architecture, hierarchical architecture, system architectures	Distributed, decision-making, data distribution
7	Monitoring, multi-agent system, system security, supervisory control	Monitoring, multi-agent system, system security, supervisory control	Language, language models, automatic speech recognition, voice control
8	text analytics, data acquisition system, trend analysis, signal processing, video analytics, data analytics, data fusion	Self, Autonomous, adaptive control	Monitoring, multi-agent system, system security, supervisory control
9	Media, social media, social media data, sensitivity analysis,	Electrical, automatic detection, power system, object detection, fault detection	Electrical, automatic detection, power system, object detection, fault detection

续表

排名	论文 & 专利 & 行业报告	论文 & 专利	专利
10	human-machine, visual perception, computer vision, brain-computer, human-robot interaction, human-computer interaction	Language, language models, automatic speech recognition, voice control	Self, Autonomous, adaptive control

（3）总结

本研究提出的基于多源数据和深度学习的新兴技术识别方法，首先，分析了新兴技术的属性与多源数据特征之间的相关性；其次，从多源数据中尽可能提取可量化的丰富特征，将基于新兴技术的属性划分成5类，并参照已有文献定义了一个基于多源数据的新兴分数指标，以形成一个全面、客观的识别体系；再次，引入神经网络模型，用于捕捉不同数据源的丰富特征与未来时间点新兴分数指标之间的复杂关系，在此过程中强化了对非线性关系的学习，弱化了人工参与的主观性；最后，根据候选技术路径的技术特征词来解读新兴技术内容。

此外，在实证研究中探讨了不同数据源及数据源数量对模型预测的影响差异，最终结果证实了多源数据可以提高模型的预测性能。因此，在进行技术预测相关任务中可提供以下建议：当使用单一数据时，采用专利的优势大于论文和行业报告；当使用两种数据源时，采用专利和论文数据组合的优势大于专利和行业报告、论文和行业报告组合；而专利、论文和行业报告3种数据源组成的多源数据在研究中优势是最大的。

第8章
结论与展望

本章对全书内容进行总结，归纳给出本研究的贡献及创新之处，并指出本研究存在的不足，以及后续的研究方向。

8.1 本书研究总结

本书的研究工作主要包括以下6个方面。

(1) 系统地调研和总结国内外相关研究现状

数智赋能的背景下，传统的技术挖掘迎来了新的挑战，将数智赋能新理论和方法与技术挖掘方法结合起来，形成新的机遇，为提前谋划布局、突破技术壁垒、实现科技赶超提供了基础和前提。

首先，本书介绍了数智赋能和技术挖掘的基本理论与方法，具体包括其基本概念、涵盖范畴与基础方法；其次，本书提供了两种数智赋能技术挖掘视角，即知识单元挖掘视角和技术整体挖掘视角，并对两种视角下的理论和方法进行了综述，重点介绍了实体抽取、关系抽取、事件抽取、多源数据融合、表示学习、知识图谱等6种方法下的主流模型。

在此基础上，对已有研究进行归纳和总结，找出其不足和待改进之处。①在基于专利引文分析的方法中，大部分学者通过专利引文的相似程度来确认研究领域内的主题演化路径，但是专利引用网络包含的信息显然远没有专利文本包含的信息丰富；②基于专利文本的方法通常通过比较不同时间序列主题之间的共同主题词的个数来发现演化路径和主题之间演化关系，但是这类方法没有考虑到主题词之间的语义关系；③大部分研究最后得到的结果往往是主题之间是否产生演化关系，并没有更加深入的研究结果去揭示具有演化关系的主题之间是一种怎样的演化关系，单纯的演化关系显然已经不能满足现阶段的技术主题演化研究；④当前技术融合关系预测方法中，主流的网络分析方法在衡量专利分类间相似性时忽略了专利分类间的关联强度，影响了技术融合的准确表示和表达；⑤涉及文本语义方法时，大多数研究平均地将专利文本赋予对应的所有专利分类，忽略了同一专利中多个专利分类间的重要性区别，并且现有方法未能充分融合网络结构与语义信息，使得技术融合关系预测结果不够全面；⑥当前研究主要关注技术融合模式的识别与预测，但是预测所得技术融合关系并不一定都会产生价值，因而需要对预测结果进行价值评估，筛选获得高价值的技术融合关系；⑦关于新兴技术预测已有大量研究成果，但是，现有研究多以单一数据源为数据基础，使得技术主题、技术特征等内容的语义丰富度不高；⑧技术主题识别指标选取的维度缺乏全局视角，多局限于从技术自身特征视角研究技术发展趋势，忽略了市场等外在条件对技术发展的显著影响力；⑨新兴技术预测的现有研究较少使用深度学习方法，而是以文献计量和机器学习方法为主，忽略了神经网络中潜在关系预测功能。

（2）提出基于知识流出和知识流入的主题演化路径识别方法

数智赋能下，知识单元抽取和表示已经从词汇粒度转向更具体的实体粒度，从浅层语义表示转向深层语义表示。该部分首先总结“实体语义表示”赋能技术主题演化路径识别的理论、方法和技术；其次，综述研究基础，发现实体语义表示能更准确地识别技术主题演化路径，其结果更具可解释性；最后，设计 BiLSTM-CRF 模型抽取专利技术实体，设计实体语义表示方法实现实体向量表示，提出基于专利实体语义表示的主题演化路径识别方法，合并不同表示但语义相同的实体，识别主题之间的消亡、新生、合并、分化和发展等主题演化关系。

无人机具有成本低、操作灵活、能够避免出现人员伤亡等特点，备受军事和民用领域的关注。2015 年国务院提出《中国制造 2025》发展战略，将无人机产业列入我国十大重点领域之中。无人机产业包括从人工智能到核心软件和硬件工程的各种知识领域，是典型的多学科融合、跨领域集成的新兴产业，技术融合已然成为无人机产业创新发展的主要来源。因此，该实验以无人机领域专利数据为基础，对无人机的技术主题演化路径进行识别，探索无人机产业的发展脉络。

从实验结果来看，基于专利实体语义表示的主题演化路径识别方法比基于相同主题词的方法识别出的演化专利实体平均提高 13.36%。因此本书认为，将专利实体抽取和词表示学习方法引入主题演化路径识别的工作中，对文本的语义信息特征加以利用，能够对主题演化路径识别的结果产生积极影响。

（3）提出基于实体关系抽取的主题演化语义关联发现方法

数智赋能下，知识关联发现逐渐从词汇外层配对转向词义内层匹配，从比较笼统的共现关系分析转向更加具体微观的细粒度语义关联发现。该部分首先总结“实体关系抽取”赋能技术主题演化语义关联发现的理论、方法和技术；其次，综述研究基础，发现实体关系抽取能更细粒度地发现技术主题之间的语义关联，更利于解释演化发生的成因；最后，设计并定义特定领域内实体间语义关系，借鉴实体关系抽取方法，形成实体语义关系到技术主题之间语义关系的映射方案，提出基于实体关系抽取的技术主题演化语义关联发现方法，并在无人机领域进行可视化分析，对演化成因进行解读，使得现阶段主题演化路径识别研究中主题演化关系尚不清晰这一问题得以解决。

（4）提出基于多特征融合的技术融合关系预测方法

数智赋能下，复杂网络能有效融合网络结构与文本内容，使得技术融合关系预测更加全面准确。该部分首先总结“复杂网络”赋能技术融合关系预测的理论、方法和技术；其次，综述研究基础，发现复杂网络有利于计算专利分类间的关联强度，更好地赋予专利分类以文本，实现更准确的技术融合关系预测；最后，设计专利分类关联强度计算指标，为专利分类赋予文本，构建技术网络结构相似性和语义相似性指标，融合两者提出基于多特征融合的技术融合关系预测方法。

国家第十四个五年规划和 2035 年远景目标纲要中，明确提出了“打造系统完备、高效实用、智能绿色、安全可靠的现代化基础设施体系”的目标，要求推动物联网“全面发展”。这为我国未来物联网产业的发展提供了指南。同时，在新一轮科技革命愈演愈烈的背景下，物联网将继续成为国际竞争的焦点之一。因此，该实验以物联网领域专利数据为基础，对物联网的技术融合趋势进行预测，把握物联网产业未来的发展方向。

从实验结果来看，以基于单一特征的预测方法作为基线方法，对提出的融合多特征的随机森林方法进行预测效果的验证比较，可以看出基于专利分类网络的节点相似性方法效果在 Top K 取值较小时效果较好，而基于专利分类文本的语义相似性方法效果则相对较差；随着 K 取值的增大，语义相似性方法准确率逐渐超越节点相似性方法的准确率；而本书选用的多

特征融合方法无论 K 取值多少，其效果都是最优的，较之基线方法至少提高 20%。在 K 取 10、50 时，多特征融合方法的 Top K 准确率均能达到 100%，此时节点相似性方法可以达到 70% 以上，而语义相似性方法则表现最差，不足 10%；当 K 取 100、500 时，本书提出的多特征融合方法也能够达到 90% 以上，而语义相似性方法和节点相似性方法的 Top K 准确率则处于 47% ~ 70%。因此，融合网络结构特征和文本语义特征形成的特征向量，可以更加有效地利用多种信息，实现技术融合关系预测准确率的提高。

（5）提出基于机器学习的技术融合价值评估模型

技术价值评估逐渐从定性评估转向流程化、规范化的智能化定量评估。该部分首先总结“机器学习”赋能技术融合价值评估的理论、方法和技术；其次，综述研究基础，发现机器学习能够融合多种指标，不仅能够判断哪些技术融合具有价值，还能定量评估价值是多少；最后，设计影响力和成长潜力指标，构建领域技术价值、商业价值和战略价值评估方法，利用多元回归机器学习模型，提出基于机器学习的技术融合价值评估模型。实验结果显示该方法的 *RMSE* 控制在 20 以内，而 *MAE* 值仅 11.73。因此，本书提出的价值评估方法可以在预测结果的基础上筛选出具有较高价值的技术融合关系。

（6）提出基于多源数据融合和深度学习的新兴技术识别方法

数智赋能下，深度学习能够有效融合多源异构数据并进行深层次语义表示，使得新兴技术识别和预测更加全面准确。该部分首先总结“深度学习”赋能新兴技术识别的理论、方法和技术；其次，综述研究基础并总结研究问题；最后，融合论文、专利和行业报告等多源异构数据，提取多种特征项，借鉴深度学习方法，设计基于 LSTM 的时间序列方法预测新兴分数，提出基于多源数据融合和深度学习的新兴技术识别方法。

以国务院 2017 年 7 月 8 日印发的《新一代人工智能发展规划》为例，作为我国人工智能发展的顶层战略，该规划分别从产品、企业和产业层面分层次落实发展任务，对基础的应用场景、具体的产品应用等做了全面的梳理，得到了中国政府的高度重视，并且政府对人工智能的开发投入了很大的资金。欣欣向荣的产业会不断产生新兴的技术，因此本书选择人工智能技术领域进行新兴技术识别研究。

从实证结果来看，不同数据源组合中提名的技术内容均与我们选取的领域 AI 技术存在高相关性，验证了本书方法是具有一定有效性的。本书提出的方法与纯文献计量、机器学习方法相比，在识别潜在新兴术语方面更准确、更高效。

8.2 贡献与创新之处

本研究的主要贡献与创新点体现在以下 5 点。

①丰富了主题演化路径的研究方法体系。当前的主题演化路径识别研究大多是基于专利文本中相同的关键词个数进行主题演化路径的构建。本书提出基于实体语义表示的主题演化路径识别方法，引入了专利实体抽取方法，利用神经网络方法自动识别专利文件中的专利实体词组，保证专利术语的完整性，也就保证了专利实体的完整和可解读性，使得提取的专利实体更完整，没有丢失专业术语的完整含义。同时，设计专利技术实体表示方法，识别同义专利实体并进行合并，提高技术主题演化路径识别的准确性，使结果更具可解释性，有利于管理人员和科研工作者准确掌握技术更迭演进过程，做出科学决策。

②对主题之间的演化语义关系进行更加深入的研究。当前的主题演化路径识别，研究结果往往止步于发现两个主题之间是否具有演化关系。演化关系大致分为融合、分裂等。但是两个主题之间的融合和分裂是基于怎样的语义关系，目前鲜有人进一步研究。本书提出基于实体关系抽取的技术主题演化语义关联发现方法，设计多种实体间语义关系，形成主题演化语义关系判别指标，更细粒度地发现技术主题之间的语义关联，更利于解释演化发生的原因。该方法深化了主题演化路径研究，有助于发掘技术演化成因，有利于把握技术演化规律和发展态势，选准优势发展方向。

③将多种特征融合进行技术融合关系预测。当前技术融合关系预测的相关研究主要是针对某个领域的已有数据，利用网络分析或关联规则挖掘等方法实现技术融合关系预测，但现有的方法往往只考虑单一的数据信息。本书提出基于复杂网络链路预测的技术融合关系预测方法，设计关联强度计算方法，充分利用网络结构特征和文本内容特征，融合多种指标，能更准确全面地预测技术融合可能发生的领域、方向和主题，并使结果更具可解释性，有利于科研管理人员把握科研领域前沿动态。

④提出针对技术融合关系的价值评估方法。当前针对技术融合关系的相关研究只关注到了技术融合关系的识别或者预测，缺少对所得技术融合关系的价值评价方法。本书提出基于机器学习的技术融合价值评估方法，从技术价值、经济价值等多角度出发，设计影响力和成长潜力指标并进行融合，有利于从多角度出发，综合地、定量地对技术融合价值进行评估，有利于行业研究者综合考量技术融合的经济价值与技术价值，准确把握研发重点。

⑤融合多源异构数据实现新兴技术预测。现有新兴技术预测方法研究多以单一数据源为研究基础，使技术主题、技术特征等内容的语义丰富度不高。本书提出基于深度学习模型的新兴技术识别方法，综合利用多源异构数据及其特征，设计基于 LSTM 模型的新兴分数预测方法，发现不同数据的影响和作用差异，提高新兴技术预测效果。该方法综合考虑多源异构数据，自动学习特征间复杂非线性关联，形成新兴技术识别方法，能够更准确、高效地识别新兴技术方向，支撑科研布局。

8.3 不足与后续研究

由于时间、条件的限制，本研究还存在着一些不足之处，具体包括以下内容。

（1）数据源方面

研究成果中虽然用到了论文和研究报告数据，但主要数据来源于专利，后续需要进一步扩充数据来源，对多源多模态数据进行深度融合分析。

此外，本书只使用了专利的标题、摘要来进行研究，而实际上，专利声明和专利全文中蕴含着更丰富的文本信息，可能对于专利文本表示更加具有帮助，未来需要进行尝试和对比。

（2）数智技术方面

本书仅使用最新的深度学习方法识别同义词实体进行主题演化分析，而没有考虑不同时间序列中的多义词实体。因此，未来的相关研究应考虑多义实体对主题演化路径发现的影响，并选择最新和最佳的方法替代深度学习方法。

本书中的专利实体之间的语义关系是为机械设备或电子设备预定义的，难以直接适用于不相关的领域，如医学、体育和计算机科学。此外，它还需要在不同的字段中手动标记新数据集，以训练模型。因此，当应用于不相关的技术领域时，该模型的可行性受到限制。

技术融合价值评估研究在方法设计上，只尝试了单一的随机森林方法，后续可以选择其他机器学习方法对特征进行融合并实现预测，比较不同方法的效果。

在进行新兴技术识别研究时，短语提取只使用了简单的文本提取方法，未来将引入更先进的方法，进一步优化实验结果。此外，如何从符合标准的主题名中识别出更精准、更细化、更具体的技术实体，也将是后续关注的重要方向。且该实验只是从数据角度进行了对比分析，如果从模型角度引入更多深度学习模型进行对比分析，可进一步验证该方法的有效性。未来将尝试通过探索最新的深度学习方法进行训练和比较来解决上述存在的局限性，并拓展新角度，设计更多的对比方案来证实本书方法的普适性。

新兴的数智技术层出不穷，新方法不断涌现，未来仍需不断探索新技术和新方法在技术挖掘上的创新应用和改进。

（3）技术挖掘方面

本书仅研究了专利的主题演化路径，而在现实生活中，除了专利数据外，还有大量其他丰富的技术信息或创新数据，如技术报告和科学文献。因此，未来将考虑针对不同的数据类型设计不同的实体提取和表示学习方法来进行主题演化分析。

此外，本书仅从主题演化的角度研究了领域内的研究主题及其之间的关系，未来可以引入突变、交叉领域及技术发展方向预测等内容，丰富研究框架。

技术挖掘具有多种代表性应用，将来仍需扩展应用范围，扩充技术挖掘新理论和新方法。

参考文献

[1] 孙建军，李阳，裴雷 .“数智”赋能时代图情档变革之思考 [J]. 图书情报知识，2020（3）：22-27.

[2] 高丹，何琳 . 数智赋能视域下的数字人文研究：数据、技术与应用 [J]. 图书馆论坛，2023（9）：107-119.

[3] 陆伟，杨金庆 . 数智赋能的情报学学科发展趋势探析 [J]. 信息资源管理学报，2022（2）：4-12.

[4] 张影 . 科技创新是赢得未来的关键 [J]. 中国中小企业，2020（11）：13.

[5] 波特 . 技术挖掘与专利分析 [M]. 北京：清华大学出版社，2012.

[6] 中共中央国务院印发《国家创新驱动发展战略纲要》[J]. 中华人民共和国国务院公报，2016（15）：5-14.

[7] ISIAM N，MIYAZAKI K. Nanotechnology innovation system：understanding hidden dynamics of nanoscience fusion trajectories[J]. Technological forecasting and social change，2009，76（1）：128-140.

[8] SIADAT B. Emerging patterns of innovation：sources of Japan’s technological edge[J]. Research technology management，1995（5）：58.

[9] 邱悦文 . 新兴技术主题识别模型构建及实证研究 [D]. 镇江：江苏大学，2021.

[10] 董同强，丁世强 .“数智”融合驱动下智慧图书馆服务场景与体系设计 [J]. 图书馆学研究，2022（1）：2-8.

[11] 单宇，许晖，周连喜，等 . 数智赋能：危机情境下组织韧性如何形成？——基于林清轩转危为机的探索性案例研究 [J]. 管理世界，2021，37（3）：84-104，7.

[12] 刘国斌，祁伯洋 . 县域城镇数智化与信息化融合发展研究 [J]. 情报科学，2022，40（3）：21-26.

[13] 陈国青，任明，卫强，等 . 数智赋能：信息系统研究的新跃迁 [J]. 管理世界，2022，38（1）：180-196.

[14] 陈剑，刘运辉 . 数智化使能运营管理变革：从供应链到供应链生态系统 [J]. 管理世

界，2021，37（11）：227-240，14.
[15] 董艺 . 数智驱动的智慧图书馆信息服务模式重构研究 [J]. 江苏科技信息，2022，39（21）：31-33.
[16] 魏兴飞 . 数智技术赋能社区韧性建设研究 [D]. 兰州：兰州大学，2022.
[17] 黄颖 . 基于专利文献的技术演化路径识别方法研究 [D]. 北京：北京理工大学，2018.
[18] 李赓 . 基于文本挖掘的专利技术知识获取与演化研究 [D]. 上海：上海交通大学，2020.
[19] 赵洪州，唐敬年 . 知识单元的静智荷及其在荷空间的表示问题（续一）[J]. 科学学与科学技术管理，1990，11（2）：5.
[20] 赵蓉英，张心源 . 基于知识元抽取的中文智库成果描述规则研究 [J]. 图书与情报，2017（1）：119-127.
[21] 高国伟，王亚杰，李永光 . 我国知识元研究综述 [J]. 情报科学，2016，34（2）：161-165.
[22] 费兰克・梯利 . 西方哲学史 [M]. 长春：吉林出版集团，2014.
[23] 严炜 . 论韦恩的科学观 [J]. 武汉科技大学学报（社会科学版）. 2006，8（3）：5-9.
[24] 傅柱，王曰芬，徐绪堪，等 . 基于知识元的中文专利文献知识描述框架 [J]. 情报理论与实践，2019，42（4）：145-150.
[25] ARTHUR W B. The nature of technology[M].[S.l.]：Free Press，2009.
[26] ROMER P M. Endogenous technological change[J]. Nber working papers，1989，98(98)：71-102.
[27] DOSI G. Technological paradigms and technological trajectories：a suggested interpretation of the determinants and directions of technical change[J]. Research policy，1982，11（3）：147-162.
[28] FABER M，PROOPS J L. The innovation of techniques and the time-horizon：a neo-austrian approach[J]. Structural change and economic dynamics，1991，2（1）：143-158.
[29] 任雪菁 . 基于 SAO 结构的技术主题演化路径研究 [D]. 北京：北京协和医学院，2021.
[30] LAI R J，LI M F. Technology evolutoon of lower extremity exoskeletom from the patent perspective[J]. Key engineering materials，2004，625：451-536.
[31] 张杰，赵君博，翟东升，等 . 基于主题模型的微藻生物燃料产业链专利技术分析 [J]. 现代图书情报技术，2019，3（2）：52-64.
[32] 朱会 . 专利引证视角下 5G 技术演化路径分析 [D]. 蚌埠：安徽财经大学，2021.
[33] 王莉亚 . 基于离群数据的主题演化研究 [D]. 北京：中国科学院研究生院，2012.
[34] CHOI D，VALIKANGAS L. Patterns of strategy innovation[J]. European management journal，2001，19（4）：424-429.
[35] ROSENBERG N. Technological change in the machine tool industry，1840—1910[J].

The journal of economic history，1963，23（4）：414-443.
[36] ADNER R，LEVINTHAL D A. The emergence of emerging technologies[J]. California management review，2002，45（1）：50-66.
[37] CURRAN C S，LEKER J. Patent indicators for monitoring convergence–examples from NFF and ICT [J]. Technological forecasting and social change，2011，78（2）：256-273.
[38] 汤文仙 . 技术融合的理论内涵研究 [J]. 科学管理研究，2006，24（4）：31-34.
[39] 孟庆伟，扈春香 . 关于自主性技术创新中的技术融合 [J]. 科学管理研究，2003（2）：6-10.
[40] 苗红，郭鑫，吴菲菲 . 产业融合弱信号识别研究：以老年智能家居领域为例 [J]. 情报杂志，2020，39（11）：54-60，89.
[41] 李丫丫，赵玉林 . 基于专利的技术融合分析方法及其应用 [J]. 科学学研究，2016，34（2）：203-211.
[42] SANDERS B S，ROSSMAN J，HARRIS L J. The economic impact of patents[J]. Pat Trademark & Copy J Res & Ed，1958（2）：340.
[43] HALL B H，THOMA G，TORRISI S. The market value of patents and R&D：evidence from european firms [J]. Social science electronic publishing，2010，2007（1）.
[44] 赵晨 . 专利价值评估的方法与实务 [J]. 电子知识产权，2006（11）：24-27.
[45] 万小丽，朱雪忠 . 专利价值的评估指标体系及模糊综合评价 [J]. 科研管理，2008（2）：185-191.
[46] LEE N. Exclusion and coordination in collaborative innovation and patent law[J]. International journal of intellectual property management，2009，3（1）：79-93.
[47] SUZUKI J. Structural modeling of the value of patent[J]. Research policy，2011，40（7）：986-1000.
[48] 许华斌，成全 . 专利价值评估研究现状及趋势分析 [J]. 现代情报，2014，34（9）：75-79.
[49] 化柏林，李广建 . 大数据环境下多源信息融合的理论与应用探讨 [J]. 图书情报工作，2015，59（16）：5-10.
[50] 刘博文，白如江，周彦廷，等 . 基金项目数据和论文数据融合视角下科学研究前沿主题识别：以碳纳米管领域为例 [J]. 数据分析与知识发现，2019，3（8）：114-122.
[51] 银路，王敏，萧延高，等 . 新兴技术管理的若干新思维 [J]. 管理学报，2005（3）：277-280，300.
[52] BOON W，MOORS E. Exploring emerging technologies using metaphors：a study of orphan drugs and pharmacogenomics[J]. Social science & medicine，2008，66（9）：1915-1927.
[53] COZZENS S，GATCHAIR S，KANG J，et al. Emerging technologies：quantitative identification and measurement[J]. Technology analysis & strategic management，2010，22（3）：361-376.

[54] SMALL H，BOYACK K W，KLAVANS R. Identifying emerging topics in science and technology[J]. Research policy，2014，43（8）：1450-1467.
[55] ROTOLO D，HICKS D，MARTIN B R. What is an emerging technology？[J]. Research policy，2015，44（10）：1827-1843.
[56] 徐建国，李孟军，游翰霖 . 新兴技术识别研究进展 [J]. 情报杂志，2018，37（12）：8-12，7.
[57] 安沈昊，于荣欢 . 复杂网络理论研究综述 [J]. 计算机系统应用，2020，29（9）：26-31.
[58] 杨霞，黄陈英 . 文本挖掘综述 [J]. 科技信息，2009（33）：82，99.
[59] 邱均平，徐中阳，魏开洋，等 . 数据计量学研究：概念内涵、理论方法及发展趋势 [J]. 情报理论与实践，2022，45（9）：27-36.
[60] 杨海民，潘志松，白玮 . 时间序列预测方法综述 [J]. 计算机科学，2019，46（1）：21-28.
[61] 王铭玉，张涛 . 高校新文科建设思考与探索：兼谈外国语言文学学科建设 [J]. 天津外国语大学学报，2019，26（6）：1-7.
[62] 刘宁，彭飞凡，于梦鑫 . 数字化赋能研究述评及未来展望 [J]. 开发研究，2021（6）：58-65.
[63] MAKINEN M. Digital empowerment as a process for enhancing citizens' participation[J]. E-Learning，2006，3（3）：381-395.
[64] 陈海贝，卓翔芝 . 数字赋能研究综述 [J]. 图书馆论坛，2019，39（6）：53-60，132.
[65] HERMANSSON E，MARTENSSON L. Empowerment in the midwifery context：a concept analysis[J]. Midwifery，2010，27（6）：811-816.
[66] 胡焕耀，隗玮，卢冬川，等 . 电子政务信息系统的安全防护体系的建设研究 [J]. 计算机时代，2022（10）：147-149.
[67] TEJEDOROMERO F，ARAUJO J F F E，TEJADA N，et al. E-government mechanisms to enhance the participation of citizens and society：exploratory analysis through the dimension of municipalities[J]. Technology in society，2022（8）：1-14.
[68] AAKASH G，MOHIT B. Evaluation and ranking of e-government websites using weighted-combinative distance-based assessment approach[J]. International journal of software innovation（IJSI），2022，10（1）：1-15.
[69] 郭琳珊，陈小华，李拓 . 电子政务建设对地区创新水平的影响：来自浙江省县级市的经验证据 [J]. 科学与管理，2023（1）：60-67.
[70] 林陶玉，冯文明，方鹏骞 . 协同创新视域下数字医疗联合体建设路径分析 [J]. 中国医院管理，2022，42（7）：17-20.
[71] 黄新平，朱思媛 . 数字医疗时代健康档案数据开放共享机制研究 [J]. 北京档案，2022（9）：9-13.
[72] 孙逸凡，刘伟静，徐亚伟 . 移动医疗与心脏康复 [J]. 中国实用内科杂志，2022，42

（5）：353-357.
[73] 范月琴，余克非，郑展望．数字化农业为加快浙江山区 26 县高质量发展赋能 [J]. 现代农机，2022（5）：3-5.
[74] 陈卫洪，王莹．数字化赋能新型农业经营体系构建研究：“智农通”的实践与启示 [J]. 农业经济问题，2022（9）：86-99.
[75] YOSHUA B，AARON C，PASCAL V. Representation learning：a review and new perspectives[J]. IEEE transactions on pattern analysis and machine intelligence，2013（8）：1788-1828.
[76] 涂存超，杨成，刘知远，等．网络表示学习综述 [J]. 中国科学：信息科学，2017，47（8）：980-996.
[77] PEROZZI B，AL-RFOU’R，SKIENA S. DeepWalk：online learning of social representations[J]. CoRR，2014：697-706.
[78] WANG D，CUI P，ZHU W. Structural deep network embedding[J]. Knowledge discovery and data mining，2016：1125-1234.
[79] 李枫林，柯佳．基于深度学习的文本表示方法 [J]. 情报科学，2019，37（1）：156-164.
[80] 张金柱，李溢峰．专利分类序列和文本语义表示视角下的技术融合预测研究 [J]. 情报学报，2022，41（6）：609-624.
[81] 郑诚，梅亮，赵伊研，等．基于双向注意力机制和门控图卷积网络的文本分类方法 [J]. 计算机科学，2023（1）：221-228.
[82] 尉译心，赵峰．基于改进 Transformer 的 SDVRP 问题求解方法 [EB/OL]. [2023-11-30]. http：//doi.org/10.19678/j.issn.1000-3482.0065058.
[83] 张贤坤，秦锋斌，孙月，等．融合交互意图的图神经网络协同过滤算法 [J]. 计算机应用研究，2023（2）：488-492.
[84] 梅馨，邢桂芬．文本挖掘技术综述 [J]. 江苏大学学报（自然科学版），2003（5）：72-76.
[85] 储珺，束雯，周子博，等．结合语义和多层特征融合的行人检测 [J]. 自动化学报，2022，48（1）：282-291.
[86] CREECH G，JIANG F. Semantics based multi-layered networks for spam email detection[J]. AIP conference proceedings，2012，1479（1）：1518-1523.
[87] 贾霞光．支持多语义层次的短文本特征提取及其分类技术 [D]. 沈阳：东北大学，2014.
[88] 高丽娟．基于文本挖掘的“六书”理论在国际中文汉字教学中的应用研究 [J]. 汉字文化，2022（17）：153-158.
[89] IGNACIO R，JOSÉVÍCTOR R，NILOOFAR S，et al. Applications of artificial intelligence，machine learning，big data and the internet of things to the COVID-19 pandemic：a scientometric review using text mining[J]. International journal of environmental research and public health，2021，18（16）：8578.

[90] Y B. Learning deep architectures for AI[J]. Foundations and trends® in machine learning，2009，2（1）：1-127.
[91] MIT technology review EmTECH[J]. 科技创业，2013（8）：60.
[92] 张军阳，王慧丽，郭阳，等 . 深度学习相关研究综述 [J]. 计算机应用研究，2018，35（7）：1921-1928，1936.
[93] 刘晋，张鑫，李云辉 . 一种基于多神经网络模型融合处理的图像文字语义分割方法：201910403196.1 [P]. 2022-09-30.
[94] 吕吟玉 . 基于深度神经网络的人声音色分类研究 [D]. 广州：广州大学，2022.
[95] 张伟涛，米吉提 · 阿不里米提，郑方，等 . 基于深度神经网络的资源匮乏语言语音关键词检索 [J]. 现代电子技术，2022，45（11）：68-72.
[96] BENGIO Y，DUCHARME R，VINCENT P，et al. A neural probabilistic language model[J]. Journal of machine learning research，2003，3（6）：1137-1155.
[97] 任胜兰，郭慧娟，黄文豪，等 . 基于注意力机制交互卷积神经网络的推荐方法 [J]. 计算机科学，2022，49（10）：126-131.
[98] 王旭东 . 基于德温特手工代码的专利技术挖掘研究 [D]. 大连：大连理工大学，2017.
[99] 马天旗，赵强，苏丹，等 . 专利挖掘 [M]. 北京：知识产权出版社，2016.
[100] 胡正银，方曙 . 专利文本技术挖掘研究进展综述 [J]. 现代图书情报技术，2014（6）：62-70.
[101] 胡阿沛，张静，雷孝平，等 . 基于文本挖掘的专利技术主题分析研究综述 [J]. 情报杂志，2013，32（12）：88-92，61.
[102] 王兴旺，汤琰洁 . 基于专利地图的技术预测体系构建及其实证研究 [J]. 情报理论与实践，2013，36（3）：51-55.
[103] 杨恒，王曰芬，张露 . 基于核心专利技术主题识别与演化分析的技术预测 [J]. 情报杂志，2022，41（7）：49-56.
[104] 张娴 . 技术演化路径探测方法研究 [M]. 北京：科学出版社，2020.
[105] 刘怀兰，刘盛，周源，等 . 基于多源文本挖掘的技术演化路径识别 [J]. 情报理论与实践，2022（11）：178-187.
[106] 冯立杰，周炜，刘鹏，等 . 基于引文网络和语义分析的技术演化路径识别及拓展研究 [J]. 情报理论与实践，2023（1）：90-99，131.
[107] 王超，马铭，张伟然，等 . 颠覆性技术关注方向演化研究 [J]. 科技进步与对策，2022，39（8）：19-29.
[108] 赵亚娟 . 专利引用分析方法与应用 [J]. 图书情报工作，2009，53（6）：11-15.
[109] 刘晓英，文庭孝，孙玥莹 . 专利技术信息挖掘及实证研究：以我国的行李箱专利为例 [J]. 图书馆，2018（4）：37-43.
[110] 马廷灿，李桂菊，姜山，等 . 专利质量评价指标及其在专利计量中的应用 [J]. 图书情报工作，2012，56（24）：89-95，59.

[111] 谢秋梅 . 国内外几种常用专利分析工具比较 [J]. 中国科技信息，2018（15）：18-20.
[112] 许海云，方曙中 . 基于专利功效矩阵的技术主题关联分析及核心专利挖掘 [J]. 情报学报，2014，33（2）：158-166 .
[113] 王贤文，刘则渊，侯海燕 . 基于专利共被引的企业技术发展与技术竞争分析：以世界 500 强中的工业企业为例 [J]. 科研管理，2010，31（4）：127-138.
[114] 洪璐 . 基于专利耦合分析的产业技术前沿演化研究 [D]. 大连：大连理工大学，2021.
[115] 胡志刚，王贤文，徐申萌，等 . 基于专利共类分析的技术网络结构研究：1971—2010[J]. 情报学报，2013，32（2）：8.
[116] 杨良斌，金碧辉 . 跨学科研究中学科交叉度的定量分析探讨 [J]. 情报杂志，2009，28（4）：39-43，92.
[117] 刘粉香 . 基于社会网络分析的变频技术发展趋势研究 [D]. 北京：北京工业大学，2013.
[118] 刘玉林，刘超，高蕾 . 基于加权网络的专利技术主题分析 [J]. 廊坊：廊坊师范学院学报（自然科学版），2022，22（1）：14-19，23.
[119] 侯筱蓉 . 社会网络分析在专利引用中的实证研究 [J]. 情报科学，2013，31（2）：63-66，71.
[120] 马腾 . 基于 ontology 的信息抽取系统的研究与实现 [D]. 成都：电子科技大学，2006.
[121] 曾镇，吕学强，李卓 . 一种面向专利摘要的领域术语抽取方法 [J]. 计算机应用与软件，2016，33（3）：48-51.
[122] 李质轩 . 融合上下文信息的汉语分词方法研究 [D]. 北京：北京交通大学，2018.
[123] 赵辉 . 基于论文–专利关联的前沿主题分析方法研究 [D]. 北京：中国科学院大学（中国科学院文献情报中心），2020.
[124] 李纲，李昱瑶，谢子霖，等 . 混合关键词选择策略对共词分析效果的影响研究 [J]. 情报理论与实践，2017，40（11）：110-116.
[125] 李秀霞，胡凡刚，袁林，等 . 基于加权中值相关和半阈值策略的突发关键词监测 [J]. 情报理论与实践，2015，38（3）：53-58.
[126] 关陟昊，单治易，林紫洛，等 . 技术前沿识别方法综述 [J]. 情报探索，2022（4）：129-134.
[127] 张文伟，赵辉 . LDA 与 BTM 概率主题模型抽取科学主题效果比较研究 [J]. 情报工程，2020，6（2）：66-77.
[128] YAN X，LAN Y，GUO J，et al. A biterm topic model for short texts[C]//Proceedings of the 22nd International Conference on World Wide Web. New York，NY，USA：Association for Computing Machinery，2013：1445-1456.
[129] 陆晓蕾，倪斌 . 基于预训练语言模型的 BERT-CNN 多层级专利分类研究 [J]. 中文信息学报，2021，35（11）：70-79.
[130] 彭玉杰 . 前沿技术主题的识别及会聚测度研究 [D]. 郑州：华北水利水电大学，2021.
[131] 梁静，徐亮，程文堂 . 机器学习算法在药物专利分类中的应用研究 [J]. 计算机与应

用化学，2007（10）：1341-1344.
[132] 马芳 . 基于神经网络的文本挖掘在专利自动分类中的研究与应用 [D]. 淄博：山东理工大学，2009.
[133] CONG H，TONG L H. Grouping of TRIZ inventive principles to facilitate automatic patent classification[J]. Expert systems with applications，2008（34）：788-795.
[134] 蔡爽，黄鲁成 . 基于聚类分析的专利申请组合研究 [J]. 科技管理研究，2009，29（4）：269-271，242.
[135] 陈国青，张瑾，王聪，等 . “大数据—小数据”问题：以小见大的洞察 [J]. 管理世界，2021，37（2）：203-213，14.
[136] 王颖 . 学术资源挖掘方法研究综述 [J]. 现代情报，2021，41（12）：164-177.
[137] YING D，MIN S，JIA H，et al. Entitymetrics：measuring the impact of entities[J]. Plos one，2013，8（8）：e71416.
[138] 章成志，谢雨欣，宋云天 . 学术文本中细粒度知识实体的关联分析 [J]. 图书馆论坛，2021，41（3）：12-20.
[139] 林超 . 基于自然语言处理的专利知识图谱构建研究 [D]. 杭州：杭州电子科技大学，2021.
[140] 王昊 . 基于层次模式匹配的命名实体识别模型 [J]. 现代图书情报技术，2007（5）：62-68.
[141] 谷俊，严明，王昊 . 基于改进关联规则的本体关系获取研究 [J]. 情报理论与实践，2011，34（12）：121-125.
[142] 潘虹，徐朝军 . LCS 算法在术语抽取中的应用研究 [J]. 情报学报，2010，29（5）：853-857.
[143] ZHOU G，SU J. Named entity recognition using an HMM-based chunk tagger[J]. Proceedings of the 40th annual meeting of the association for computational linguistics，2002：473-480.
[144] SUTTON C，MCCALLUM A，ROHAMNIMANESH K. Dynamic conditional random fields：factorized probabilistic models for labeling and segmenting sequence data[J]. The journal of machine learning research，2007（25）：693-723.
[145] LIN Y F，TASI T H，CHOU W C，et al. A maximum entropy approach to biomedical named entity recognition[C]//Proceedings of the 4th International Conference on Data Mining in Bioinformatics. Berlin，Heidelberg：Springer-Verlag，2004：56-61.
[146] PASSOS A，KUMAR V，MCCALLUM A. Lexicon infused phrase embeddings for named entity resolution[C]//Proceedings of the Eighteenth Conference on Computational Language Learning. Baltimore，Maryland USA：Association for Computational Linguistics，2014：78-86.
[147] CHIU J P C，NICHOLS E. Named entity recognition with bidirectional LSTM-CNNs[J].

Transactions of the association for computational linguistics，2016（4）：357-370.

[148] 冯艳红，于红，孙庚，等．基于 BLSTM 的命名实体识别方法 [J]. 计算机科学，2018，45（2）：8.

[149] HUANG Z，XU W，YU K. Bidirectional LSTM-CRF models for sequence tagging[J]. ArXiv，2015.

[150] LUO L，YANG Z，YANG P，et al. An attention-based BiLSTM-CRF approach to document-level chemical named entity recognition[J]. Bioinformatics，2018，34（8）：1381-1388.

[151] AONE C，HALVERSON L，HAMPTON T，et al. SRA：Description of the IE2 system used for MUC-7[C]. [S.l.：s.n.]，1998.

[152] MILLER S，FOX H，RAMSHAW L，et al. A novel use of statistical parsing to extract information from text[C]//In Proceedings of the 1st North American chapter of the Association for Computational Linguistics conference. Seattle，WA，USA：Association for Computational Linguistics，2000：226-233.

[153] FUNDEL K，KÜFFNER R，ZIMMER R. RelEx：relation extraction using dependency parse trees[J]. Bioinformatics，2007，23（3）：365-371.

[154] KAMBHATLA N. Combining lexical，syntactic，and semantic features with maximum entropy models for information extraction[C]//Proceedings of the ACL Interactive Poster and Demonstration Sessions. Barcelona，Spain：Association for Computational Linguistics，2004：178-181.

[155] ZHOU G，SU J，ZHANG J，et al. Exploring various knowledge in relation extraction[C]//Proceedings of the 43rd Annual Meeting on Association for Computational Linguistics. Ann Arbor，MI，USA：Association for Computational Linguistics，2005：427-434.

[156] ZELENKO D，AONE C，RICHARDELLA A. Kernel methods for relation extraction[J]. Journal of machine learning research，2003，3（3）：1083-1106.

[157] 鄂海红，张文静，肖思琪，等．深度学习实体关系抽取研究综述 [J]. 软件学报，2019，30（6）：1793-1818.

[158] SOCHER R，HUVAL B，MANNING C D，et al. Semantic compositionality through recursive matrix-vector spaces[C]//Proceedings of the 2012 Joint Conference on Empirical Methods in Natural Language Processing and Computational Natural Language Learning. Jeju Island，Korea：Association for Computational Linguistics，2012：1201-1211.

[159] HASHIMOTO K，MIWA M，TSURUOKA Y，et al. Simple customization of recursive neural networks for semantic relation classification[C]//Proceedings of the 2013 Conference on Empirical Methods in Natural Language Processing. Seattle，Washington，USA：Association for Computational Linguistics，2013：1372-1376.

[160] ZENG D，LIU K，LAI S，et al. Relation classification via convolutional deep neural network[C]//Proceedings of COLING 2014，the 25th International Conference on Computational Linguistics：Technical Papers. Dublin，Ireland：Dublin City University and Association for Computational Linguistics，2014：2335-2344.

[161] XU K，FENG Y，HUANG S，et al. Semantic relation classification via convolutional neural networks with simple negative sampling[C]// Proceedings of the 2015 Conference on Empirical Methods in Natural Language Processing. Lisbon，Portugal：Association for Computational Linguistics，2015：536-540.

[162] KATIYAR A，CARDIE C. Going out on a limb：Joint extraction of entity mentions and relations without dependency trees[C]//Proceedings of the 55th Annual Meeting of the Association for Computational Linguistics. Vancouver，Canada：Association for Computational Linguistics，2017：917-928.

[163] RILOFF E. Automatically constructing a dictionary for information extraction tasks[C]// Proceedings of the Eleventh National Conference on Artificial Intelligence.Washington D.C.，USA：AAAI Press，1993：811-816.

[164] RILOFF E，SHOEN J. Automatically acquiring conceptual patterns without an annotated corpus[C]//Third Workshop on Very Large Corpora. Massachusetts，USA：ACL，1995：148-161.

[165] JIFA J. An Event IE pattern acquisition method[J]. Computer engineering，2005（15）：96-98.

[166] CHIEU H L，NG H T. A maximum entropy approach to information extraction from semi-structured and free text[J]. Aaai/iaai，2002：786-791.

[167] LLORENS H，SAQUETE E，NAVARRO B. TimeML events recognition and classification：learning CRF models with semantic roles[C]//Proceedings of the 23rd International Conference on Computational Linguistics. Beijing，China：Association for Computational Linguistics，2010：725-733.

[168] LI Q，JI H，HUANG L. Joint event extraction via structured prediction with global features[C]//Proceedings of the 51st Annual Meeting of the Association for Computational Linguistics（Volume 1：Long Papers）. Sofia，Bulgaria：Association for Computational Linguistics，2013：73-82.

[169] YANG S，FENG D，QIAO L，et al. Exploring pre-trained language models for event extraction and generation[C]//Proceedings of the 57th Annual Meeting of the Association for Computational Linguistics. Florence，Italy：ACL，2019：5284-5294.

[170] SHI X，CHEN Z，WANG H，et al. Convolutional LSTM network：a machine learning approach for precipitation nowcasting[J]. Advances in neural information processing systems，2015，28.

[171] SATYAPANICH T，FERRARO F，FININ T. Casie：extracting cybersecurity event information from text[C]//Proceedings of the Thirty-Fourth AAAI Conference on Artificial Intelligence. New York，NY，USA：AAAI Press，2020：8749-8757.
[172] ZHENG G，MUKHERJEE S，DONG X L，et al. Opentag：Open attribute value extraction from product profiles[C]//Proceedings of the 24th ACM SIGKDD International Conference on Knowledge Discovery & Data Mining. London，United Kingdom：Association for Computing Machinery，2018：1049-1058.
[173] LUONG M-T，PHAM H，MANNING C D. Effective approaches to attention-based neural machine translation[J]. ArXiv preprint arXiv：1508.04025，2015.
[174] 郑杰 . 基于多源数据的联合表征学习及其管理应用 [D]. 成都：电子科技大学，2022.
[175] SILVA T P C，DEMOURA E S，CAVALCANTI J M B，et al. An evolutionary approach for combining different sources of evidence in search engines[J]. Information systems，2009，34（2）：276-289.
[176] HU Y，XU A，HONG Y，et al. Generating business intelligence through social media analytics：measuring brand personality with consumer-，employee-，and firm-generated content[J]. Journal of management information systems，2019，36（3）：893-930.
[177] 张维冲，王芳，赵洪 . 多源信息融合用于新兴技术发展趋势识别：以区块链为例 [J]. 情报学报，2019，38（11）：1166-1176.
[178] 李慧，胡吉霞，佟志颖 . 面向多源数据的学科主题挖掘与演化分析 [J]. 数据分析与知识发现，2022，6（7）：44-55.
[179] 裘惠麟，邵波 . 多源数据环境下科研热点识别方法研究 [J]. 图书情报工作，2020，64（5）：78-88.
[180] 王庆才 . 基于网络表示学习的专利分类方法研究 [D]. 北京：中国科学技术大学，2021.
[181] 孙晓玲，庄伟华，李冰，等 . 基于专利分析的产学研合作特征与关系预测研究：以区域装备制造业为例 [J]. 科学与管理，2020，40（1）：31-40.
[182] 李爽 . 基于语义和异构信息网络的专利引文推荐问题研究 [D]. 合肥：安徽大学，2021.
[183] 刘菁婕 . 基于表示学习的跨语言相关专利推荐研究 [D]. 南京：南京理工大学，2020.
[184] 王斌 . 实体结构与语义融合的知识表示学习方法研究 [D]. 徐州：中国矿业大学，2022.
[185] 黄金来 . 基于知识图谱的专利领域文本分类算法研究与应用 [D]. 长春：吉林大学，2020.
[186] 黄超 . 基于图神经网络的知识推理研究与应用 [D]. 成都：电子科技大学，2021.
[187] 马国斌 . 基于知识图谱的专利知识检索研究 [D]. 哈尔滨：哈尔滨工业大学，2021.
[188] 曹树金，李睿婧 . 基于专利文献摘要的创新知识图谱构建与应用 [J]. 情报理论与实践，2022（11）：21-28.

[189] 祝德刚，宫琳，唐圣，等 . 基于专利知识图谱的产品创新概念设计方法 [J]. 计算机集成制造系统，2022（11）：3599-3614.

[190] 张兆锋，张均胜，姚长青 . 一种基于知识图谱的技术功效图自动构建方法 [J]. 情报理论与实践，2018，41（3）：149-155.

[191] 翟东升，阚慧敏，李梦洋，等 . 产业链视角下基于图嵌入的专利布局意图挖掘方法研究 [J]. 情报学报，2022，41（5）：437-450.

[192] 葛富斌，沈欣 . 知识图谱技术在专利语义检索领域的应用研究 [J]. 中国发明与专利，2022，19（1）：10-18.

[193] 储节旺，吴蓉，李振延 . 数智赋能的创新生态系统构成及运行机制研究 [J]. 情报理论与实践，2023（3）：1-8.

[194] 朱佳晖 . 基于深度学习的主题建模方法研究 [D]. 武汉：武汉大学，2017.

[195] 余柳红 . 基于深度文本特征表示的文本分类和命名实体识别方法研究 [D]. 广州：华南理工大学，2020.

[196] SALTON G. The smart document retrieval project[C]//Proceedings of the 14th Annual International ACM SIGIR Conference on Research and Development in Information Retrieval. Chicago，Illinois，USA：Association for Computing Machinery，1991：356-358.

[197] TURNEY P D. Mining the web for synonyms：PMI-IR versus LSA on TOEFL[C]//Proceedings of the 12th European Conference on Machine Learning. Freiburg，Germany：Springer-Verlag，2001：491-502.

[198] PENNINGTON J，SOCHER R，MANNING C. Glove：global vectors for word representation[C]//Proceedings of the 2014 Conference on Empirical Methods in Natural Language Processing（EMNLP）. Doha，Qatar：Association for Computational Linguistics，2014：1532-1543.

[199] MIKOLOV T，CHEN K，CORRADO G，et al. Efficient estimation of word representations in vector space[EB/OL].（2013-09-07）[2023-10-24]. https：//doi.org/10.48550/arXiv.1301.3781.

[200] TURIAN J P，RATINOV L A，BENGIO Y. Word representations：a simple and general method for semisupervised learning[C]//Proceedings of the 48th Annual Meeting of the Association for Computational Linguistics. Uppsala，Sweden：Association for Computational Linguistics，2010：384-394.

[201] DEVLIN J，CHANG M-W，LEE K，et al. BERT：pre-training of deep bidirectional transformers for language understanding[C]//Proceedings of the 2019 Conference of the North American Chapter of the Association for Computational Linguistics：Human Language Technologies. Minneapolis，MN，USA：ACL，2019：4171-4186.

[202] 魏一丁 . 基于 BERT 模型的餐饮电商在线评论情感挖掘 [J]. 商场现代化，2020（1）：

20-21.

[203] 任莹 . 基于预训练 BERT 模型的客服工单自动分类研究 [J]. 云南电力技术，2020，48（1）：2-7，11.

[204] KAO A，POTEET S R. Natural language processing and text mining[J]. Acm sigkdd explorations newsletter，2007，7（1）.

[205] 高丹，何琳 . 数智赋能视域下的数字人文研究：数据、技术与应用 [J]. 图书馆论坛，2023（9）：107-119.

[206] 张金柱，于文倩 . 基于短语表示学习的主题识别及其表征词抽取方法研究 [J]. 数据分析与知识发现，2021，5（2）：11.

[207] 刘硕，马建红 . 融入领域短语知识的专利主题提取 [J]. 河北工业大学学报，2021，50（1）：28-36.

[208] LI J，SUN A，HAN J，et al. A survey on deep learning for named entity recognition[J]. IEEE transactions on knowledge and data engineering，2020，34（1）：50-70.

[209] CHEN L，XU S，ZHU L，et al. A deep learning based method for extracting semantic information from patent documents[J]. Scientometrics，2020，125（1）：289-312.

[210] AN X，LI J，XU S，et al. An improved patent similarity measurement based on entities and semantic relations[J]. Journal of informetrics，2021，15（2）：101135.

[211] WU G，TANG G，WANG Z，et al. An attention-based BiLSTM-CRF model for Chinese clinic named entity recognition[J]. IEEE access，2019（7）：113942-113949.

[212] MIKOLOV T，KOMBRINK S，DEORAS A，et al. RNNLM-recurrent neural network language modeling toolkit[C]//ASRU 2011：IEEE Workshop on Automatic Speech Recognition & Understanding. Hawaii，USA：IEEE，2011：196-201.

[213] YANG Z，DAI Z，YANG Y，et al. XLNet：generalized autoregressive pretraining for language understanding[C]//Proceedings of the 33rd International Conference on Neural Information Processing Systems. Red Hook，NY，USA：Curran Associates Inc.，2019：5753-5763.

[214] LIU Y，OTT M，GOYAL N，et al. Roberta：a robustly optimized bert pretraining approach[J]. arXiv preprint，2019.

[215] RAO Q，WANG P，ZHANG G. Text feature analysis on SAO structure extraction from Chinese patent literatures[J]. Acta scientiarum naturalium universitatis pekinensis，2015，51（2）：349-356.

[216] ZHANG J，YU W. Early detection of technology opportunity based on analogy design and phrase semantic representation[J]. Scientometrics，2020，125（1）：551-576.

[217] AFSHAR J，LEE W，LEE S，et al. PatentNet：multi-label classification of patent documents using deep learning based language understanding[J]. Scientometrics，2021，127（1）：207–231.

[218] DAS S，DEB N，CORTESI A，et al. Sentence embedding models for similarity detection of software requirements[J]. SN computer science，2021，2（2）：1-11.
[219] YOON B，KIM S，et al. Doc2vec-based link prediction approach using SAO structures：application to patent network[J]. Scientometrics，2021（126）：1-30.
[220] 郑金萍 . 数智时代高校图书馆面向新文科的学科数据服务研究 [J]. 图书与情报，2021（4）：127-131.
[221] GOULD S J，ELDREDGE N. Punctuated equilibria：an alternative to phyletic gradualism[J]. Models in paleobiology，1972：82-115.
[222] MAHONEY J. Path dependence in historical sociology[J]. Theory & society，2000，29（4）：507-548.
[223] DOSI G. Opportunities，incentives and the collective patterns of technological change[J]. Economic journal，1997，107（444）：1530-1547.
[224] DOSI G. Sources，procedures，and microeconomic effects of innovation[J]. Ournal of economic literature，1988，26（3）：1120-1171.
[225] 董洪 . 论作为技术哲学范畴的“技术进化”[D]. 太原：山西大学，2005.
[226] 白雪，吴虹 . 巴萨拉技术进化观的时代考量：解读巴萨拉的技术进化观 [J]. 中国科教创新导刊，2013（5）：95-96.
[227] 罗文馨，王园园 . 技术主题演化研究方法综述 [J]. 知识管理论坛，2018，3（5）：15-25.
[228] 王莉亚 . 主题演化研究进展 [J]. 情报探索，2014（4）：4.
[229] HUMMON N P，DEREIAN P. Connectivity in a citation network：the development of DNA theory[J]. Social networks，1989，11（1）：39-63.
[230] BATAGELJ V，MRVAR A. Pajek-program for large network analysis[J]. Connections，1998，21（2）：47-57.
[231] 马瑞敏，张欣 . 基于 Pathfinder 算法的领域知识交流主路径发现研究 [J]. 情报学报，2016，35（8）：856-863.
[232] MARTINELLI A. An emerging paradigm or just another trajectory？ Understanding the nature of technological changes using engineering heuristics in the telecommunications switching industry[J]. Research policy，2011，41（2）：414-429.
[233] LU L，LIU J S. A survey of intellectual property rights literature from 1971 to 2012：The main path analysis[C]//Portland International Conference on Management of Engineering & Technology. Kanazawa，Japan：IEEE，2014：1274-1280.
[234] 祝清松 . 语义增强的引文分析方法与应用实验研究 [D]. 北京：中国科学院大学 .
[235] 叶春蕾，冷伏海 . 基于引文—主题概率模型的科技文献主题识别方法研究 [J]. 情报理论与实践，2013，36（9）：4.
[236] 闫肖婷，刘向 . 基于主路径分析的核心主题凸显及演化 [J]. 现代情报，2019（6）：

24-31.
[237] PILKINGTON A，MEREDITH J. The evolution of the intellectual structure of operations management：1980—2006：A citation/co-citation analysis[J]. Journal of operations management，2009，27（3）：185-202.
[238] 孙铁楠 . 基于专利引用的技术领域主题的知识流动时间研究 [J]. 情报杂志，2015，34（7）：95-99.
[239] 刘盛 . 面向数控机床领域的多源数据主题建模及技术演化路径研究 [D]. 武汉：华中科技大学，2021.
[240] COULTER N，MONARCH I，KONDA S. Software engineering as seen through its research literature：a study in co-word analysis[J]. Journal of the american society for information science，1998，49（13）：1206-1223.
[241] KIM Y G，SUH J H，PARK S C. Visualization of patent analysis for emerging technology[J]. Expert systems with applications，2008（3）：1804-1812.
[242] BLEI D M，LAFFERTY J D. Dynamic topic models[C]//Proceedings of the 23rd international conference on Machine learning. Pittsburgh，Pennsylvania，USA：Association for Computing Machinery，2006：113-120.
[243] 祝娜，王效岳，白如江 . 科技创新路径识别研究进展：方法与工具 [J]. 图书情报工作，2014，58（13）：132-139.
[244] 刘玉林，菅利荣 . 基于动态专利有向网络的核心技术集群演化分析 [J]. 情报杂志，2021，40（4）：101-108.
[245] 马铭，王超，周勇，等 . 基于语义信息的核心技术主题识别与演化趋势分析方法研究 [J]. 情报理论与实践，2021，44（9）：106-113.
[246] 任智慧，徐浩煜，封松林，等 . 基于 LSTM 网络的序列标注中文分词法 [J]. 计算机应用研究，2017，34（5）：5.
[247] 李湘东，巴志超，黄莉 . 基于加权隐含狄利克雷分配模型的新闻话题挖掘方法 [J]. 计算机应用，2014，34（5）：6.
[248] 李跃艳，王昊，邓三鸿，等 . 近十年信息检索领域的研究热点与演化趋势研究：基于 SIGIR 会议论文的分析 [J]. 数据分析与知识发现，2021，5（4）：12.
[249] 尤欢欢，张少杰，林海，等 . 骨科康复医疗领域知识图谱建立及其分析 [J]. 人工智能与机器人研究，2020，9（3）：12.
[250] 贺玲，吴玲达，蔡益朝 . 数据挖掘中的聚类算法综述 [J]. 计算机应用研究，2007，24（1）：4.
[251] WONG J A H A. Algorithm AS 136：a k-means clustering algorithm[J]. Journal of the royal statistical society，1979，28（1）：100-108.
[252] 张振亚，王进，程红梅，等 . 基于余弦相似度的文本空间索引方法研究 [J]. 计算机科学，2005，32（9）：160-163.

[253] KETKAR N. Introduction to Keras[M]. Deep learning with Python，2017.
[254] 刘颖 . 基于语义关联的数字图书馆知识检索系统研究 [J]. 图书馆学刊，2018，40（6）：107-110.
[255] 范青，谈国新，张文元 . 基于元数据的数字文化资源描述与应用研究：以湖北数字文化馆为例 [J]. 图书馆学研究，2022（2）：48-59.
[256] 孙建军，李阳 . 论情报学与情报工作“智慧”发展的几个问题 [J]. 信息资源管理学报，2019，9（1）：4-8.
[257] CHEN J X，SU Q H，IEEE. Exploring the relations of local semantic features with GNNs for few-shot classification[C]//2021 International Joint Conference on Neural Networks（IJCNN）. Shenzhen，China：IEEE，2021.
[258] ZHANG K，WU L，LV G Y，et al. Making the relation matters：relation of relation learning network for sentence semantic matching[C]//Proceedings of the 35th AAAI Conference on Artificial Intelligence. Palo Alto，USA：AAAI，2021：14411-14419.
[259] 雷洁，赵瑞雪，李思经，等. 知识图谱驱动的科研档案大数据管理系统构建研究 [J]. 数字图书馆论坛，2020（2）：19-27.
[260] 朱庆，王所智，丁雨淋，等 . 铁路隧道钻爆法施工智能管理的安全质量进度知识图谱构建方法 [J]. 武汉大学学报（信息科学版），2022，47（8）：1155-1164.
[261] HOTHO A，NÜRNBERGER A，PAASS G. A brief survey of text mining[J].Journal for language technology and computational linguistics，2005，20（1）：19-62.
[262] 高丹，彭敦陆，刘丛 . 海量法律文书中基于 CNN 的实体关系抽取技术 [J]. 小型微型计算机系统，2018，39（5）：1021-1026.
[263] 衡红军，苗菁 . 加强语义信息和句法信息的二元标记实体关系联合抽取 [J/OL]. 计算机工程，1-9[2023-11-30]. http：//doiorg/10.19678/j.iss.1000-3428.0064545.
[264] 雷景生，赖凯俊，杨胜英，等 . 基于上下文语义增强的实体关系联合抽取 [J]. 计算机应用，2023（5）：1438-1444.
[265] WU H Y，HUANG J. Joint entity and relation extraction network with enhanced explicit and implicit semantic information[J]. Applied sciences-basel，2022，12（12）：16.
[266] 徐涌鑫，赵俊峰，王亚沙，等 . 时序知识图谱表示学习 [J]. 计算机科学与探索，2022，49（9）：162-171.
[267] 王寅秋，虞为，陈俊鹏 . 融合知识图谱的中文医疗问答社区自动问答研究 [J]. 数据分析与知识发现，2023（3）：97-109.
[268] CHEN K，WANG Y，LI Y T，et al. Contextualise entities and relations：an interaction method for knowledge graph completion[C]//Artificial Neural Networks and Machine Learning-ICANN 2021. Bratislava，Slovakia：Springer-Verlag，2021：179-191.
[269] 刘自强，王效岳，白如江 . 语义分类的学科主题演化分析方法研究：以我国图书情报领域大数据研究为例 [J]. 图书情报工作，2016，60（15）：76-85，93.

[270] 马捷，邓君，张卫东，等 . 2021 年中国情报学年会 & 情报学与情报工作发展论坛暨第十一届全国情报学博士生学术论坛纪要 [J]. 图书情报知识，2022，39（4）：152-164.

[271] WU Q Q，KUANG Y C，HONG Q Q，et al. Frontier knowledge discovery and visualization in cancer field based on KOS and LDA[J]. Scientometrics，2019，118（3）：979-1010.

[272] 宫小翠，安新颖 . 基于 LDA 模型的医学领域主题分裂融合探测 [J]. 图书情报工作，2017，61（18）：76-83.

[273] 沈思，李沁宇，叶媛，等 . 基于 TWE 模型的医学科技报告主题挖掘及演化分析研究 [J]. 数据分析与知识发现，2021，5（3）：35-44.

[274] LI Y T，CHEN Y，WANG Q Y. Evolution and diffusion of information literacy topics[J]. Scientometrics，2021，126（5）：4195-4224.

[275] LIU H L，CHEN Z W，TANG J，et al. Mapping the technology evolution path：a novel model for dynamic topic detection and tracking[J]. Scientometrics，2020，125(3)：2043-2090.

[276] SONG M，HEO G E，KIM S Y. Analyzing topic evolution in bioinformatics：investigation of dynamics of the field with conference data in DBLP[J]. Scientometrics，2014，101（1）：397-428.

[277] MARRONE M. Application of entity linking to identify research fronts and trends[J]. Scientometrics，2020，122（1）：357-379.

[278] 廖列法，勒孚刚 . 基于 LDA 模型和分类号的专利技术演化研究 [J]. 现代情报，2017，37（5）：13-18.

[279] 祝娜，王芳 . 基于主题关联的知识演化路径识别研究：以 3D 打印领域为例 [J]. 图书情报工作，2016，60（5）：101-109.

[280] 张纯鹏，辜希武，李瑞轩，等 . BERT 辅助金融领域人物关系图谱构建 [J]. 计算机科学与探索，2022，16（1）：137-143.

[281] 李永卉，周树斌，周宇婷，等 . 基于图数据库 Neo4j 的宋代镇江诗词知识图谱构建研究 [J]. 大学图书馆学报，2021，39（2）：52-61.

[282] 淮晓永，韩晓东，高若辰，等 . 一种自适应网页结构化信息提取方法 [J]. 电子技术应用，2020，46（12）：97-102.

[283] 张芙蓉，罗志娟 . 基于深度学习的语义级中文文本自动校对研究 [J]. 长沙航空职业技术学院学报，2022，22（3）：33-37.

[284] 倪子健，李文强，唐忠 . 基于网络表示学习的本体语义挖掘与功能语义检索方法 [J]. 工程设计学报，2021，28（5）：539-547.

[285] 翟东升，张京先，胡等金 . 基于 SAO 结构和词向量的专利技术功效图自动构建研究 [J]. 情报理论与实践，2020，43（3）：116-123.

[286] 李欣，王静静，杨梓，等 . 基于 SAO 结构语义分析的新兴技术识别研究 [J]. 情报杂志，2016，35（3）：80-84.

[287] 李欣，谢前前，黄鲁成，等．基于 SAO 结构语义挖掘的新兴技术演化轨迹研究 [J]. 科学学与科学技术管理，2018，39（1）：17-31.

[288] ABACHA A B，ZWEIGENBAUM P. Automatic extraction of semantic relations between medical entities：a rule based approach[J]. Journal of biomedical semantics，2011，2（S5）：S4.

[289] BACHMAN J A，GYORI B M，SORGER P K. FamPlex：a resource for entity recognition and relationship resolution of human protein families and complexes in biomedical text mining[J]. Bmc bioinformatics，2018（1）：248.

[290] NASAR Z，JAFFRY S W，MALIK M K. Named entity recognition and relation extraction：state-of-the-art[J]. Acm computing surveys，2021，54（1）：39.

[291] UZUNER O，MAILOA J，RYAN R，et al. Semantic relations for problem-oriented medical records[J]. Artificial intelligence in medicine，2010，50（2）：63-73.

[292] WANG L，CAO Z，MELO G D，et al. Relation Classification via Multi-Level Attention CNNs[C]. 54th Annual Meeting of the Association-for-Computational-Linguistics（ACL），Berlin，GERMANY，2016：1298-1307.

[293] TAKASE S，OKAZAKI N，INUI K. Modeling semantic compositionality of relational patterns[J]. Engineering applications of artificial intelligence，2016（50）：256-264.

[294] LIU J，REN H L，WU M L，et al. Multiple relations extraction among multiple entities in unstructured text[J]. Soft computing，2018，22（13）：4295-4305.

[295] ZHANG X S，LI P S，JIA W J，et al. Multi-labeled relation extraction with attentive capsule network[C]//Proceedings of the 33rd AAAI Conference on Artificial Intelligence. Honolulu，Hawaii，USA：AAAI，2019：7484-7491.

[296] BHATIA P，CELIKKAYA B，KHALILIA M，et al. Comprehend medical：a named entity recognition and relationship extraction web service[J]. 2019 18th IEEE international conference on machine learning and applications（ICMLA），2019：1844-1851.

[297] LIN Y K，SHEN S Q，LIU Z Y，et al. Neural relation extraction with selective attention over instances[C]//Proceedings of the 54th Annual Meeting of the Association for Computational Linguistics.Berlin，Germany：Association for Computational Linguistics，2016：2124-2133.

[298] XU H，TIANYU G，YUAN Y，et al. OpenNRE：an open and extensible toolkit for neural relation extraction arXiv[J]. arXiv，2019.

[299] STENETORP P，PYYSALO S，TOPIĆG，et al. BRAT：a web-based tool for NLP-assisted text annotation[C]//Proceedings of the Demonstrations at the 13th Conference of the European Chapter of the Association for Computational Linguistics. Avignon，France：Association for Computational Linguistics，2012：102-107.

[300] WONGSUPHASAWAT K，SMILKOV D，WEXLER J，et al. Visualizing dataflow

graphs of deep learning models in TensorFlow[J]. Ieee transactions on visualization and computer graphics，2018，24（1）：1-12.
[301] PASZKE A，GROSS S，CHINTALA S，et al. Automatic differentiation in PyTorch[C]. 2017.
[302] 娄岩，赵培培，黄鲁成．基于专利共类的无人机技术融合趋势研究 [J]. 情报杂志，2020，39（11）：68-75，81.
[303] 李金阳．技术赋能、信息增能和知识汇能：智慧图书馆新技术融合发展展望 [J]. 山东图书馆学刊，2022（4）：7-11.
[304] BIERLY P，CHAKRABARTI A K. Managing through industry fusion[M]. Springer，1999.
[305] DANNEELS E. The dynamics of product innovation and firm competences[J]. Strategic management journal，2002，23（12）：1095-1121.
[306] 潘颖辉．大数据下的机器学习算法探究 [J]. 电脑知识与技术，2020（32）：187-188，201.
[307] 王媛，曾德明，陈静，等．技术融合、技术动荡性与新产品开发绩效研究 [J]. 科学学研究，2020，38（3）：488-495.
[308] 王玏，吴新年．新兴技术识别方法研究综述 [J]. 图书情报工作，2020，64（4）：125-135.
[309] 吴晓燕，胡雅敏，陈方．基于专利共类的技术融合分析框架研究：以合成生物学领域为例 [J]. 情报理论与实践，2021，44（10）：179-184.
[310] PARK I，YOON B. Technological opportunity discovery for technological convergence based on the prediction of technology knowledge flow in a citation network[J]. Journal of Informetrics，2018，12（4）：1199-1222.
[311] 周磊，杨威，张玉峰．基于专利挖掘的突破性创新识别框架研究 [J]. 情报理论与实践，2016，39（9）：73-76，46.
[312] 张娴，方曙，王春华．专利引证视角下的技术演化研究综述 [J]. 科学学与科学技术管理，2016，37（3）：58-67.
[313] NO H J，PARK Y. Trajectory patterns of technology fusion：trend analysis and taxonomical grouping in nanobiotechnology[J]. Technological forecasting and social change，2010，77（1）：63-75.
[314] KIM E，CHO Y，KIM W. Dynamic patterns of technological convergence in printed electronics technologies：patent citation network[J]. Scientometrics，2013，98（2）：975-998.
[315] ZHOU Y，DONG F，KONG D，et al. Unfolding the convergence process of scientific knowledge for the early identification of emerging technologies[J]. Technological forecasting and social change，2019，144：205-220.

[316] 陈悦，宋凯，刘安蓉，等. 基于机器学习的人工智能技术专利数据集构建新策略[J]. 情报学报，2021，40（3）：286-296.

[317] 王友发，张茗源，罗建强，等. 专利视角下人工智能领域技术机会分析 [J]. 科技进步与对策，2020，37（4）：19-26.

[318] 韩芳，张生太，冯凌子，等. 基于专利文献技术融合测度的突破性创新主题识别：以太阳能光伏领域为例 [J]. 数据分析与知识发现，2022，5（12）：137-147.

[319] 李慧，孟玮，徐存真. 基于专利知识流网络的技术融合分析：以石墨烯领域为例[J]. 现代情报，2021，41（5）：121-130.

[320] KIM J，LEE S. Forecasting and identifying multi-technology convergence based on patent data：the case of IT and BT industries in 2020[J]. Scientometrics，2017，111（1）：47-65.

[321] 苗红，赵润博，黄鲁成，等. 基于 LDA-SVM 分类算法的技术融合测度研究 [J]. 科学学与科学技术管理，2018，39（10）：13-29.

[322] 翟东升，蔡力伟，张杰，等. 基于专利的技术融合创新轨道识别模型研究：以云计算技术为例 [J]. 情报学报，2015，34（4）：352-360.

[323] KIM Y J，LEE D H. Technology convergence networks for flexible display application：a comparative analysis of latecomers and leaders[J]. Japan and the world economy，2020.

[324] BORÉS C，SAURINA C，TORRES R. Technological convergence：a strategic perspective[J]. Technovation，2003，23（1）：1-13.

[325] ADNER R. When are technologies disruptive？ a demand-based view of the emergence of competition[J]. Strategic management journal，2002，23（8）：667-688.

[326] KIM M，BAEK I，SONG M. Topic diffusion analysis of a weighted citation network in biomedical literature[J]. Journal of the American society for information science and technology，2018，69（2）：329-342.

[327] LIU J S，KUAN C H. A new approach for main path analysis：decay in knowledge diffusion[J]. Journal of the American society for information science and technology，2016，67（2）：465-476.

[328] ZHAI Y，DING Y，WANG F. Measuring the diffusion of an innovation：a citation analysis[J]. Journal of the American society for information science and technology，2018，69（3）：368-379.

[329] YAN E. Research dynamics，impact，and dissemination：a topic-level analysis[J]. Journal of the association for information science and technology，2015，66（11）：2357-2372.

[330] NIEMINEN P，PÖLÖNEN I，SIPOLA T. Research literature clustering using diffusion maps[J]. Journal of informetrics，2013，7（4）：874-886.

[331] JEE S J，KWON M，HA J M，et al. Exploring the forward citation patterns of patents based

on the evolution of technology fields[J]. Journal of informetrics，2019，13（4）：100985.
[332] JI J，BARNETT G A，Chu J. Global networks of genetically modified crops technology：a patent citation network analysis[J]. Scientometrics，2019，118（3）：737-762.
[333] JAMALI H R，Azadi-Ahmadabadi G，Asadi S. Interdisciplinary relations of converging technologies：Nano-Bio-Info-Cogno（NBIC）[J]. Scientometrics，2018，116（2）：1055-1073.
[334] YAN E，ZHU Y. Adding the dimension of knowledge trading to source impact assessment：approaches，indicators，and implications[J]. Journal of the association for information science and technology，2017，68（5）：1090-1104.
[335] FUKUGAWA N. Knowledge creation and dissemination by Kosetsushi in sectoral innovation systems：insights from patent data[J]. Scientometrics，2016，109（3）：2303-2327.
[336] LUAN C，LIU Z，WANG X. Divergence and convergence：technology-relatedness evolution in solar energy industry[J]. Scientometrics，2013，97（2）：461-475.
[337] JEONG S，LEE S. What drives technology convergence? Exploring the influence of technological and resource allocation contexts[J]. Journal of engineering and technology management，2015（36）：78-96.
[338] CAVIGGIOLI F. Technology fusion：identification and analysis of the drivers of technology convergence using patent data[J]. Technovation，2016：22-32.
[339] JEONG S，KIM J C，CHOI J Y. Technology convergence：what developmental stage are we in? [J]. Scientometrics，2015，104（3）：841-871.
[340] FENG S，AN H，LI H，et al. The technology convergence of electric vehicles：exploring promising and potential technology convergence relationships and topics[J]. Journal of cleaner production，2020，260：120992.
[341] CHO J H，LEE J，SOHN S Y. Predicting future technological convergence patterns based on machine learning using link prediction[J]. Scientometrics，2021，126（7）：5413-5429.
[342] LEE C，HONG S，KIM J. Anticipating multi-technology convergence：a machine learning approach using patent information[J]. Scientometrics，2021，126（3）：1867-1896.
[343] DAIM T，PRESCHITSCHEK N，NIEMANN H，et al. Anticipating industry convergence：semantic analyses vs IPC co-classification analyses of patents[J]. Foresight，2013，15（6）：446-464.
[344] KONG D，YANG J，LI L. Early identification of technological convergence in numerical control machine tool：a deep learning approach[J]. Scientometrics，2020，125（3）：1983-2009.
[345] EILERS K，FRISCHKORN J，EPPINGER E，et al. Patent-based semantic

measurement of one-way and two-way technology convergence：The case of ultraviolet light emitting diodes（UV-LEDs）[J]. Technological forecasting and social change，2019，140：341-353.

[346] KIM T S，SOHN S Y. Machine-learning-based deep semantic analysis approach for forecasting new technology convergence[J]. Technological forecasting and social change，2020，157：120095.

[347] 邱一卉，张驰雨，陈水宣 . 基于分类回归树算法的专利价值评估指标体系研究 [J]. 厦门大学学报（自然科学版），2017，56（2）：244-251.

[348] PARK Y，PARK G. A new method for technology valuation in monetary value：procedure and application[J]. Technovation，2004，24（5）：387-394.

[349] NARIN F. Patents as indicators for the evaluation of industrial research output[J]. Scientometrics，1995，34（3）：489-496.

[350] 安增波，张彦 . 机器学习方法的应用研究 [J]. 长治学院学报，2007（2）：21-24.

[351] ANDERSSON F，CARLSSON M，TOURNERET J Y，et al. A new frequency estimation method for equally and unequally spaced data[J]. IEEE transactions on signal processing，2014，62（21）：5761-5774.

[352] ARMBRUST M，FOX A，GRIFFITH R，et al. A view of cloud computing[J]. Communications of the ACM，2010，53（4）：50-58.

[353] DEAN J，GHEMAWAT S. MapReduce：simplified data processing on large clusters[J]. Communications of the ACM，2008，51（1）：107-113.

[354] CHU C T，KIM S，LIN Y A，et al. Map-reduce for machine learning on multicore[J]. Advances in neural information processing systems，2006，19.

[355] MAATEN L V D，POSTMA E，HERIK J V D. Dimensionality reduction：a comparative review[J]. J Mach Learn Res，2009，10（1）.

[356] HUANG G B，ZHU Q Y，SIEW C K. Extreme learning machine：theory and applications[J]. Neurocomputing，2006，70（1-3）：489-501.

[357] 贾怡炜，戚湧，武兰芬 . 专利视角下人工智能与车联网技术融合演化研究 [J]. 科技进步与对策，2022（22）：20-29.

[358] 王静，吴玉春，孙大帅 . 基于决策树模型的非商业化专利价值评估方法研究 [J]. 经济论坛，2012（10）：131-136.

[359] LIM S，KWON Y. IPC multi-label classification applying the characteristics of patent documents[M]. Springer，2016：166-172.

[360] ZHU F，WANG X，ZHU D，et al. A supervised requirement-oriented patent classification scheme based on the combination of metadata and citation information[J]. International journal of computational intelligence systems，2015，8（3）：502-516.

[361] 赵蕴华，张静，李岩，等 . 基于机器学习的专利价值评估方法研究 [J]. 情报科学，

2013，31（12）：15-18.
[362] 韩卓洋 . 专利价值评估体系方法综述及启示 [J]. 环渤海经济瞭望，2020（5）：166-167.
[363] LANJOUW J O，SCHANKERMAN M. Characteristics of patent litigation：a window on competition[J]. The rand journal of economics，2001，32（1）：129-151.
[364] 李清海，刘洋，吴泗宗，等 . 专利价值评价指标概述及层次分析 [J]. 科学学研究，2007（2）：281-286.
[365] 李春燕，石荣 . 专利质量指标评价探索 [J]. 现代情报，2008（2）：146-149.
[366] LEE C，CHO Y，SEOL H，et al. A stochastic patent citation analysis approach to assessing future technological impacts[J]. Technological forecasting and social change，2012，79（1）：16-29.
[367] FISCHER T，LEIDINGER J. Testing patent value indicators on directly observed patent value—an empirical analysis of Ocean Tomo patent auctions[J]. Research policy，2014，43（3）：519-529.
[368] BLACKMAN M. EPO Patent Information Conference，Stockholm，Sweden，October，2008[J]. World patent information，2009，31（2）：152-154.
[369] GRIMALDI M，CRICELLI L，GIOVANNI M D，et al. The patent portfolio value analysis：a new framework to leverage patent information for strategic technology planning[J]. Technological forecasting and social change，2015，94：286-302.
[370] ERCAN S，KAYAKUTLU G. Patent value analysis using support vector machines[J]. Soft computing，2014，18（2）：313-328.
[371] BESSEN J. Estimates of patent rents from firm market value[J]. Research policy，2009，38（10）：1604-1616.
[372] SHEN Y C，CHANG S H，LIN G T R，et al. A hybrid selection model for emerging technology[J]. Technological forecasting and social change，2010，77（1）：151-166.
[373] 周群，化柏林 . 基于多源数据融合的科技决策需求主题识别研究 [J]. 情报理论与实践，2019，42（3）：7.
[374] SRINIVASAN R. Sources，characteristics and effects of emerging technologies：research opportunities in innovation[J]. Industrial marketing management，2008，37(6)：633-640.
[375] DONG A，SARKAR S. Forecasting technological progress potential based on the complexity of product knowledge[J]. Technological forecasting & social change，2015，90（JAN.PT.B）：599-610.
[376] LU-CHENG H，YU C，FEI-FEI W U，et al. Study on identification framework of disruptive technology[J]. Studies in science of science，2015，33（5）：654-664.
[377] WANG D，SONG C，BARABASI A L. Quantifying long-term scientific impact[J]. Science，2013，342（6154）：127-132.

[378] 张佳维，董瑜 . 颠覆性技术识别指标的研究进展 [J]. 情报理论与实践，2020，43(6)：7.

[379] DING Y. Scientific collaboration and endorsement：network analysis of coauthorship and citation networks[J]. Journal of informetrics，2011，5（1）：187-203.

[380] SCHIEBEL E，HRLESBERGER M，ROCHE I，et al. An advanced diffusion model to identify emergent research issues：the case of optoelectronic devices[J]. Scientometrics，2010，83（3）：765-781.

[381] BAI R，LIU B，LENG F. Frontier identification of emerging scientific research based on multi-indicators[J]. Journal of the China society for scientific and technical information，2020，39（7）：14.

[382] LIANG Z，MAO J，LU K，et al. Combining deep neural network and bibliometric indicator for emerging research topic prediction[J]. Information processing & management，2021，58（5）：102611.

[383] XU S，HAO L，YANG G，et al. A topic models based framework for detecting and forecasting emerging technologies[J]. Technological forecasting and social change，2021，162：120366.

[384] MENGGE S，YANPENG W，TAO H，et al. Research on multi-Index quantitative recognition of emerging technologies：exploration based on vector representation method[J]. Library and information service，2022，66（3）：130-139.

[385] ZHANG W，FANG W，HONG Z. Multi-source information fusion analysis for emerging technology development trend identification-using blockchain as an example[J]. Journal of the China society for scientific and technical information，2019，38（11）：1166-1176.

[386] LI B，CHEN X D. Identification of emerging technologies in nanotechnology based on citing coupling clustering of patents[J]. Journal of intelligence，2015（5）：35-40.

[387] CHOI D，SONG B. Exploring technological trends in logistics：topic modeling-based patent analysis[J]. Sustainability，2018，10（8）：2810.

[388] LEE C，KWON O，KIM M，et al. Early identification of emerging technologies：a machine learning approach using multiple patent indicators[J]. Technological forecasting and social change，2018，127.

[389] KIM G，BAE J. A novel approach to forecast promising technology through patent analysis[J]. Technological forecasting social change，2017，117：228-237.

[390] LU H，YIHE Z，YI Z. Research on identification of emerging topics based on link prediction with weighted networks[J]. Journal of the China society for scientific and technical information，2019，38（4）：335-341.

[391] ALTUNTAS S，ERDOGAN Z，DERELI T. A clustering-based approach for the evaluation of candidate emerging technologies[J]. Scientometrics，2020（2）：1157-1177.

[392] LI C，ZHONGKAI Y，KUN D. Recognition of emerging technologies based on dynamic characteristics of multi-dimensional attributes[J]. Journal of the China society for scientific and technical information，2022，41（5）：463-474.

[393] ROJO J，BELLIDOF F，FIORE F，et al. Early identification and marketing of innovative technologies：a case study of RTD result valorisation at the European Commission's Joint Research Centre[J]. Technovation，2003，23（8）：655-667.

[394] WANG J W，HUANG L C，LU W G. Objective evaluation of emerging technologies' commercialization potential based on bibliometrics[J]. Modern management science，2008（5）：69-70.

[395] HUANG L C，LU W G. Study on the identification of emerging technology by an attribute synthetic measure model[J]. Science research management，2009，30（4）：190-194.

[396] SONG K，KIM K，LEE S. Identifying promising technologies using patents：a retrospective feature analysis and a prospective needs analysis on outlier patents[J]. Technological forecasting and social change，2018，128：118-132.

[397] 何春辉 . 基于引文分析和深度学习的新兴技术识别算法研究 [D]. 湘潭：湘潭大学，2017.

[398] 谈毅，黄燕丽 . 基于过程的新兴技术规划与选择模型研究 [J]. 科技管理研究，2007（8）：5-8.

[399] A C M，C P N B. Towards an early-stage identification of emerging topics in science：The usability of bibliometric characteristics[J]. Journal of informetrics，2015，9（4）：1018-1033.

[400] MAKOVI K，VOLF P，TOBOCHNIK J，et al. Prediction of emerging technologies based on analysis of the U.S. patent citation network[J].Scientometrics，2013，95（1）：225-242.

[401] FUJITA K，KAJIKAWA Y，MORI J，et al. Detecting research fronts using different types of weighted citation networks[J]. Journal of engineering and technology management，2014，32：129-146.

[402] 黄璐，朱一鹤，张嶷 . 基于加权网络链路预测的新兴技术主题识别研究 [J]. 情报学报，2019（4）：335-341.

[403] 李蓓，陈向东 . 基于专利引用耦合聚类的纳米领域新兴技术识别 [J]. 情报杂志，2015（5）：35-40.

[404] 李瑞茜，陈向东 . 基于专利共类的关键技术识别及技术发展模式研究 [J]. 情报学报，2018，37（5）：49-56.

[405] 黄鲁成，王吉武，卢文光 . 基于 ANP 的新技术产业化潜力评价研究 [J]. 科学学与科学技术管理，2007（4）：124-127.

[406] 冯立杰，尤鸿宇，王金凤 . 专利技术创新路径识别及其新颖性评价研究 [J]. 情报学报，2021（5）：513-522.

[407] 董放，刘宇飞，周源 . 基于 LDA-SVM 论文摘要多分类新兴技术预测 [J]. 情报杂志，2017（7）：40-45.

[408] 任智军，乔晓东，张江涛 . 新兴技术发现模型研究 [J]. 现代图书情报技术，2016(7)：60-69.

[409] 周源，刘宇飞，薛澜 . 一种基于机器学习的新兴技术识别方法：以机器人技术为例 [J]. 情报学报，2018（9）：939-955.

[410] KATHI，EILERS，JONAS，et al. Patent-based semantic measurement of one-way and two-way technology convergence：the case of ultraviolet light emitting diodes（UV-LEDs）-ScienceDirect[J]. Technological forecasting and social change，2019，140：341-353.

[411] YU J，HWANG J G，HWANG J，et al. Identification of vacant and emerging technologies in smart mobility through the GTM-Based patent map development[J]. Sustainability，2020，12.

[412] CHENG G，HUANG Y，HE C，et al. Forecasting emerging technologies：a supervised learning approach through patent analysis[J]. Technological fore-casting and social change，2017，125：236-244.

[413] LIN H，ZHOU Y，LIN Y，et al. A novel method to identify emerging technologies using a semisupervised topic clustering model：a case of 3D printing industry[J]. Scientometrics，2019，120（1）：8-33.

[414] 许学国，桂美增 . 基于深度学习的技术预测方法：以机器人技术为例 [J]. 情报杂志，2020，39（8）：53-62.

[415] 桂美增，许学国 . 基于深度学习的技术机会预测研究：以新能源汽车为例 [J]. 图书情报工作，2021，65（19）：130-141.

[416] LEE，CHANGYONG，KWON，et al. Early identification of emerging technologies：A machine learning approach using multiple patent indicators[J]. Technological fore-casting & social change，2018，127：291-303.

[417] 李昌，杨中楷，董坤 . 基于多维属性动态变化特征的新兴技术识别研究 [J]. 情报学报，2022（5）：463-474.

[418] XINNA S，YING G，XIAOWEN X. Research on multi-indicator emerging technology identification based on patent literature[J]. Journal of intelligence，2020，39（6）：76-81，88.

[419] JINZHU Z，XIAOLIN Z. Radical innovation identification based on topic mutation of scientific knowledge cited in patents[J]. New technology of library and information service，2016（7）：42-50.

[420] LIJIE F，HONGYU Y，JINFENG W. Research on the path of patent innovation technology opportunities and their evaluation[J]. Journal of the China society for scientific and technical information，2021，40（5）：513-522.

[421] HOCHREITER S，SCHMIDHUBER J. Long short-term memory[J]. Neural comput，1997，9（8）：1735-1780.

[422] HONG W，JINCHUAN S，ZHIWEI Z. Text semantic relation extraction of LSTM based on attention mechanism[J]. Application research of computers，2018，35（5）：1417-1420，1440.

[423] TAI K S，SOCHER R，MANNING C D. Improved semantic representations from tree-structured long short-term memory networks[J]. Computer science，2015，5（1）：36.

[424] JO Y，LEE L，PALASKAR S. Combining LSTM and latent topic modeling for mortality prediction [EB/OL].（2017-09-08）[2023-10-24]. https：//doi.org/10.48550/arXiv.1709.02842.

[425] JZ A，DZ B，YX C，et al. User personality prediction based on topic preference and sentiment analysis using LSTM model - ScienceDirect[J]. Pattern recognition letters，2020，138：397-402.

[426] LIU Y F，YIN L，ZHANG K，et al. Deep transfer learning for technical term extraction：a case study in computer numerical control system[J]. Journal of intelligence，2019，38（10）：168-175.

[427] ZHANG W，LI Y，WANG S. Learning document representation via topic-enhanced LSTM model[J]. Knowledge-based systems，2019，174（15）：194-204.

[428] LI M，NING D J，GOU J C. Attention mechanism-based CNN-LSTM model and its application[J]. Computer engineering and applications，2019，55（13）：20-27.